学以致用

高水平应用型大学
建设探索与实践

楚国清　李学伟　主编

中国出版集团

研究出版社

图书在版编目 (CIP) 数据

学以致用：高水平应用型大学建设探索与实践 / 楚
国清, 李学伟主编. -- 北京：研究出版社, 2022.

ISBN 978-7-5199-1304-5

Ⅰ. ①学… Ⅱ. ①楚… ②李… Ⅲ. ①高等学校 – 教
育建设 – 研究 – 北京 Ⅳ. ①G649.2

中国版本图书馆CIP数据核字(2022)第165324号

出 品 人：赵卜慧
出版统筹：张高里　丁　波
责任编辑：谭晓龙

学以致用：高水平应用型大学建设探索与实践

XUEYIZHIYONG：GAOSHUIPING YINGYONGXING DAXUE JIANSHE TANSUO YU SHIJIAN

楚国清　李学伟　著

研究出版社 出版发行

（100006　北京市东城区灯市口大街100号华腾商务楼）

北京云浩印刷有限责任公司　新华书店经销

2022年9月第1版　2022年9月第1次印刷

开本：710毫米×1000毫米　1/16　印张：21.5

插页：8　字数：321千字

ISBN 978-7-5199-1304-5　定价：70.00元

电话（010）64217619　64217612（发行部）

探索历程

2017 年 6 月 9 日，北京联合大学举办第二届高等教育信息化校长高峰论坛

2018 年 6 月 8—9 日，北京联合大学举办第二届全国城市型、应用型大学建设论坛

2019 年 1 月 15 日，北京市属高校分类发展专家到校考察

发展规划

2017 年 12 月 28—29 日，中共北京联合大学第五次党员代表大会召开

2020 年 6 月 18 日，北京联合大学启动"十四五"规划编制工作

2020 年 7 月 13 日，北京联合大学召开"十四五"规划编制工作二级学院征求意见座谈会

立德树人

2020 年 10 月 16 日，北京联合大学举办 2020 级新生"校长有约"座谈会

2021 年 7 月 7 日，北京联合大学在北京大学红楼开展北京红色教育资源融入思政课实践教学

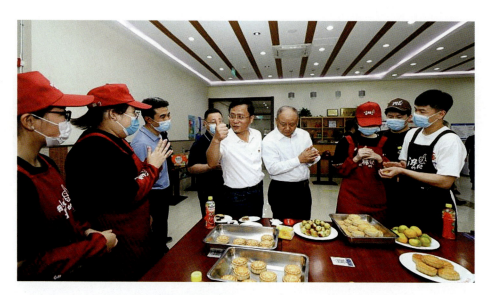

2021 年 9 月 10 日，校党委书记楚国清、校长李学伟与学生一起做月饼、过中秋

2021 年 9 月 23 日，校党委书记楚国清与学生一起在门头沟区下清水村开展劳动实践课

大思政课

2018 年 12 月 7 日，北京联合大学召开课程思政深化推进会

2021 年 3 月 18 日，北京联合大学启动北京红色教育资源融入思政课实践教学

　　2021 年 7 月 7 日，在北京联合大学"两优一先"表彰大会上，校党委书记领誓重温入党誓词

　　2021 年 9 月 17 日，北京联合大学获评党的建设和思想政治工作先进高等学校

2021 年 12 月 3 日，北京联合大学成立大思政课研究中心

2022 年 3 月 17 日，北京联合大学与人民网文华在线签订"大思政课"建设合作框架协议

人才培养

2017 年 4 月 14 日，北京联合大学本科教学工作审核评估动员会召开

2018 年 7 月 4 日，北京联合大学举行 2018 届毕业典礼暨学位授予仪式

2018 年 9 月 6 日，北京联合大学举行 2018 级新生开学典礼

2021 年 4 月 27 日，北京联合大学承办的北京高校学生社团发展指导中心揭牌成立

学科科技

2017 年 6 月 2 日，北京联合大学智慧城市学院成立

2017 年 6 月 16 日，北京联合大学城市轨道交通与物流学院成立

2017 年 3 月 7 日，北京联合大学与波兰托伦哥白尼大学共建的"中波旅游文化中心"揭牌成立

2017 年 4 月 13 日，北京联合大学与中国中铁股份有限公司签署战略合作协议

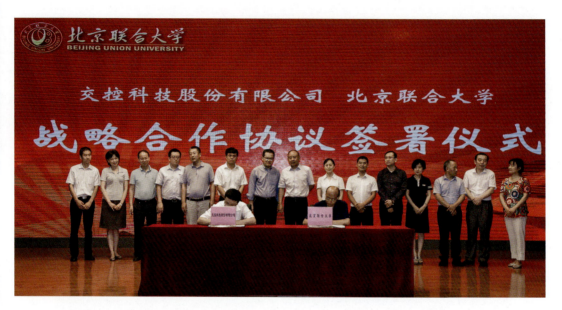

2018 年 7 月 4 日，北京联合大学与交控科技股份有限公司签署战略合作协议

2019 年 10 月 16—19 日，北京联合大学承办第六届中俄交通大学校长论坛

2019 年 10 月 23 日，北京联合大学听取师范类专业认证（第二级）专家组考察意见反馈

2020 年 8 月 28 日，北京联合大学与中铁物贸集团签署战略合作协议

服务社会

2019 年 11 月 30 日，北京联合大学成立城市服务大数据中心

2021 年 6 月 30 日，即将奔赴庆祝中国共产党成立 100 周年大会服务保障岗位的学生志愿者聆听校党委书记楚国清的行前激励

2022 年 1 月 19 日，北京联合大学与北京市政府参事室、北京市文史馆签署战略合作框架协议

2022 年 3 月 9 日，北京联合大学首批冬奥会专业服务生圆满完成延庆冬奥村的服务保障任务返校

前　言

　　我国高等教育，在 21 世纪初，分类没有明确的参照或定义，大学分类名称比较丰富，直到 2017 年，教育部才在"十三五"时期高等学校设置中，总体上明确分为三类，即研究型、应用型、职业技能型。而北京地方的市属高校分为四类：高水平研究型、高水平特色型、高水平应用型和高水平技能型。2019 年，经过北京高校分类专家组考察论证，北京联合大学被正式定位为建设高水平应用型大学目标的类型。

　　学校档案馆有一项工作，就是定期整理书记、校长以及杰出教师的阶段性创新理念、举措及其进展等工作，这是个非常好的传统，不但及时丰富学校的档案、史料，而且为学校发展变化脉络与阶段总结，提供了研讨、借鉴，甚至批评的资料。本书主要整理了近五年来，学校在立德树人能力和高水平应用型大学建设方面的理念与思考、思路与方法、目标与措施等文章和讲话，目的就是与应用型大学的同人交流、探讨，不断提升应用型大学建设发展的能力、水平。

　　1978 年，为解决一大批北京上线考生迫切希望上大学的难题，北京成立了 36 所大学分校，这是联合大学的前身。1985 年，随着现代化建设逐步提速，因北京需求而建，与北京发展共生，北京联合大学应运而生。首任校长谭元堃曾指出，北京需要什么人才，联合大学就培养什么人才。联合大学一直按照北京的要求设置专业、学科，并不断扩大招生规模，每年基本上解决

10%北京学生的入学问题，确保上线学生的录取规模。2006年，学校通过了本科教学评估后，就提出了建设应用型大学的办学宗旨，是早期提出应用型大学建设理念的大学。而"学以致用"是应用型大学的灵魂，也被确立为联合大学校训。

　　学校"十二五"以来，明确了三大发展战略：学术立校、人才强校、开放兴校。这三个战略放在"985""211"高校，是个老生常谈的共识性战略，但对当时的联合大学却至关重要。2010年前，学校在全国本科院校中排在400名以后，虽然2006年首次有了硕士学位点的突破，但还是以本科教学和教学工作为主，科研与学科建设的系统性概念比较淡。学校"十二五"以来发展很快，各项工作均有较大进展，特别是制约办学空间的建筑面积，实现了跨越式发展，正如时任书记的徐永利总结的"跨过去"，对学校办学条件与声誉提升不少。高水平应用型大学，综观国内外，其基本标志之一就是博士学位点这个平台，这是影响学校高水平师资队伍建设与事业留人关键问题。近年来，学校教师数量一直在1600人上下，按照教育部学位办申请博士学位点的四个基本指标之一，就是连续三年师均科研经费最低10万元，这样每年全校科研总经费必须在1.6亿元左右。2016年前，学校科研经费基本在5000万元左右，这是个起步问题，也是工作的抓手，如何使学校的学科水平提升，达到博士学位点的基本要求，我们必须要有"蹦上来"的压力与精神，解决制约问题，提升学科建设的理念、提高学科发展的水平。

　　"十三五"以来，我们针对关键制约问题，研究制定了一系列工作措施，包括：强化党建政治引领，提升立德树人核心能力；师均科研经费基本数字目标，作为年度考核任务；完善约束激励机制，组织学院进行跨学科的科研学术研究；组建智慧城市学院、城市轨道交通与物流学院，整合机器人学院，提高服务北京的科技工作与人才培养能力，等等。"十四五"规划中，更是明确了学科建设龙头的作用，并整合构建智慧北京、健康北京、人文北京三个学科集群，通过高水平应用型科技研究，系统提升学校科技服务能力和人才培养水平。这些措施起到了显著的作用，连续五年科研经费符合国务院学位办的基本要求；学科支撑专业的办学水平持续提升；党建政治引领作用得到高度强化；立德树人核心能力有了系统提高。2010 年前，提起北京联合大学，人们可能不大熟悉，经常会有人问起，联合大学是否属于民办高校等。"十三五"以来，学校在全国本科院校中排名稳定在前 240 名左右，服务北京"四个中心"的能力水平得到了市领导充分肯定，市属高水平应用大学建设定位获得广泛认可。

　　联合大学今天发展的成就，凝聚了历届党委班子成员以及广大教职工的智慧和汗水。与真正的高水平应用型大学目标虽然尚有较大差距，但我们坚信，经过"十四五"持续建设发展，在新一届党委班子的领导下，强化党建政治引领，提升立德树人能力，系统完善"有压力、有动力、有约束、有激励"的治理机制，加之广大教师共同努力，不断提升科研学术能力、提高学科专业水平，一定能够实现学科平台和办学层次上的突破。

2022 年 4 月

目　录

第三部分　应用型人才培养

第四部分　思想政治工作

第五部分　学科与科技创新

第六部分　服务北京与社会

第七部分　"立德树人"及其成效

后　记

第一部分

高水平应用型大学的必然选择

因改革开放而生　以服务北京为责　北京联合大学建校 40 周年　继续坚定特色办学路 ①

2018 年 9 月 10 日，习近平总书记在全国教育大会上指出，我们的教育必须把培养社会主义建设者和接班人作为根本任务，培养一代又一代拥护中国共产党领导和我国社会主义制度、立志为中国特色社会主义奋斗终身的有用人才。这是教育工作的根本任务，也是教育现代化的方向与目标。北京联合大学伴随改革开放而生，建校 40 年来，始终坚持党建引领，服务北京，为党和国家培养社会需要的人才。党的十八大以来，尤其是习近平总书记两次视察北京以后，北京联合大学秉承红色基因，深化内涵式发展，服务北京"四个中心"功能建设，持续提升人才培养能力，把立德树人的根本任务落在了实处。

一、红色基因

全国高校思想政治工作会议召开后，很多到北京联合大学调研思想政治工作的同行都会问到一个问题："北京联合大学在开展课程思政建设中，是如何把教师发动起来的呢？"其实这是联合大学人的行动自觉。这种自觉，源于联大品质，源于北京联合大学的"红色基因"。

许多曾在战争年代参加革命的老领导和老同志都参与过当年北京联合大学的建校工作，如胡耀邦夫人李昭同志、博古女儿秦摩亚同志、电影《集结号》谷子地原型顾理昌同志等。学校目前仍健在的离休人员有 60 多

---

① 本文登载于《北京日报》2018 年 10 月 18 日第 4 版。

位，他们的精神都是联合大学的宝贵财富。

急国家之所急，解时代之所困。北京联合大学从成立之时便自觉承担起历史赋予的使命——积极回应国家需要，为首都培养人才。从1978年清华大学、北京大学等兴办的36所分校，到1985年分校合并、成立北京联合大学，从当年市委市政府带领下的群策群力，到一届届联大人自己的艰苦奋斗，联合大学始终把立德树人作为立校根本，把育人育德摆在人才培养的首位。

正是在这样的背景下，1987年，北京联合大学在全国高校中率先制定《北京联合大学学生思想政治教育大纲》，并发表在全国性刊物《思想教育研究》1987年第4期，受到了国家教委和北京市委教育工委的高度重视，在全国高校中产生广泛影响。随后，学校总结连续多年荣获全国"社会实践活动先进单位"的经验，于1992年制定出《北京联合大学农村社会实践教育大纲》和《关于组织学生参加农村社会实践的试行条例》，进一步在实践育人的制度化和规范化建设方面探索育人理念，推进大学生思想政治教育工作不断迈上新台阶。

为更好地推进马克思主义理论学科的建设与发展，更好地满足学校各专业本专科学生及研究生对思想政治理论课教育教学的新需求，联合大学于2016年5月成立了市属高校中第五所马克思主义学院，并顺利入选北京高校首批思政课教育教学改革示范点。成立后的马克思主义学院大胆创新，勇于改革，对传统教材体系进行专题再造，探索出了"问题导入式"专题教学模式，引导学生从现实问题入手学习理论知识，同时根据不同专业、不同层级学生的特点，分层分类开展思政课教学。这一成果不仅成功入选教育部思想政治理论课教学方法改革"择优推广计划"培育项目，而且教育部还来校组织召开专题研讨会，取得良好效果。《中国教育报》《光明日报》等多家媒体都给予了专题报道。

在全国和北京市召开思想政治工作会议后，联合大学继续发扬全员、全程，全方位育人的优良传统，积极探索"把思想政治工作贯穿教育教学全过程"的育人实践，在发挥好思想政治理论课主渠道作用的同时，强调"守好一段渠、种好责任田"，把"课程思政"作为根本性举措，将价值观培育和塑造"基因式"地融入所有课程，兴起全校人人研究、人人讲授、人人践行"课程思政"的高潮。随着市委教育工委"迎接学习党的十九大，服务北京'四个中心'建设"北京高校师生主题作品展启动会、北京高校"课程思政"现场交流会在联合大学的召开，联合大学艺术学院的"溯源红色"艺术创作展逐渐成为艺术类专业"课程思政"实践的启蒙，联合大学"课程思政"的建设成果也小有所成，"课程思政"建设的"七有工作法"在京内外多所高校受到关注，被《人民日报》《光明日报》《中国教育报》等多家媒体多次报道。

辅导员，是大学生思想政治教育工作的主力军之一。联合大学一直以来高度关注这支队伍的成长，不仅较早地选优配齐配强专职辅导员队伍，而且着力保障队伍的发展与个人成长，目前已产生 4 名北京高校十佳辅导员、4 名全国高校辅导员年度人物提名奖，获得者数量稳居北京高校前茅。

二、应用型教育

了解北京联合大学的人也许会有这样的疑问：北京联合大学虽然较早提出建设应用型大学，但其应用型教育同一些老牌工科院校相比，特点在哪儿？这个特点源于联合大学的历史，源于改革开放背景下高等教育发展的格局。

1985 年北京联合大学成立时，首任校长谭元堃是西南联合大学的毕业生，他对"联合"二字情有独钟，同时考虑到学校由多所大学分校联合组建的事实，故向上级建议取名为"北京联合大学"，时任全国人大常委会委员长彭真题写校名。意为"联"百家所长，"合"为一己之风。联合大学从一开始走的就是"多学科"融合的一条与众不同的大学之路。

党和国家需要什么样的人才，联合大学就深入探索如何培养需要的人才。20 世纪 90 年代初，北京市根据社会发展需要，希望联合大学可以尝试探索高职教育，联合大学一不小心便成为全国最早成功探索职业教育的高校，业绩斐然，在国内外产生了较大的社会影响。进入 21 世纪后，在之前教育基础之上，联合大学在高校中率先提炼并确定了"发展应用型教育、培养应用型人才、建设应用型大学"的办学目标,后又把这个目标发展为"建设高水平、有特色、首都人民满意的应用型大学"。习近平总书记视察北京后,联合大学根据北京城市功能定位,及时调整学科专业布局,在北京联合大学第五次党代会上提出了"建设高水平、有特色、北京人民满意的城市型应用型大学"的宏伟蓝图。办学目标从"首都"到"北京",从"应用型"到"城市型、应用型"表述的变化,无不体现了联合大学始终坚持党的领导、以人民为中心、以北京社会需求为导向、以服务发展需要为目标,不断深化内涵,提升办学能力的责任担当。

产学研合作是联合大学教学最为显著的特征。学校提出"以科学任务带动科学研究、以学术兴趣驱动学习激情"的应用型人才培养理念。2012年聘请人工智能领域专家李德毅院士,组建了跨学科专业的智能汽车驾驶技术项目研发团队,采取"科学任务带动人才培养,载体汇聚不同学科,创新驱动发展"的人才培养模式,注重能力导向、科研训练、应用创新的递进式教学过程,培养新时代需要的智能化人才,具有新工科工程教育教学的典型特色。2017年启动"小旋风"科技兴趣活动,以10种类型、交叉验证的专用低速智能电动车为开发平台,面向软件工程、电子信息工程、自动化及机械工程等多个专业的学生组建"小旋风"系列科技团队。智能车大赛屡次获奖,并受到时任国务院副总理刘延东的现场检查指导。

学生"学以致用"初见成效。通过参加科技项目和学科竞赛活动,学生创新创业能力不断提升。搭建"院级—校级—市级—国家级"四级竞赛体系,同时搭建了包含"启明星"大学生创新创业训练计划项目和"启明星"系列赛事的"启明星"学生科技创新活动平台。2015—2017年,"启明星"大学生科技创新项目立项1195项,参与学生约6000人次。每年有7000余人次学生参加各级各类竞赛。获得市级及以上各级各类奖项数百项,呈逐年增加趋势。2017年12月,中国高等教育学会《高校竞赛评估与管理体系研究》专家工作组发布《中国高校创新人才培养暨学科竞赛评估结果》,北京地区有21所高校入围榜单,北京联合大学排名第13位,在北京市属高校中排名第3位。

三、北京味道

让北京联合大学的师生很自豪的事情，其中有一件就是被问道："联合大学在哪儿？""逛联大就是逛四九城儿。"联合大学12个校区、15个学院分布在北京市的多个城区，且多个校区都处于北京市中心区域。联合大学，联合大学的发展史上充满了浓浓的北京味道，一直以服务首都为己任。

学校充分发挥市级科研平台优势，以论坛、思想、观点、著述等产品为首都的"全国政治中心"建设提供智力支持。北京学研究所是北京高校中唯一开展北京地方学的研究所，建所20年来始终致力于北京地方研究。台湾研究院作为专门涉台研究机构，其成果被中央电视台、新华网、人民网、中国台湾网等两岸权威媒体广泛报道、转载、引用。

学校作为北京城市文化的重要组成部分，积极发挥自身作用，服务"全国文化中心"建设，助力城市文化传承。学校努力挖掘北京历史文化的深厚底蕴，不断加强对城市文化的辐射作用，与城市共享优质教学资源。与海淀区共同成立的北京三山五园研究院是海内外学术界最齐全、最详细、最专业的三山五园文化研究平台；依托学校国家级文化遗产传承应用虚拟仿真实验教学中心打造的三山五园数字体验馆，成为文化遗产交互沉浸式体验中心。国家级旅游实践教学示范中心作为北京市"开放性科学实践活动基地"，为首都的中学生提供了锻炼动手能力和培养创新意识的场所。艺术学院将"文化传承、创意引领"的文化创意设计领域作为特色发展方向，设计了北京地铁8号线南锣鼓巷站站层厅"北京记忆"等多件公共艺术作品。

学校服务首都"国际交往中心"建设，着力培养国际化人才。与30多个国家和地区的139所院校建立了校际合作关系，有12%的在校生参加过各类长短期交流、交换、学位生项目。学校与莫斯科国立罗蒙诺索夫大学合作创办北京中心、俄语等级考试中心、俄语中心，与波兰托伦哥白尼大学共建"中波旅游文化中心"，发起成立中国—中东欧国家"16+1"旅游院校联盟，加入欧亚交通类大学国际联盟等。引进国外优质教育资源，提升学校内涵建设。成功主办了"'一带一路'国际俄语人才培养高峰会议暨中俄中学校长国际合作论坛"等学术交流活动。学校响应北京市打造"留学北京"品牌的号召，与俄罗斯、泰国、韩国等多个国家多所院校签订合作协议，来华留学生教育稳步健康发展。与英国威尔士兰彼得大学合作建立孔子学院，11 年间 1.5 万余名学员就学。

学校服务北京"全国科技创新中心"建设，积极参与解决城市发展需求。科学研究始终围绕城市发展需求，通过与社会、企业、行业一起解决实际问题，带动科技革新。功能食品科学技术研究院将生物活性物质与人类健康的关系作为研究重点，先后为 2008 年北京奥运会及残奥会、新中国成立 60 周年群众活动、APEC 峰会、"一带一路"国际合作高峰论坛等重大活动的食品提供快速安全检测服务等。"京龙"系列智能车多次在国内相关领域的重要比赛中取得好成绩。2016 年，获得了世界机器人大赛"无人驾驶挑战赛"优秀团队奖。学校有计划地将小型智能车"小旋风"系列投入商用化，获得投资和融资。目前"小旋风"已经在北京动物园、水上公园等地执行夜间巡逻任务。生物化学工程学院研发的植物源农药——小檗碱，有着成分高效、无农药残留、环境友好、原料丰富、成本低等特点，首次在国际上明确了对桃褐腐病菌有明显抑制作用，在同类领域中达到国内领先水平，具有很好的推广应用前景。智慧城市学院与北京市菜篮子集团大数据公司合作，共同研发立足北京农产品供应链的大数据应用系统。城市轨道交通与物流学院和朝阳区科委的合作项目"中高压压力仪表定点自动调试系统"为北京市支柱产业智能制造业节省人力成本、提高效率，提升了自动化装备水平。学校还将京津冀煤矿周边水安全、老旧社区停车困难、城市垃圾分类等作为教学和科研的主题。

40 年改革奋进，40 年初心如磐。展望未来，北京联合大学将一如既往牢牢把握立德树人根本任务，牢牢抓住全面提高人才培养能力这个核心点，坚持立足北京、研究北京、服务北京，紧紧围绕北京"四个中心"功能建设，为人民服务，为中国共产党治国理政服务，为巩固和发展中国特色社会主义制度服务，为改革开放和社会主义现代化建设服务，为早日建成国内一流、社会高度认可的城市型、应用型大学而努力奋斗！

高水平应用型大学 [①]

——北京联合大学分类发展的必然选择

新中国成立以来，我国高等教育经历了逻辑不断跃升的分类发展。进入新时期，分类发展思路越发清晰。2010 年，《国家中长期教育改革和发展规划纲要（2010—2020 年）》提出"建立高校分类体系，实行分类管理"；《国家教育事业发展第十三个五年规划》提出"推进高等教育分类发展、合理布局，推动地方开展高等学校分类管理改革试点"。2017 年，《教育部关于"十三五"时期高等学校设置工作的意见》直接明确了高等教育分类的基础和三个类型，即以人才培养定位为基础，我国高等教育总体上可分为研究型、应用型和职业技能型三大类型。2018 年，北京市委、市政府在《关于统筹推进北京高等教育改革发展的若干意见》中，将市属高校分为高水平研究型大学、高水平特色型大学、高水平应用型大学和高水平技能型大学。

作为与改革开放同龄的市属综合性大学，北京联合大学选择高水平应用型大学发展，既是改革开放 40 年来北京经济社会建设的客观要求，也是学校发展历程的必然选择。近年来，在人才培养、教育教学、科学研究、对外合作等各方面积极对应北京需求，打造"北京味道"，取得了不少成绩，得到了社会各界的认可。

---

① 本文节选自北京联合大学时任校长李学伟在北京市高校分类发展工作考察汇报会上的报告（2019 年 1 月）。李学伟（1962—　），男，河南宜阳人，2016 年 11 月至 2021 年 11 月任北京联合大学校长、党委副书记，教授，主要研究方向为管理科学理论。

一、时代呼唤，40 年办学历史积淀

1978 年，北京市成立 36 所大学分校，首届招生 1.6 万人，解决了众多达分数线的考生迫切希望上大学的问题。这是北京联合大学的前身。

1985 年，改革开放在探索中推进，北京现代化建设逐步提速。因北京需求而建，与北京发展共生，北京联合大学应运而生。

1999 年，北京联合大学响应北京市委、市政府的号召，扩大招生规模，每年招生规模增加到北京生源的 10%，成为北京市重要的应用型人才培养基地，为北京高等教育大众化和普及化作出了重要贡献。"学以致用"是北京联合大学建设应用型大学的灵魂。

2006 年，北京联合大学顺利通过本科教学评估，明确了"建设应用型大学"的办学宗旨以及"学以致用"的校训，初步确立了在全国应用型大学领域的领先地位，首次获批硕士学位授予单位。学校办学层次实现质的突破。

2016 年，学校进一步聚焦扎根北京、服务北京的办学服务面向，在"十三五"规划中明确提出"建设高水平、有特色、北京人民满意的城市型、应用型大学"。坚持"传承融合、创新发展"的理念，扎根京华大地办北京人民满意的高水平应用型大学，开辟了与北京融合发展的新阶段。

至 2019 年 1 月，学校有 15 个学院、12 个校区，分布在北京朝阳、海淀、丰台、西城、通州等多个大城区。有在职教职工 2688 人，其中专任教师 1467 人、具有高级职称 759 人、拥有博士学位 621 人。全日制在校学生 2 万余人，其中本科生 1.8 万余人、高职生 1400 余人、研究生近 500人、来华留学生 1100 余人。学校形成了服务北京经济社会发展的"应用型"学科专业布局，有硕士授权学科点 19 个，其中学术型一级授权学科点 9 个、专业授权类别 10 个，有北京市重点建设学科 6 个，其中职业技术教育领域为教育硕士专业学位研究生教育试点单位、中医硕士学科点填补了国内高等特殊教育的空白。有本科专业 64 个，其中国家级特色专业5 个、国家级综合改革试点专业 1 个、北京市级特色专业 7 个、北京市级综合改革试点专业 3 个、北京市属高校首批一流专业 2 个，17 个专业在

武汉大学中国科学评价研究中心（RCCSE）全国高校排名中位居前 20%。
学校拥有服务外包人才培养模式创新试验区、应用文科综合实验教学中
心、北京联合大学—北京首都旅游集团有限责任公司管理学实践教育基
地、文化遗产传承应用虚拟仿真创新中心、旅游实验教学中心 5 个国家级
教学平台，北京市级教学平台 10 个；拥有国家智慧旅游重点实验室 1 个
（国家级科研平台），生物活性物质与功能食品北京市重点实验室、北京市
旅游信息化协同创新中心、北京市信息服务工程重点实验室、北京市智能
机械创新设计服务工程技术研究中心、北京学研究基地、北京市政治文明
建设研究基地、京台文化交流研究中心、生物质废弃物资源化利用北京市
重点实验室 8 个（北京市级科研平台）。学科专业设置密切结合北京生产
性服务业、战略性新兴产业、高端制造业、生活性服务业和文化创意产业
应用需求（学科专业服务面向产业及布局结构见下页图 1）。

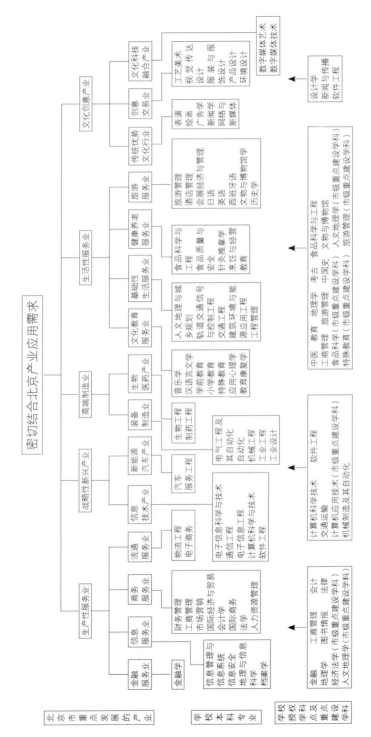

图 1 北京联合大学学科专业服务面向产业及布局结构

2010 年以来，在中国校友会网全国大学排名逐年提升。历经 40 年发展，北京联合大学更加明确了建设高水平、有特色、北京人民满意的城市型、应用型大学的发展定位。

二、服务北京，优势特色突出明显

1. 适应北京发展，优化学科专业布局

学校探索将学院设置模式由传统学科型向产业主导型转变，成立机器人学院、城市轨道交通与物流学院、智慧城市学院和艺术学院。

2. 形成高水平适应型学科专业体系

学校拥有工商管理、北京学 2 个北京市高精尖学科，旅游管理、软件工程 2 个北京市一流专业，设立"开发、融合、共享的地方院校新工科校企协同育人模式创新与实践""智能时代的新工科人才培养创新与实践" 2 项教育部新工科项目。17 个专业在武汉大学中国科学评价研究中心全国高校排名中位居前 20%，其中数字媒体艺术、财务管理、酒店管理、旅游管理、人文地理与城乡规划 5 个专业为五星等级。

3. 拥有高水平"双师双能型"教师队伍

学校拥有院士科研工作站 2 个、新世纪百千万人才 1 人、北京市特聘教授 19 人、北京市教学名师 18 人、长城学者 10 人、北京市级创新团队 22 个，担任教育部教学指导委员会和行业指导委员会主任委员、副主任委员、委员 18 人。

4. 服务北京"政治中心"建设，发挥智库作用

学校充分发挥各级科研平台的优势，坚持"立足北京、研究北京、服务北京"，为首都的"政治中心"建设提供智力支持。北京政治文明建设研究基地为决策提供学理依据，努力打造首都新型高端智库；台湾研究基地积极为中央对台工作和北京市对台工作服务提供智库支持；学校教师主持制定了《北京市促进中小企业发展条例》等一批行业法规和标准，参与制定了《国务院办公厅关于深化产教融合的若干意见》等。

5. 服务北京"文化中心"建设，助力城市文化传承

学校为努力打造成弘扬北京传统文化、吸收北京城市文明成果、促进

北京文化交流的重要场所，积极探索北京文化引领人才培养的实践之路，在潜移默化中体现了文化育人的功能。主持开展国家社会科学基金重大研究项目汉语盲文语科库建设研究，北京学研究基地入选首批中国智库索引（CTTI）来源智库，"西山永定河文化带"等研究为新版北京城市规划提供了高水平参谋咨询，《故宫服务》等旅游公共服务课题的研究成果出版，举办"溯源红色"北京革命历史遗址采风创作展并引起北京市领导关注。

6. 服务"科技创新中心"建设，解决城市发展问题

学校充分发挥综合性大学的多学科优势，在应用型科研上创新，注重创新能力培养，为北京经济社会发展提供服务，积极探索应用型科研带动人才培养的模式。智能车团队在"2018年世界智能驾驶挑战赛"中荣获一等奖，牵头组织前沿学科建设并出版《高铁经济学导论》，荣获"生物质废弃物资源化处理技术北京市国际科技合作基地"，葛喜珍教授团队科技创新成果解决平谷区桃树病虫害防治问题，在机器人试验区先行先试"科学任务带动人才培养"教育理念，关注食品安全、社区治理、红色历史文化遗产保护等问题，团中央授予"社会实践先进单位"，入选"2018年度全国创新创业典型经验高校"50强，建设了1个市级青年就业创业见习基地、7个校级大学生创业孵化基地。

7. 服务"国际交往中心"建设，培养国际化人才

学校不断开拓国际办学资源和办学空间，与美洲、欧洲、大洋洲、亚洲30多个国家和地区的201所院校建立了校际合作交流关系，申办中俄联合交通学院项目，获批北京市"一带一路"国家人才培养基地，参与主办"莫斯科北京日"重要活动——首届"都市轨道交通可持续发展论坛"，成为"一带一路"铁路国际人才教育联盟理事单位，举办第二届中国—中东欧"16+1"旅游校院联盟年会，当选第十一届欧亚交通高校国际会议联合会主席，当选中俄交通大学校长国际联盟中方主席单位，当选金砖国家交通类大学校长论坛副主席单位。

8. 北京高素质应用型人才培养的重要基地

至2017年，为北京市培养了204156名合格的高素质应用型人才。

三、立德树人，培养高水平应用型人才

1.落实立德树人根本任务，创新教育教学理念

落实立德树人根本任务的关键是创立国内一流应用型大学的教育教学理念，推动教育教学方法的创新与深入实践，探索创新符合新时代人才成长规律的教育教学理念和方法。校领导班子进行积极探索和理论总结，2017年时任校党委书记韩宪洲在《前线》杂志发表文章《城市型、应用型大学全程全方位育人的思考》，2018年时任校长李学伟在《光明日报》发表文章《办好人民满意的新时代高等教育》。

2.形成适应人才成长规律的课堂与实践教育教学方法

践行"立德树人"根本任务，关键在于探索并形成适应人才成长规律的课堂与实践教育教学方法。要树立"立德树人、学以致用、德学立教、立地顶天"的教育教学理念；创新教学方法、教学艺术，用宽厚的专业学科知识，使育才、育人、立志、理想、信念循序渐进，不断提高和坚定；将思想教育、教育教学、专业课建设、师资队伍建设融为一体，形成有效的"三全"育人格局。

3.构建适应型学科专业体系

构建高水平应用型人才培养体系根本在于优化适应型学科专业结构以及"随行就市"学科交叉、专业融合的能力。通过减停专业、适应需求，发展学科、提升水平，使专业设置符合专业知识体系要求、符合人才成长规律、适应市场需求变化，以建成特色稳定型专业、适应型专业和基础学科（专业）。要坚持以学生为中心，形成完善的应用型本科人才培养方案。要建设高水平应用型人才培养体系，基于OBE理念，持续改进、建设、完善现代大学机制，提升师资队伍水平，通过课程体系、教学资源、教学方法、质量保障建设，建成培养高素质应用型人才的适应型学科专业体系（本科培养方案课程体系结构见图2）。

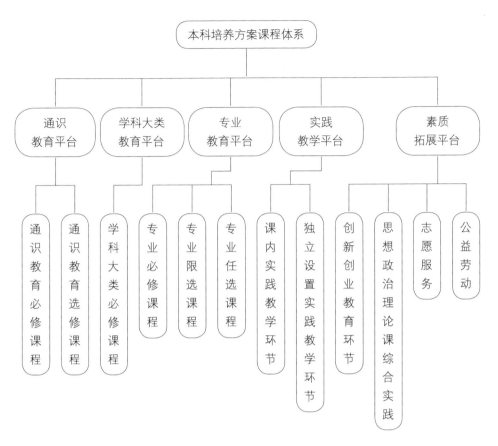

图 2　北京联合大学本科培养方案课程体系结构

4. 完善现代大学管理机制

完善师资队伍发展机制关键在于造就"四有"好老师辈出、优秀引路人涌现的大学管理机制。通过建立职称评聘、岗位聘用考核指标，建立奖惩机制，激发发展的内在动力。明确以立德树人为根本，以人才培养为核心，形成"有压力、有动力、有约束、有激励"的发展管理机制。鼓励教师潜心研究、潜心育人，不断形成新时代的中国大学文化和精神。通过发挥机制的作用，练就过硬的本领；结合课程，坚定理想信念与方向，传播知识与正能量；倡导崇尚学术、自觉践行习近平教育思想；不断打造大学文化精神；使教师勇于担当责任，形成育人行为自觉，以营造高水平育人大学文化。

5. 立足北京、服务京津冀、辐射全国、放眼世界

是北京联合大学的责任与担当。要想提升北京联合大学的社会担当能力，必须提升北京经济社会的责任担当能力，实现联大与北京经济发展的战略对接，为北京经济转型升级注入"源头活水"，构筑应用型人才高地，参与区域经济建设与社会发展。

新时代呼唤一流应用型大学。教育部部长陈宝生在新时代全国高等学校本科教育工作会议上指出"应用型高校要紧跟时代发展，服务地方需求，在应用型人才培养上办出特色、争创一流"。北京联合大学的发展蓝图既包含总体目标，也包含近期目标和长远目标。发展的总体目标是：在新时代坐标中，建设高水平、有特色、北京人民满意的城市型、应用型大学；到 2020 年的发展目标是：保持和扩大学校在全国应用型高校中的领先优势，巩固和提升学校在北京市属高校中的影响力；到 2035 年的发展目标是：把学校建设成为国内一流、社会高度认可的城市型、应用型大学。新一轮科技革命和产业变革正在孕育兴起，高等教育分类发展、分类管理、分类评价不断推进。在国家推进"双一流"建设的今天，北京联合大学更加坚定了走高水平应用型大学之路。

第二部分

办学定位与目的

关于建设高水平应用型大学的战略思考 ①

在现代高等教育体系中，应用型是重要的办学类型，而非办学层次；高水平是现代化国家和社会对包括应用型高校在内的整个高等教育体系的总体要求。2017 年 1 月，教育部在《关于"十三五"时期高等学校设置工作的意见》中指出："以人才培养定位为基础，我国高等教育总体上可分为研究型、应用型和职业技能型三大类型。"[1] 自此而始，应用型在我国高等教育中的类型定位得以确立并不断优化，为应用型高校的大发展奠定了坚实的制度基础。在全面建设社会主义现代化强国的新征程上，习近平总书记进一步指出："党和国家事业发展对高等教育的需要，对科学知识和优秀人才的需要，比以往任何时候都更为迫切。"[2] "社会需要的人才是金字塔形的。高校不仅要培养研究型人才，也要树立应用型办学理念，培养青年一代适应社会需要的技能。"[3] 应用型高校作为我国普通高等学校群体的规模主体，责任重大、前途广阔、大有可为，一定要紧抓历史发展重要机遇，立足新发展阶段、贯彻新发展理念、服务构建新发展格局，坚持扎根地方、面向应用、面向需求、面向市场，坚持把立德树人作为根本任务，牢牢抓住全面提高人才培养能力这个重点，紧紧围绕"高水平"的丰富内涵，深入推进育人方式、办学模式、管理体制、评价机制、保障机制等改革，推动实现高质量内涵式发展，全方位服务地方区域经济社会发展和国家战略需求，培养德智体美劳全面发展的社会主义建设者和

① 本文发表于《北京联合大学学报（人文社会科学版）》2021 年 10 月期，楚国清（1965—　），男，河北武邑人，2020 年 12 月起任北京联合大学党委书记，教授，主要研究方向为高等教育管理、党建和思想政治教育、政治学、法学。

接班人。

一、以战略眼光审视建设高水平应用型大学的时代价值

习近平总书记指出："高等教育发展水平是一个国家发展水平和发展潜力的重要标志。"[4] 要以战略眼光观大局、看大势，深刻把握建设高水平应用型大学，是国家"双一流"建设战略决策在地方高校的具体展开，是新时代实现中华民族伟大复兴的重要基石，对构筑高质量高等教育体系，推动国家经济社会高质量发展具有重要意义。

1.建设高水平应用型大学是高质量发展要求的直接体现

党的十九大报告指出："我国经济已由高速增长阶段转向高质量发展阶段。"[5] 这一重大判断为我国经济在稳中求进总基调中实现平稳健康发展提供了重要遵循，并在实践中不断发展完善。习近平总书记强调，"高质量发展不只是一个经济要求，而是对经济社会发展方方面面的总要求"[6]，"经济、社会、文化、生态等各领域都要体现高质量发展的要求"[7]。由此可见，高质量已逐步从对经济领域发展的总体要求演进为对我国经济社会全领域的总体要求，推动高质量发展已成为新时代我国经济社会发展的基本特征和重要主题。建设高水平应用型大学，是经济社会高质量发展的重要内容，是国家高质量发展要求在应用型高等教育领域的具体实践，有利于为推动国家特别是地方区域经济社会高质量发展提供源源不断的创新动力。

2.建设高水平应用型大学是高质量高等教育体系的重要支撑

党的十八大以来，我国高等教育继续保持着良好的发展态势。2012年至2020年，我国高等教育在学总规模由3325万人上升到4183万人，高等教育毛入学率由30%上升到54.4%[8]，建成了世界上规模最大的高等教育体系。《中华人民共和国国民经济和社会发展第十四个五年规划和2035年远景目标纲要》明确提出了"建设高质量教育体系"的发展目标，强调要"推进高等教育分类管理和高等学校综合改革，构建更加多元的高等教育体系"，"建设高质量本科教育，推进部分普通本科高校向应用型转变"[9]。习近平总书记指出："一个国家的高等教育体系需要有一流大学

群体的有力支撑，一流大学群体的水平和质量决定了高等教育体系的水平和质量。"[10]建设高水平应用型大学，是推进一流大学群体建设的重要方面和举措，是建设高质量高等教育体系的重要支撑，有利于加快教育现代化，推动教育强国建设，促进科教兴国战略、人才强国战略、创新驱动发展战略的深入实施。

3.建设高水平应用型大学是地方高校谋发展的战略机遇

自 20 世纪 90 年代末期以来，我国高等教育迈进了发展的快车道，大众化进程大大提速，普通高等学校的数量激增。根据全国教育事业发展统计公报统计显示，1999 年至 2019 年，全国普通高等学校从 1071 所激增为 2688 所，增长 151%，而中央各部委所属的普通高等学校则由 248 所减少到 117 所，减少 53%。这表明，我国高等教育规模扩张主要来自地方普通高等学校。地方高校的发展为我国经济社会发展注入了强大活力和动力，在加速人才培养、促进科技创新、提升综合国力等方面发挥了不可替代的作用；但同时，地方高校的发展也存在办学定位不清、"千校一面"的同质化等问题，严重阻碍了我国高等教育质量的整体提高。为此，习近平总书记强调，"要提升教育服务经济社会发展能力，调整优化高校区域布局、学科结构、专业设置，建立健全学科专业动态调整机制"，"着重培养创新型、复合型、应用型人才"[11]。建设高水平应用型大学，是地方高校适应高等教育现代化需要，在分类考核评价中谋划自身发展的重要战略机遇，有利于地方高校在服务构建以国内大循环为主体、国内国际双循环相互促进的新发展格局中，实现与地方区域经济社会发展的融合共生。

二、以战略思维把握建设高水平应用型大学的逻辑遵循

教育是国之大计、党之大计，这是在我国建设高水平应用型大学的根本遵循。要以此为战略基础，立足应用型在我国高等教育体系中的类型定位，深刻把握高水平应用型大学建设的一般性和特殊性。所谓一般性，是指应用型大学的根本属性是大学，必须按照大学建设的一般规律开展建设；所谓特殊性，是指应用型大学是在科技进步和经济社会发展到特定阶段时出现的一种新的大学类型，具有鲜明的社会性、服务性、应用性，与

经济社会发展需求的关系极为密切，必须把握和运用应用型大学的特殊规律开展建设。因此，建设高水平应用型大学必须加强战略思维，立足党和国家事业发展大局，遵循应用型大学建设的一般规律和特殊规律，坚持政治逻辑、理论逻辑和现实逻辑的统一，推动实现高质量内涵式发展。

1. 必须坚持中国特色社会主义大学的政治逻辑，在讲政治上体现高水平

习近平总书记指出："古今中外，每个国家都是按照自己的政治要求来培养人的，世界一流大学都是在服务自己国家发展中成长起来的。"[11] 在我国，应用型大学是中国共产党领导的中国特色社会主义大学的重要组成部分，建设高水平应用型大学，必须牢牢抓住培养什么样的人、如何培养人以及为谁培养人这个根本问题，全面贯彻党的教育方针，毫不动摇坚持社会主义办学方向，把马克思主义作为根本指导思想，把培养德智体美劳全面发展的社会主义建设者和接班人作为根本任务，把中国特色社会主义道路自信、理论自信、制度自信、文化自信转化为建设高水平应用型大学的自信，在讲政治上体现高水平，把立德树人作为中心环节，把思想政治工作贯穿教育教学全过程，为坚持和发展中国特色社会主义培养一批又一批的又红又专、德才兼备、全面发展的建设者和接班人。

2. 必须坚持大学学科建设一般规律的理论逻辑，在学科建设上体现高水平

习近平总书记强调："要引导和支持高等院校优化学科结构，凝练学科发展方向，突出学科建设重点，通过体制机制改革激发高校内生动力和活力。"[12] 学科是大学建设与发展的重要基础，是大学人才培养、科学研究、社会服务、文化传承创新以及国际交流合作的核心载体，也是一所大学办学实力与核心竞争力的集中体现。应用型大学自从其作为一种新的类型出现以来，不论是英国的新大学、红砖大学和多科技术学院，还是美国的赠地学院，抑或是我国正在大力推进的应用型大学，其作为大学的根本属性没有改变，变化的是在学科发展相对稳定基础上不断增强的对经济社会发展需求的适应性。建设高水平应用型大学，必须紧紧抓住学科建设这个关键，遵循大学的学科建设一般规律，切实发挥其在提升学校综合实力和人才培养能力方面的龙头地位，在学科建设上体现高水平，以高水平学科带头人和高水平团队带动学科建设，以高水平学科建设推动高水平师资队伍建设、高水平成果应用、高水平应用型人才培养等各方面工作，以此带动大学改革和事业发展全局。

3. **必须坚持应用型大学服务地方的现实逻辑，在服务贡献地方上体现高水平**

应用型大学多为地方高校，办学定位以扎根地方、服务区域经济社会发展为主，地方性、应用型是其鲜明的特征。"十四五"时期，我国科技创新能力将不断增强，城镇化发展将进一步提质优化，区域协调发展战略将深入实施，为应用型大学发展提供了大有可为的广阔空间。建设高水平应用型大学，必须坚持以服务地方区域经济社会发展为使命责任，自觉把办学真正转到服务地方经济社会发展上来，转到深化产教融合、推动校企合作上来，转到培养高素质应用型建设人才上来，转到增强学生就业和创新创业能力上来，在服务地方经济社会发展能力和贡献度上体现高水平，实现学校发展和地方区域建设的"双赢"，全面提高应用型大学服务地方区域经济社会发展和创新驱动发展的能力。

三、以战略定力优化建设高水平应用型大学的基本路径

建设高水平应用型大学是深入贯彻落实习近平总书记关于提升教育服务经济社会发展能力重要指示的重要举措，是建设社会主义现代化强国的战略支撑，是推动地方区域经济社会高质量发展的客观要求。应用型高校党委必须切实履行好管党治党、办学治校的主体责任，锚定战略方向，始终保持建设高水平应用型大学的战略定力，紧密结合我国独特的历史、独特的文化、独特的国情，着力聚焦坚持正确的政治方向、加强学科建设、提升服务能力、推动评价改革等关键节点，整体谋划，系统推进。

1. **以政治方向为首要，提升党委办学治校能力**

"培养社会主义建设者和接班人，是我们党的教育方针，是我国各级各类学校的共同使命。"[11] 应用型高校党委只有抓住这个根本，做到始终坚持正确的政治方向，切实履行好管党治党、办学治校的主体责任，才能

真正把高水平应用型大学建设好。一是要加强党委全面领导，坚持和完善党委领导下的校长负责制，履行好把方向、管大局、做决策、抓班子、带队伍、保落实的职责，不断健全完善加强党的领导的组织体系、制度体系和工作机制，把学校办学实践与党和国家事业发展大局联系起来，"为人民服务，为中国共产党治国理政服务，为巩固和发展中国特色社会主义服务，为改革开放和社会主义现代化建设服务"[4]。二是要统筹推进学校人才培养、科学研究、人才队伍建设等改革和事业的发展，把立德树人作为中心环节和根本任务融入学校建设的各环节、各领域、各方面，把思想政治工作体系贯通学科体系、教学体系、教材体系及管理体系等，形成全员全程全方位育人大格局。三是要着力提升学校治理体系和治理能力现代化水平，以大学章程为核心，以推动应用型办学为导向，完善应用型办学体制机制，把应用型办学定位贯穿其中，积极构建为应用型办学实践提供坚强保障的制度体系。

　　2. 以学科建设为基础，夯实学校事业发展根基

　　学科建设是现代大学发展的重要基石，涉及内容广泛而丰富："一是凝练学科方向，形成自身特色优势；二是优化学科结构，完善学科专业体系；三是汇聚学科人才，提供人力资源保障；四是搭建学科基地，提供物质条件保障；五是创新学科建设机制，完善协同创新、绩效评价、激励约束和统筹协调机制，提供政策制度保障；六是制定学科建设规划，明晰建设目标，明确战略任务以及实施举措。"[13]因此，建设高水平应用型大学必须高度重视学科建设，坚实筑牢事业发展的基石。一是要切实加强学科建设顶层设计。应用型大学的类型定位为加强学科建设奠定了理论基础和发展空间，要遵循学科建设的一般规律，结合学校定位，制定完善学校科学发展规划，按照分层管理、梯次发展、集群优化、动态调整的原则，完善学科建设管理和发展机制，推动形成优势特色学科体系。二是要切实以学科建设提升专业建设水平。与研究型大学相比，应用型大学学科建设的主要目的是为专业建设提供高水平的学术支持，同时增强专业建设的适应性，不断提高人才培养与社会和市场需求的匹配度。三是要切实以学科建设推动知识应用集成创新。应用型大学应大力推进学科建设与管理机制的创新，加强协同创新平台建设，汇聚人才队伍，促进学科交叉发展，推动技术应用创新，提升运用学科知识解决实际问题的能力。

3. 以服务能力为核心，增强专业发展的适应性

专业是人才培养的基本单元，是应用型大学建设的核心竞争力之一。与研究型大学相比，应用型大学的专业建设更注重面向社会和市场的灵活性和应用性；而与技术技能型高校相比，应用型大学的专业建设在灵活性和可操作性的基础上更具有学术性。因此，建设高水平应用型大学必须以提升服务地方区域经济社会发展能力为核心，加强专业内涵建设。一是要建设适应型专业体系。要以服务地方区域经济社会发展为导向，坚持专业分类发展，拓展提升一批综合实力较强的传统专业；着力打造一批优势明显、特色鲜明的品牌专业；加快建设一批服务新产业、新技术、新业态的新兴专业；调整一批不适应市场和社会需求的困难专业。二是要强化学科建设对专业建设的支撑力度，以相对稳定的学科建设平台筑牢专业动态发展的"蓄水池"。三是要开发高水平的应用型课程。课程是专业的最小单位，专业调整体现在课程上就是不同课程的重新组合。要坚持聘请行业企业专家和专业教师共同开发课程，将学科和行业企业的最新理论与实践成果引入课程教学，以此增强课程的前沿性，提升专业的适应性。

4. 以评价改革为牵引，实现高质量内涵式发展

"教育评价事关教育发展方向，有什么样的评价指挥棒，就有什么样的办学导向。"[14]2020年10月，中共中央国务院印发《深化新时代教育评价改革总体方案》，对推动新时代教育科学发展，构建高质量教育发展体系具有重要意义，为推动高水平应用型大学建设提供了重要发展机遇。因此，建设高水平应用型大学必须以评价改革为牵引，彻底破除各种不利于应用型大学发展的制度性羁绊，构建完善的有利于推动高水平应用型大学建设的制度体系，推动实现内涵式发展。一是要推动分类评价。分类评价既是分类发展的前提，也是分类发展的保障。应用型大学作为分类发展的类型已经确定，相应的评价工作要配套完善。特别是对应用型大学的举办者而言，要彻底扭转观念，同等对待和支持应用型大学的发展，针对应用型大学建设的特点，探索建立应用型本科评价标准，统筹考虑办学资源的投入与办学绩效的考核。二是要改革教师评价。教师评价既是评价改革的关键，也是评价改革的重点和难点。要坚持把师德师风作为第一标准，健全"双师型"教师认定、聘用、考核等评价标准，突出实践技能水平和专业教学能力，坚决落实"破五唯"要求，改进教师科研评价，突出质量导向，彰显应用特色，丰富成果形式，重点评价学术贡献、社会贡献以及支撑人才培养情况。三是要改进学生评价。人才培养效果是高水平应用型大学评价的首要标准。要树立科学成才观念，坚持"五育并举"，立足应用型办学定位，努力培养知行合一、学以致用、具有创新精神的优秀应用型建设人才。

四、结束语

在全面建设社会主义现代化强国新征程上，高质量高等教育体系既是重要支撑，又是创新引擎。因此，应用型高校党委必须立足服务构建新发展格局，以战略眼光审视建设高水平应用型大学的历史责任和重大机遇，遵循高水平应用型大学建设的一般规律和特殊规律，以新时代教育评价改革为契机，全面加强应用型大学内涵建设，在讲政治上、学科建设上、服务贡献地方上体现高水平，推动高水平应用型大学建设事业实现高质量发展。

参考文献

[1] 中华人民共和国教育部：《教育部关于"十三五"时期高等学校设置工作的意见》，(2017-02-04) [2021-06-24]，http://www.moe.gov.cn/srcsite/A03/s181/201702/t20170217_296529.html。

[2] 《习近平在清华大学考察时强调坚持中国特色世界一流大学建设目标方向　为服务国家富强民族复兴人民幸福贡献力量》，《人民日报》2021年4月20日。

[3] 王志丰：《"不求最大、但求最优、但求适应社会需要"办学理念蕴含宝贵精神财富》，《福州日报》2021年5月31日。

[4] 《习近平谈治国理政》(第2卷)，外文出版社2017年版。

[5] 习近平：《决胜全面建成小康社会夺取新时代中国特色社会主义伟大胜利——在中国共产党第十九次全国代表大会上的报告》，人民出版社 2017 年版

[6]《习近平在参加青海代表团审议时强调坚定不移走高质量发展之路　坚定不移增进民生福祉》，《人民日报》2021 年 3 月 8 日。

[7] 习近平：《关于〈中共中央关于制定国民经济和社会发展第十四个五年规划和二〇三五年远景目标的建议〉的说明》，《人民日报》2020 年 11 月 4 日。

[8] 张烁、丁雅诵、吴月：《教育强国，阔步前行》，《人民日报》2021 年 6 月 23 日。

[9]《中华人民共和国国民经济和社会发展第十四个五年规划和 2035 年远景目标纲要》，《人民日报》2021 年 3 月 13 日。

[10]《习近平在全国教育大会上强调坚持中国特色社会主义教育发展道路培养德智体美劳全面发展的社会主义建设者和接班人》，《人民日报》2018 年 9 月 11 日。

[11]《习近平在北京大学师生座谈会上的讲话》，《人民日报》2018 年 5 月 3 日。

[12]《习近平主持召开中央全面深化改革领导小组第十五次会议》，(2015-08-18)[2021-06-24]，http://syss.12371.cn/2015/08/18/ARTI1439896594631863.shtml。

[13] 钟秉林、马陆亭、贾文键等：《大学发展与学科建设（笔谈）》，《中国高教研究》2019 年第 9 期。

[14]《中共中央国务院印发〈深化新时代教育评价改革总体方案〉》，(2015-08-18)[2021-06-24]，http：//www.gov.cn/zhengce/2020-10/13/content_5551032.htm。

把方向　管大局　作决策　保落实　一手抓疫情防控　一手抓事业发展学校各项工作再上新台阶 ①

　　2020年是极不寻常的一年。校党委常委会以习近平新时代中国特色社会主义思想为指导，深入学习党的十九大和十九届二中、三中、四中、五中全会精神，学习贯彻习近平总书记对北京重要讲话精神和关于教育的重要论述，坚决落实党中央、市委和市委教工委的各项决策部署，严格按照党委常委会议事规则和"三重一大"集体决策制度，切实履行把方向、管大局、作决策、保落实的领导责任，一手抓疫情防控，一手抓党的建设和事业发展，全年共召开42次党委常委会，审议了213项议题，对学校疫情防控、巡视巡察、"十四五"规划、基层党建、意识形态、选人用人、党风廉政、群团建设、资源整合、财务预算等各方面工作作出安排部署，统筹推进教学、科研、管理服务等各项事业快速稳健发展。校党委常委会突出抓了以下重点任务：

　　第一，深入学习贯彻习近平新时代中国特色社会主义思想。校党委常委会及时传达学习上级有关文件和会议精神，贯彻落实党的教育方针，推动重大决策部署在学校落地生根见效。校党委理论学习中心组带头示范，深入学习贯彻习近平新时代中国特色社会主义思想，专题学习党的十九届五中全会精神、习近平总书记在全国抗击新冠肺炎疫情表彰大会上的重要讲话精神等，把党的创新理论转化为推动工作落实，促进事业发展的强大动力。加强对各二级党组织理论学习的指导督促，提高学习质量。加强教

---

① 本文为北京联合大学党委书记楚国清所作党委常委会2020年工作报告（2021年3月）。

职工理论学习，制定教职工政治理论学习计划。充分发挥市级理论学习平台的思想政治教育功能，组织 2020 年北京市哲学社会科学教学科研骨干研修工作。

第二，以必胜信心坚决打赢疫情防控阻击战。校党委常委会坚决扛起疫情防控重大政治责任，坚决贯彻落实中央和北京市系列决策部署，认真研究部署疫情防控工作，始终把全体师生的生命安全和身体健康放在第一位，第一时间成立了疫情防控工作领导小组及 6 个专项工作组，制定了《新型冠状病毒感染肺炎疫情防控工作方案》等文件。连续统计报送《疫情防控数据》288 天，编发《工作日志》330 余期，发布《战"疫"党建榜样群》39 期。开通疫情防控专题网站，及时发布工作动态和政策信息。开启"互联网 +"的教学模式，春季学期在线开课率达 91.6%。2020 届毕业生顺利离校，秋季学期全面正常开学，学校各项工作平稳有序开展。在常态化疫情防控条件下，学校继续抓实抓细各项疫情防控措施。加强师生健康管理，做好教学应急方案，组织全校师生核酸检测，制定校园相对封闭管理措施，坚决打赢常态化疫情防控持久战。

第三，以强烈的政治担当抓好巡视整改任务落实。校党委常委会高度重视市委巡视反馈意见，专题学习传达蔡奇同志讲话精神，加强对巡视整改工作的统筹协调、主抓直管。成立了巡视整改工作领导小组和办事机构，制定了《巡视整改方案》《巡视反馈问题整改任务分解》，建立问题台账，分阶段汇总督办。召开了领导班子巡视整改专题民主生活会、巡视整改工作推进会，校纪委两次召开巡视整改工作督促会。以巡视整改为契机，真抓实改，举一反三，制定管长远、治根本的有效制度。截至目前，49 个反馈问题，已完成整改 44 个、基本完成 2 个，需长期坚持 3 个，已完成巡视整改报告的正式报送工作。

第四，以更高的站位科学编制"十四五"规划。校党委常委会牢牢把握"高水平应用型大学"办学定位，认真落实市委市政府对市属公办高校的分类发展政策，科学系统谋划学校事业发展，多次专题听取"十四五"规划编制情况汇报，组织召开了专题培训会、座谈会、领导班子务虚会等，调研覆盖全校 18 个教学单位。畅通编制工作参与渠道，在校园网主页开辟征求意见专栏，凝聚全校智慧和共识，科学谋划学校未来五年乃至更长时期的发展蓝图。

一年来，校党委常委会统筹推进学校各项事业发展，主要做了以下工作。

一、以党的政治建设为统领，党的领导全面加强

校党委常委会始终坚持社会主义办学方向，切实履行管党治党、办学治校和全面从严治党主体责任，充分发挥党建引领和保障作用。2020年，校党委常委会研究党建议题125项，占比58.7%。党的领导和党的建设质量全面加强，为学校高质量发展提供了坚强的政治保证。

坚持把党的政治建设摆在首位。认真贯彻落实习近平总书记关于加强高校党的政治建设重要批示精神，强化党对学校工作的全面领导。进一步完善党的政治建设相关制度，制定了《关于加强学校党的政治建设实施方案的工作措施》，列出了158条工作措施，指导各学院制定党的政治建设任务清单。将党的政治建设纳入全面从严治党主体责任检查重点。严明政治纪律和政治规矩，制定了《向市委请示报告重大事项清单》。

压紧压实全面从严治党主体责任、监督责任。召开2020年全面从严治党工作会，制定了《2020年主体责任清单》，与二级党组织负责人签订个性化承诺书。推进全面从严治党向基层延伸，对学院开展全面从严治党主体责任落实情况进行动态抽查及日常检查，将落实主体责任工作与业务工作相结合。规范校内巡察制度，制定了《巡察工作实施办法》，开展了第三轮校内巡察。深化纪检监察体制改革，建立联合监督执纪机制。加强政治监督，以"三问""三纠""三抠"工作方法监督巡视整改任务落实。聚焦职能部门履行监管责任，开展科研调研等专项监督。加大落实中央八项规定精神和持续纠正"四风"力度，召开2020年警示教育暨党风廉政建设会。严格执纪问责，严肃查处违规违纪问题。

牢牢守住意识形态主阵地。校党委常委会高度重识意识形态工作。严格落实意识形态工作责任制，把意识形态建设纳入全面从严治党主体责任和校内巡察内容。与各二级党组织和各部门签订意识形态工作责任清单。

加强主流意识形态建设，制定了《落实党委网络意识形态工作责任制实施细则》《贯彻落实网络安全工作责任制实施细则》。加强意识形态风险研判，定期召开意识形态分析研判会，定期开展教职工思想动态调研。加强师德师风建设，修订了《师德"一票否决"实施细则》。举办了优秀青年教师立德树人论坛。

全面提升基层党建质量。以规范化建设增强基层党建活力，制定了《基层党组织党建活动评选工作暂行办法》等文件，完成了第四批党支部"1+1"共建项目结项验收和第五批项目立项。首批全国党建工作"样板支部"顺利结项，第二批3个全国党建培育创建单位创建工作有序推进。获评北京高校先进党组织2个，优秀共产党员3名，优秀党务工作者1名。应用文理学院新闻与传播系党支部工作模式被市委教育工委推广，机器人学院机械工程与自动化系教工党支部入选市委教育工委党支部工作法试点单位。

持续加强干部队伍建设。干部选任工作平稳开展，提任处级干部4人，轮岗交流46人次，试用期满考核10人。严格干部个人有关事项报告，完成189名处级以上干部个人有关事项集中报告，基本一致率达到93.3%。严格干部日常监督管理，完成2016年以来新任处级干部档案专项审核工作。进一步规范处级干部兼职行为，制定了《关于规范处级干部在社会组织和企业兼职的暂行规定》。推进处级干部人事档案信息化建设，对全校246名干部人事档案全部实现电子化管理。注重在实践中培养锻炼干部，全年派出挂职借调干部教师8名。

不断提高统一战线工作水平。凝聚党外人士力量，召开了党外代表人士座谈会，走访慰问18人。支持民主党派加强支部建设，召开了民盟支部座谈会，指导4个民盟支部开展换届工作。举办党外中青年骨干培训班、宗教工作专题培训。获批北京高校统战研究会统战研究课题2项。

扎实做好离退休干部工作。建立完善离退休干部"不忘初心、牢记使命"学习教育长效机制，举办"初心讲堂"10余次。发挥离退休干部在立德树人中的积极作用，邀请新四军研究会红色宣讲团为12个学院进行主题宣讲15场。开展教育部关工委重点课题子课题《网络新媒体环境下高校关工委助力思政课程和课程思政工作》研究。

持续深化团学改革。强化对团员青年的思想引领，开展"沿着总书记的足迹成长"联大学子同读一本书活动。深入推进校院学生会改革，制定了《关于深化学生会（研究生会）改革的实施办法》，召开了第七次学代会、第二次研代会。开展冬奥会知识宣讲，组织志愿者招募工作。

进一步做好工会工作。贴心服务教职工，成立北京高校首个"教职工心理健康志愿服务团队"，建成并启用"母婴室"。校工会获评北京市总工会"示范职工之家"称号。召开教代会、工代会，为教职工建言献策、参与学校治理提供渠道。

全力筑牢校园安全防线。贯彻落实总体国家安全观，加强国家安全人民防线建设。完善校园安全稳定工作机制，圆满完成全国"两会"、秋季学期开学、国庆等时期的安保维稳任务。全面落实校园安全综合防范和安全隐患排查治理机制，有效防范化解校园风险。创新安全教育培训模式，不断提升安全稳定育人水平。

二、落实立德树人根本任务，思想政治工作开创新局面

校党委常委会坚持把立德树人作为中心环节，把思想政治工作贯穿教育教学全过程，着力构建"三全育人"体制机制，强化各级党组织、各单位立德树人的主体责任意识，常委会研究思想政治工作议题 22 项，占比10%。

思想政治理论课改革持续深化。校党委常委会专题听取落实习近平总书记"3·18"重要讲话精神情况汇报，审议通过了新的《关于加强思想政治理论课建设的十项措施》。推动习近平新时代中国特色社会主义思想进课堂，新开设"习近平新时代中国特色社会主义思想概论"课，覆盖全校 2020 级本科生。深化思政课的"北京味道、联大特色"，开展以《这里是北京》为主的"1+N"思政课课程群建设。马克思主义学院建设取得新突破，成功入选北京市第二批重点建设马克思主义学院。数字马院建设初成规模，录制《联大青年说》等公开课。《思想道德修养与法律基础》在中国大学慕课平台成功上线。

　　以课程思政为抓手推动"三全育人"格局加速形成。课程思政成效日益显著，召开了课程思政深化推进会，与人民网合作推出了"探索课程思政深化三全育人"系列公开课，课程思政建设的品牌效应和影响力持续增强。开展三全育人"大学习、大讨论、大落实"活动，以"健全'三全育人'体制机制，提升人才培养核心能力"为主题召开党建工作会，制定了《关于健全"三全育人"体制机制的实施意见（2020—2022）》，举办"健全立德树人机制，提升人才培养能力"展览。学校立德树人成效进一步提升，初步形成了"全员参与、全程贯穿、全方位协同"的育人格局。

　　一体化德育模式成效显现。以"三精""三抓""三树"为导向，进一步加强日常思想政治工作体系建设，制定了《关于加强和改进新形势下学生日常思想政治工作的实施意见（2020—2022）》等系列文件。以"梦想中国""品味经典""沟通达人"三大板块建设统领思想政治教育，构建线上线下思政大课堂。以爱国主义教育为主线，深入挖掘重大活动和疫情防控中的先进事迹和感人故事，广泛开展"使命在肩奋斗有我"系列活动。加强辅导员队伍专业化建设，充分发挥"十佳辅导员"等榜样群的引领带动作用。特教视传1801B班获评2020年北京高校"我的班级我的家"十佳班集体。荣获2019年"北京高校心理素质教育工作先进单位"。连续10年荣获"北京市征兵工作先进单位"。

　　文化育人特色更加彰显。引导广大青年树立和践行社会主义核心价值观，不断增强"四个意识"，坚定"四个自信"，做到"两个维护"。组织参观纪念中国人民志愿军抗美援朝出国作战70周年主题展览，举办迎接建党100周年合唱展演，开展纪念"五四运动"主题宣讲等教育活动。加强校园文化建设，举办线上毕业晚会和"联大华音"校园歌手大赛、合唱展演等活动。弘扬传统文化，创建书香校园，举办经典阅读文化节。协办"恰同学少年——校徽上的大学记忆"展，被选为国家文物局巡展推广项目。档案利用与对外服务保持"零投诉"。推进文明宿舍建设，开展"最美宿舍"评选活动。

三、持续深化"三大战略"，坚持走内涵式发展道路，城市型、应用型大学建设取得新成效

校党委常委会紧紧围绕"高水平应用型大学"的办学定位，持续深化实施"学术立校""人才强校""开放兴校"三大战略，加快推进学校各项事业高质量内涵式发展，研究相关议题 40 项，占比 18.8%。

落实国家战略、服务北京有新成效。积极参与脱贫攻坚，通过特色扶贫、产业扶贫、文化扶贫、消费扶贫助力打赢脱贫攻坚战。服务北京"全国文化中心"建设，助力非物质文化遗产的研究、传承与传播，举办第 22 次北京学学术年会、第七届三山五园研究院学术研讨会、北京中轴线历史文化宣讲活动首场报告会等，多项北京学研究成果得到市领导肯定性批示，被上级采纳。打造数字经济领域高端智库品牌，服务于北京数字经济的实践应用。积极解决北京中小学教师资源紧缺问题，持续扩大师范生招生规模。服务北京市民终身学习，"北京联合大学市民学习网"建设取得阶段性成果。

教育教学质量持续提升。加强专业内涵建设，获评一流本科专业建设点国家级 5 个、北京市级 12 个。学前教育、应用心理学专业顺利通过教育部师范类第二级专业认证。AACSB 国际认证进入最后现场评估阶段。59 门课程在中国大学 MOOC 平台上线，居市属高校首位。获评 2020 年北京高校"优质本科课程"4 门、"优质本科教材课件"4 件。创新创业教育中心育人团队获评市级优秀本科育人团队。荣获第六届中国"互联网+"大学生创新创业大赛市级总决赛一等奖，实现了新的突破。获市级及以上学科竞赛奖 172 项。积极促进毕业生高质量就业。截至 8 月 31 日，2020 届毕业生平均就业率为 89.98%，荣获北京高校毕业生就业工作先进集体，获评先进个人 4 人。

学科建设及科研工作有新突破。启动第五轮学科评估和专业学位水平评估，助推博士点申报工作。新增硕士学位点 7 个。全年科研合同经费 1.5 亿元、到账经费 1.4 亿元，超额完成了年初的指标任务。获批省部级以上纵向项目 74 项，其中国家级项目 25 项。全年知识产权授权 122 项，

其中发明授权 36 项，获评"北京市专利试点单位"。获评北京市第十六届哲社奖二等奖、吴文俊人工智能科学技术奖的科技进步二等奖、中国电子学会科技奖的科技进步二等奖。科技成果转化达 18 项，取得了新突破。

教师队伍建设稳步推进。全年共招聘 60 人，全校专任教师中博士比达到 47.8%。遴选"人才强校优选计划"资助项目 42 个。新聘知名学者 6 人。全校具有高级专业技术职务的专任教师比例达到 52.2%。认定双师教师 110 名，占专业课教师的 63.7%。参加"国外访学计划"12 人、"国内访学计划"8 人。支持 97 位教师参加企业行业实践。获评北京市三八红旗奖章 1 人、北京市先进工作者 1 人。

对外交流与合作不断扩大。参加中俄交通大学校长论坛 2020 交流会。受邀参加中国国际服务贸易交易会教育专题展和国际教育服务贸易论坛，受到各级领导重视和好评。加强校企、校校合作交流，与中铁物贸集团、燕山大学等签署战略合作协议。孔子学院发展再获突破，与黑山下戈里察大学共建旅游孔子课堂，并在线上举行成立仪式。与国外合作院校开设双学位项目。推动留学生教育管理改革，顺利完成留学生入系学习和趋同管理工作。新招收学历教育来华留学生 66 人。

内部管理体制改革持续深化。适应学校转型发展需要，撤销国际交流学院、功能食品科学技术研究院等机构。实现俄交大联合交通学院与城市轨道交通学院一体化管理。统筹全校体育、数学、物理教学资源，基础课教学部更名为数理部。切实解决多校区之间的办事"来回跑路"问题，升级改造协同办公系统，进一步提升信息化服务水平。

依法治校能力进一步增强。坚持和完善党委领导下的校长负责制，严格执行全委会、常委会议事规则和"三重一大"实施细则。加强学术委员会建设，积极推动教授治学。召开"接诉即办"工作领导小组（扩人）会，推动"接诉即办"工作向"主动治理、未诉先办"转化。持续加强党务、校务信息公开，全年主动公开信息 9489 条，全文电子化率达 100%。深入开展校园法治文化建设，在全国学生"学宪法讲宪法"活动中荣获二等奖 2 项、三等奖 2 项。

校园基本建设和国有资产管理有序推进。完成北四环校区部分楼宇的更新改造及其他校区相关设施的施工改造。全年招标采购项目 133 个，金额 1.56 亿元，协议、零星采购及小额工程采购 845 项，金额 7452 万元。建立疫情防控物资采购绿色通道。加强固定资产日常管理，新增资产 8671 台件，金额 9000 余万元。推进校办企业体制改革。

财务审计绩效管理水平不断提升。加强财务资金统筹规划，保障人员经费。推进滚动预算改革和预算学院的自主权改革，安排学院发展经费项目 21 个。开展全校内部控制评价和风险评估工作，制定了《风险评估工作实施方案（试行）》。加强审计监督力度，完成审计监督及绩效评价等事项 221 项，涉及资金 70.9 亿元，提出审计建议 64 条，促进增收节支 1413 万元。对 21 名处级领导干部开展任期经济责任审计，促进干部依规履职，规范用权。

以上报告的是校党委常委会一年来的主要工作。这些成绩的取得是市委市政府坚强领导和市委教工委市教委悉心指导的结果，是学校各级党组织和全体党员干部顽强拼搏、开拓进取的结果，是广大师生员工团结奋斗、辛勤付出的结果。

在取得成绩的同时，校党委常委会也清醒地认识到，学校在发展过程中还存在一些不足，如学校应用型教育教学特色还不明显，应用型科研优势尚未形成，服务北京经济社会发展的能力和水平还需加强，现代大学内部治理体系还需进一步完善，办学空间资源有限，等等。这些问题需要在以后的工作中着力加以解决和改进。希望同志们对校党委常委会工作提出意见和建议，齐心协力将高水平应用型大学建设推向前进，确保"十四五"开好局、起好步，以优异成绩迎接中国共产党成立 100 周年！

贯彻落实分类发展要求　科学编制"十四五"规划　奋力谱写高水平应用型大学建设新篇章①

一、认真组织学习，深入贯彻十九届五中全会精神

2020 年 10 月 26 日至 29 日，党的十九届五中全会在北京举行。这次会议召开的时间节点特殊、内容意义重大。我们要从两个方面理解和把握十九届五中全会精神。

一是要深刻理解十九届五中全会的"历史意义"。党的十九届五中全会是我国处在全面建成小康社会目标完成在即、乘势而上向第二个百年目标进军的历史交汇时期召开的重要会议。全会审议通过了《中共中央关于制定国民经济和社会发展第十四个五年规划和二〇三五年远景目标的建议》，高度评价了"十三五"时期的发展成就，深入分析了我国发展面临的国内外挑战，战略谋划现代化建设宏伟蓝图，前瞻确定"四个全面"新布局，系统部署"十四五"时期重点工作，对于开启全面建设社会主义现代化国家新征程具有十分重要的意义，是向第二个百年奋斗目标进军的纲领性文件。从这一角度看，十九届五中全会有重要的"历史意义"。

二是要准确把握"三新"的核心要义。准确把握新发展阶段，深入贯彻新发展理念，加快构建新发展格局，这三个"新"是党的十九届五中全会精神的核心要义，是去年以来习近平总书记反复强调的"国之大者"，

① 本文节选自北京联合大学党委书记楚国清在第五届党委第五次全体（扩大）会议上的讲话（2021 年 3 月）。

也是对习近平新时代中国特色社会主义思想的进一步丰富和发展。准确把握"三新"的内涵，有助于我们从更高的政治站位和更准确的历史方位把握党的十九届五中全会的重大意义，也能够促发我们对如何在新的阶段学习贯彻好五中全会精神、落实好市委市政府关于市属高校分类发展要求、建设好高水平应用型大学进行系统深入的思考。

各级党组织、每名党员干部要通过各种渠道，认真组织学习党的十九届五中全会精神，深刻领会其要义，结合学校实际，把全会精神贯彻落实到具体工作中。

二、把握高水平应用型大学的要义，编制好"十四五"规划

五年规划是对学校改革发展规定目标和方向，是行动指南。党的十九届五中全会审议通过了《中共中央关于制定国民经济和社会发展第十四个五年规划和二〇三五年远景目标的建议》，市委十二届十五次全会审议通过了《关于制定北京市国民经济和社会发展第十四个五年规划和二〇三五年远景目标的建议》，这为我们进一步完善学校"十四五"规划提供了遵循。北京市属高校分类发展政策以及颁布的一系列相关文件，为我们编制规划提供了指引，这些要统筹考虑。

1. 把准方向："应用型"要以规划任务来体现

一是要准确领会和把握北京高校分类发展政策的核心要义。推进高等教育分类发展，是进入 21 世纪市委、市政府作出的重大决策部署。2018 年 6 月，市委、市政府发布《关于统筹推进北京高等教育改革发展的若干意见》，将市属高校分为高水平研究型大学、高水平特色型大学、高水平应用型大学、高水平职业技能型大学四种类型。2018 年 9 月，市教委对市委、市政府文件中提到的四种类型大学从"学科建设""科学研究""人才培养""师资队伍"四个维度提出质性标准和量化指标，并于 2018 年底、2019 年初，在市属高校自主申报学校"类型"的基础上，组织专家组入校开展调研评估。2020 年 5 月 6 日，市委教育工作领导小组发布《北京市属公办本科高校分类发展方案》，明确了北京市属 21 所本科高校的类型，将北京联合大学划入"高水平应用型大学"一类。

我们要准确理解和把握高校分类发展政策的核心要义。分类发展是要解决高校定位不准、特色不鲜明，千校一面、目标趋同，盲目攀高、求大求全，资源配置亟待优化等现实问题；是要通过分类发展把提高质量摆在更加突出的位置，解决高校科学合理定位问题，进而各安其位，办出特色，满足社会多样化需求。分类不是分层，不是分出高低贵贱，而是要分成不同类型，明确发展重点和发展方向，办出特色、办出质量。其核心要义是实现市属高校的内涵发展、特色发展、差异化发展。

二是要对标高水平应用型大学指标体系，明确规划目标任务。在准确理解、正确看待大学分类发展的基础上，我们要进一步思考如何办好"高水平应用型大学"。按照市委的文件精神，就是要"重点培养知行合一、学以致用、具有创新精神的优秀应用型建设人才。学校应积极开展教育教学改革，努力提升学科专业建设水平，不断提高本科专业设置与学科建设匹配度，形成学科专业在国内的比较优势；紧密结合北京经济社会发展和人才培养需求，开展相关性理论探索和科技创新；大力开展实践教育，完善产学研用一体化协同育人机制；不断提高教师教学和创新能力，吸引优秀行业人才和社会资源参与学校办学，不断提高学校服务首都经济社会发展水平"。上述几个方面的要求，涉及人才培养、学科专业建设、科学研究、师资队伍建设等学校办学的核心领域。作为市属综合性大学，我们要对标北京"四个中心"功能定位，坚持积极创造条件破解难题的发展逻辑，处理好学校常规发展与跨越式发展的关系，着力聚焦学校内部管理体制改革、学科建设水平、资源环境约束、激励约束机制等方面实现新的突破。

市教委印发的《高水平应用型大学绩效考核评价指标体系》中，包括"管理水平"和"发展水平"两个方面，前者涉及办学方向、党建和思想政治工作、人才培养、科学研究、社会服务与文化传承、国际交流与合作、学校管理等7个一级指标；后者涉及办学方向、人才培养、科学研究、毕业生就业、教师管理、改革创新、特色发展等7个一级指标。这些指标有定性的，也有定量的，为应用型大学的发展提供了方向指引，学校"十四五"规划对此要有回应。我们要把这些要求变成学校"十四五"规划中的具体目标和任务，总体规划和各个专项规划都要围绕上述的要求来编制，将要求变为具体的制度、具体的措施，以实际行动回应市委市政府对我们的要求和人民对学校办学的期盼。

2. 抓好关键："高水平"要以解决主要矛盾来拉动

我来学校的时间不长，在寒假期间走访了 7 个本部外的学院和马克思主义学院，了解了一些情况，听到了很多很好的建议和意见，大家指出了一些希望改进的问题，其中很多问题都是如何进一步优化资源配置、如何提升"水平"，反映出大家对"高水平"的期盼。"十四五"期间，我们要办高水平应用型大学，就是要在发展的内涵质量上围绕"高水平"做文章，抓住主要矛盾，以此带动解决次要矛盾。

一是要全力争取博士点突破，全面提升学校实力。目前，北京市属 21 所本科高校中，已有 12 所高校具有博士学位授予权（北京工业大学、首都师范大学、首都医科大学、首都经济贸易大学、北京建筑大学、北京工商大学、北京服装学院、中国音乐学院、北京第二外国语学院、北京信息科技大学、北方工业大学、北京农学院），其中北京第二外国语学院、北京信息科技大学、北方工业大学、北京农学院 4 所高校是 2020 年新增的，还有 9 所高校没有博士点（北京联合大学、北京物资学院、北京印刷学院、北京石油化工学院、北京舞蹈学院、北京电影学院、中国戏曲学院、首都体育学院、北京警察学院）。目前没有博士点的高校多是艺术类院校和行业特征非常明显的高校。在这种情况下，我们作为市属综合性大学，努力争取博士学位授权单位是必须之举。是否具有博士点，既是高校办学积淀、办学水平的标志，也是带动学科专业建设、提升教学和科研质量、优化师资队伍的一个重要"拉动点"，同时又是在北京高校丛林中提升竞争能力的一个极为重要的支点。要努力走在高水平应用型大学建设的前沿，评价的指标很多，但博士点是重要标志之一。

三年前，我们启动了博士点申报工作，这是"十四五"期间学校的一项重中之重的任务，务必认真持续地抓好，否则就会错过机遇，失去拉动学校进一步发展的良机。校领导、相关职能部处、各学院、各学科专业都要有这个意识，都要积极行动起来，对标对表、拿出真招、做成实事、持之以恒，确保在2023年获得博士学位授予权，这是我们这一代联大人的光荣责任和使命。

二是要建设一支结构合理、高质量的师资队伍。所谓大学者，非谓有大楼之谓也，有大师之谓也。建设高水平的大学，没有高水平的师资队伍肯定是不行的。在我对几个学院的调研中，师资队伍建设是大家反映比较集中的问题，主要包括：学校高水平人才引进做得不太好，力度不够；自有高水平人才流失严重；对新进青年教师的关注和支持力度不够；学科、专业带头人缺乏；等等。对于这些方面，要认真开展调研。首先，要加强现有人才的培养，各学科、专业要选好配齐带头人和负责人，"十四五"期间要把这个问题解决好。现在有的学科专业没有带头人，有的带头人还没有高级职称，这个问题不解决，恐怕很难说是真正的"高水平"。其次，要更加关注青年教师的培养，加大支持力度，青年教师现在已经成为我们教师队伍的主体，他们多数有博士学位，受过很好的学术训练，进校后要积极参与科研，学习教育教学方法，要有团队。对于这方面，在"十四五"规划中要有明确的、管用的措施。最后，要学习兄弟高校好的做法和经验，根据现实需要，有序开展人才引进。这也是必需的且短期内校内培养难以解决的，要加大外引力度。

三是要在教学、科研方面有关键举措，要有一大批标志性成果。对大学来说，其核心任务是人才培养、科学研究，当然还有社会服务、文化传承创新和国际交流合作，这些都是大学的核心工作，也是竞争力高低的重点所在。在《高水平应用型大学绩效考核评价指标体系》中，对人才培养、科学研究都有很多明确的量化指标，比如"入选市级以上专业建设项目的专业在校生占比情况""本科实践教学学时占培养方案本科课程总课时数比例""每百名教师获批市级及以上一流、优质（含线上、线下）课程数""国家级、教育部、其他省部级科研平台数""年度专任教师人均获批省部级及以上科研项目数与科研经费数""高水平科技创新成果情况"，等等，这些指标某种程度上就是我们未来几年核心工作的指引。要保证上述指标数据"好看"，要获得好的评价和经费等支持，就要坚持目标导向，针对这些要求制订相应的制度、采取相关的措施、呈现标志性的成果。在这方面，希望各位校领导以及相关部门、学院要"心中有数"，在规划里要有以目标为导向的回应，在制度、措施、目标等方面要有体现。

四是要推动内部治理体系和治理能力提升。党的十八届三中全会提出"推进国家治理体系和治理能力现代化"。治理体系和治理能力是一个组织制度建设和制度执行能力的集中体现，事关组织治理效能，关乎组织目标能否实现。依据我国《中华人民共和国高等教育法》和相关法律法规，我国公办高校的内部治理结构就是"党委领导、校长负责、教授治学、民主管理"。"十四五"时期，我们要在这个框架内继续完善制度体系、组织体系、运行体系、监督体系，明确各类主体的权责，激发各类主体的积极性，共同参与学校治理，提升办学质量，办好人民满意的教育，实现规划目标。

完善治理体系对于北京联合大学来说尤其重要。我们校区分散，管理体制与其他高校有差异，特别是分校区或是低年级校区居多，现在我们还有未联合前的印记，这不仅是形上的，还有神上的联而不合、合而未联。这给我们整合资源、加快发展带来了很大挑战。完善治理体系最重要的是如何激发校院两级的积极性，加强统一管理、资源统筹，发挥各学院的办学主体作用。

这既要历史地看，也要现实地看。历史地看，是为了知道我们"从哪里来"。在理解我们经历了什么之后，才有基础科学地、现实地看现在，进而建构未来，解决"到哪里去"的问题。在2010年之前，局级学院的干部任免、教学科研活动、招生、财务资产管理、后勤保障等还是各管各的。2012年，校党委印发了《关于进一步深化管理体制改革、促进内涵科学发展的意见》(以下简称《意见》)，提出"进一步明确校院责任，引导广大党员干部、教职员工把主要精力集中到提高教育教学质量和育人的根本任务上来，形成统筹协调、规范有序、廉洁高效的校院管理新体制，充分发挥体制、机制优势及其保障作用，促进学校内涵科学发展"，对校院两级在教学、科研及研究生工作、财务管理、组织人事及行政管理、安全稳定工作、提高决策统筹能力等方面的工作权责进行了划分，有效地促进了学校内涵发展，为形成"联大一家""联大一盘棋"起到了十分重要的作用。我们要了解这段历史，当时招生、财务、干部、人事权是分散的，这个《意见》基本统一了"度量衡"。

历史发展到了今天，面对新形势、新任务和新情况，要针对现在面临的问题，进一步理顺校院关系和校区之间的关系，总体上要围绕办学水平的提升、管理效能的提升来进行顶层设计，目标是让学院能够发挥办学主体作用、一心办学。"十四五"期间，完善内部治理体系，要"理想"＋"现实"兼顾，理想状态是各二级学院在校院管理体制上"平行一致"，内部机构设置、权限一样，但联大多点办学，各学院承担的职责不同、历史积淀不同也是客观事实，所以未来完善内部治理体系，在二级学院组织机构设置、校院权责划分方面也要符合实际，不能不动，也不可能一蹴而就、过于简单化。

很早以前校院之间是以块为主，本部外的学院承担了"行政辖区"内的衣食住行全部事项，学院认为自己承担了过多的保障职能，分散了办学精力，所以从 2012 年起，北四环以外校区的财务管理、后勤保障、基建保卫等工作就都划归学校统一管理了，让学院专心办学。但现在看来，有些管理工作链条变长了，效率就会降低，这是一对矛盾，需要研究。总体来看，还是要"条块结合、以块为主，学校管条、学院管块、校院共管"。要学习市里的"街乡吹哨、部门报到"，学校派驻人员的角色在各校区不能是管理者而是服务者。同时要正视差异，逐步理顺。在此还要强调，无论学校部门还是学院，都要从大局出发，从事业发展出发，一切以有利于办学为标准，不要相互拆台，而要相互支持配合、相互补台，一切服从于学校发展大局，特别不能搞山头、搞独立大队，要淡化"你的""我的"这种意识，都是党和人民的，都是联大的，都是联大师生的，要不断完善体制机制建设，不断提升管理效能。

三、以党的政治建设为统领，落实全面从严治党主体责任

办好中国的事情，关键在党，关键在坚持党要管党、全面从严治党。全面从严治党的核心是加强党的领导，坚持党中央的集中统一领导，保证正确方向，形成强大合力。对学校来讲，全面从严治党就是要坚持党对学

校工作的全面领导，落实立德树人根本任务，为党育人、为国育才，培养德智体美劳全面发展的社会主义建设者和接班人。当前各项制度已经比较完善，关键在于持之以恒地把工作落实、落细、落小。

1. 要切实以党的政治建设为统领

"为党育人、为国育才"，就要旗帜鲜明讲政治，始终把党的政治建设摆在首位，坚持用习近平新时代中国特色社会主义思想武装头脑，增强"四个意识"、坚定"四个自信"、做到"两个维护"，始终在政治立场、政治方向、政治原则、政治道路上同党中央、市委保持高度一致，不断提高政治判断力、政治领悟力、政治执行力，不断提高把握新发展阶段、贯彻新发展理念、服务新发展格局的政治能力、战略眼光和专业水平，敢于担当、善于作为，确保坚持社会主义办学方向毫不动摇。要抓好校党委《关于加强党的政治建设的实施方案》和《关于加强党的政治建设实施方案的工作措施》的具体落实，要适时对各项任务落实情况开展检查。

2. 切实落实全面从严治党主体责任

2020 年，中央办公厅印发了《党委（党组）落实全面从严治党主体责任规定》，进一步明确了党委班子、党委主要负责人、党委班子成员的责任内容，明确了责任落实方式，明确了监督追责条款。市委印发了《贯彻〈党委（党组）落实全面从严治党主体责任规定〉的分工方案》，共 14条，明确了"规定动作"，我们要认真学习领会、抓好贯彻落实。

要把全面从严治党纳入学校事业发展的总体布局，把贯彻落实全面从严治党任务分工列入重要议事日程，贯穿到学校改革发展稳定各项工作之中，明确党委班子成员分管范围内的全面从严治党责任，制订校、院党组织个性化主体责任清单，有重点、有针对性地开展对各二级党组织及相关单位落实主体责任（党建）情况的动态检查、抽查，推动各级党组织扛起管党治党责任。

认真学习贯彻中央办公厅《关于加强巡视巡察上下联动的意见》，加强党委对巡视整改和巡察工作的领导，压实责任。继续积极推进市委对学校巡视反馈问题的整改工作，坚持举一反三，以整改带动内部治理的科学化。进一步完善校内巡察机制，稳步推进且积极开展第四轮、第五轮校内巡察，坚定不移深化政治巡察，建立纪检监察和组织部门巡察整改日常监督与联动整改机制，开展日常监督，督促被巡察党组织深入推进整改，做好巡察的后半篇文章，巩固深化整改成果，积极营造风清气正的育人环境和良好政治生态。

3. 切实落实意识形态工作责任制

要坚持不懈地加强思想理论武装，继续深化党委理论学习中心组、教职工、学生三个层面的政治理论学习，进一步在全校师生中深入开展习近平新时代中国特色社会主义思想、党的十九大和十九届二中、三中、四中、五中全会精神的学习宣传教育，持续推动习近平新时代中国特色社会主义思想进教材、进课堂、进头脑。立足党的百年历史新起点，统筹中华民族伟大复兴战略全局和世界百年未有之大变局，认真组织开展党史学习教育及"四史"学习教育，教育引导师生坚定理想信念，做到学史明理、学史增信、学史崇德、学史力行，学党史、悟思想、办实事、开新局，以昂扬姿态奋力开启全面建设社会主义现代化国家新征程，以优异成绩迎接建党 100 周年。充分发挥思想政治理论课的主渠道和主阵地作用，持续以课程思政建设为切入点，推动各类课程与思政课形成协同效应，发挥所有课程育人功能，站稳守好意识形态阵地。完善师德师风建设制度和长效机制，以优良师德师风带动教风，促进学风。

4. 切实加强干部队伍和基层组织建设

要全面贯彻新时代党的组织路线，积极申报参评北京市党建先进校，总结学校基层党建工作经验，选树宣传党建榜样群，推动基层党建工作提质增效。

坚持新时期好干部标准，将政治标准放在首位，围绕事业发展需要选优配强领导班子。加强领导班子和干部队伍建设，大力发现培养选拔优秀年轻干部。进一步改进考核方法，强化结果运用，加大对不称职干部的岗位调整力度，激发干部干事创业的内在动力。严格干部日常监督管理。

四、统筹常态化疫情防控和事业发展，全力做好 2021 年工作

2021 年是开启全面建设社会主义现代化国家新征程的开局之年，是

"十四五"规划开局之年，也是建党 100 周年。我们坚持以习近平新时代中国特色社会主义思想为指导，工作的主线还是按照市委工作部署，坚定不移贯彻新发展理念，统筹抓好常态化疫情防控和事业发展，以加强党的政治建设为统领，扎实推进全面从严治党主体责任（党建）落实；着力完善"三全育人"格局，将立德树人根本任务贯穿学校工作各方面各环节；落实市属公办高校分类发展要求，坚持内涵、特色、差异化发展，聚焦高水平应用型人才培养、应用型科学研究等核心能力建设，不断提高学校服务首都经济社会发展水平，稳步推进高水平应用型大学建设。

学校的《2021 年工作要点（征求意见稿）》已经印发给大家，我想再强调几项工作。

1. 围绕高水平应用型大学建设目标，科学编制好"十四五"规划

"十四五"规划编制是今年的一项重点工作，各系统、各学院都要全面总结"十三五"时期的工作，既要看到成绩，也要认识到不足和差距；既要总结好的工作经验和做法并继续发扬，也要反思工作中的问题并主动反思改正。规划编制过程中，还要强化比较意识，既要和自身纵向比较，也要和兄弟高校之间横向比较，清醒认识学校所处的"方位"，"知不足"而后学，"不知足"而进取，更科学地确立目标任务，采取有针对性的措施，推动学校事业持续向前发展。

总之，要紧紧围绕"高水平应用型大学"办学定位，对照相关指标体系，科学、高质量地编制好学校"十四五"时期发展规划，描绘好未来五年乃至更长一段时期的发展蓝图。规划编制完成后，各单位要做好任务分解，关注并定期分析执行情况。各学院要依据学校规划，进一步制定和完善学院的五年规划。

2. 围绕内涵质量的提升，持续抓好学校的阶段性中心任务

大学承担为党育人、为国育才的使命，核心工作是人才培养，围绕人才培养积极开展科学研究、主动服务社会、开展文化传承创新、国际交流合作以及其他各项工作。学校的"看家本领"、学校的竞争力主要还是看核心工作开展得如何。因此，我们要清醒认识、抓到关键点。

以博士点申报为抓手，进一步统筹加强校院学科建设，完善校院两级

管理体制，调整优化学科体系与布局，分层规划重点建设学科方向。聚合资源，全力支持博士学位授权单位申报工作。

以新一轮聘任为契机，落实分类评价改革精神，不断完善专业技术职务评聘制度，持续优化师资队伍结构，进一步发挥绩效工资的激励导向作用，完善奖励性绩效工资在二级单位的分配制度，建立科学合理的薪酬激励机制。

要积极准备、高质量地做好商务学院 AACSB 国际认证专家现场访视、建筑环境与能源应用工程专业的工程教育专业认证专家现场考察相关工作，持续推进师范专业认证工作。

3. 进一步完善内部治理结构，充分发挥各类主体参与治理的积极性

以制度建设为基础，不断完善内部治理结构，推进学校治理体系和治理能力的现代化。全面推进依法治校，贯彻落实党委领导下的校长负责制，严格执行党委全会、党委常委会、校长办公会议事规则和"三重一大"制度实施细则。加强学术委员会建设，依照《学术委员会章程》，充分发挥其在学校学术事务治理中的主体作用，积极推动教授治学。完成教职工代表大会、工会会员代表大会换届工作，为教职工建言献策、参与学校治理提供渠道。坚决落实好"接诉即办"。

4. 牢牢守住疫情防线，做好校园常态化疫情防控工作

要深刻认识疫情防控形势的复杂性、严峻性，严格落实上级关于疫情防控工作的决策部署，坚决筑牢校园安全防线，确保全体师生的生命安全和身体健康。持续做好常态化疫情防控工作，加强师生健康教育和管理，加强日常管理和聚集性活动管理，做好教室、食堂、宿舍、实验室等重点场所环境消杀。安排好学生分批次有序返校。科学制定应急预案，有效提升校园突发公共卫生事件应急处置能力。

齐心协力　担当作为　以实干实绩推进学校事业高质量发展①

　　2021年是中国共产党成立100周年，也是学校"十四五"规划开局之年。一年来，校党委常委会坚持以习近平新时代中国特色社会主义思想为指导，团结带领全校各级党组织和广大党员干部，深入学习党的十九大和十九届历次全会精神，全面贯彻党的教育方针，深入贯彻习近平总书记关于教育的重要论述，严格执行党委常委会议事规则和"三重一大"集体决策制度，切实履行管党治党、办学治校主体责任，全年共召开党委常委会36次，审议了227项议题，整体推进全面从严治党、基层党建、意识形态、"十四五"规划、选人用人、群团建设、财务预算、安全稳定等各项工作，圆满完成了年度工作任务，党的建设和事业发展取得新进展新成效。一年来，校党委常委会突出抓了以下重点任务：

　　第一，深入学习贯彻习近平新时代中国特色社会主义思想。坚持不懈用党的创新理论武装头脑，校党委常委会及时传达学习上级有关会议、文件精神21次，积极推动党和国家重大决策部署在学校落地见效。校党委理论学习中心组发挥带头示范作用，围绕学习习近平总书记在党的十九届六中全会、庆祝中国共产党成立100周年大会等发表的重要讲话精神，开展集中学习研讨21次，持之以恒地在学懂弄通做实上下功夫。进一步完善二级党组织、基层党支部政治理论学习机制和教职工理论学习督导机制，结合"师德专题教育"抓实教职工理论学习，持续推动习近平新时代

---

① 本文为北京联合大学党委书记楚国清所作党委常委会2021年工作报告（2022年1月）。

中国特色社会主义思想在广大教师中入耳、入脑、入心。

第二，圆满完成中国共产党成立 100 周年庆祝活动任务。专题研究重大活动相关工作 3 次，制定了重大活动工作方案，成立了专项工作领导小组，召开了动员大会和保障工作协调会，组织 453 名学生完成了 100 天的训练和 19 次校外演练。101 名师生参与庆祝大会合唱和献词，264 名师生参与《伟大征程》文艺演出合唱，88 名志愿者参与活动服务保障，以不畏艰难、奋力拼搏、精益求精、无私奉献的精神品质出色地完成了各项任务，以实际行动向建党百年献礼。巩固庆祝活动成果，挖掘教育资源，在全校师生中深入开展思想政治教育，引导师生将参与重大活动激发出来的爱党爱国热情转化为勤奋学习、发奋工作的实际行动，不断提高立德树人成效。

第三，扎实推进党史学习教育走深走实。校党委常委会把党史学习教育作为贯穿全年的一项重大政治任务，在全校掀起党史学习教育热潮。制定了《关于在全校开展党史学习教育的实施方案》，成立了领导小组和工作机构，召开了全校动员大会，开设了专题网站，组建了宣讲团，校党委常委班子带头讲专题党课。加强对各二级党组织党史学习教育督促指导，成立了党史学习教育督导组。全校各级党组织创新学习形式，组织各类宣讲 300 余次。扎实开展"我为群众办实事"实践活动，全力解决师生关注的"急难愁盼"问题，校级层面 10 项实事 23 条具体措施、二级党组织层面 145 项实事、党支部层面 456 个实事清单全部如期完成，提升了师生的获得感、幸福感，形成了全校师生"学党史、悟思想、办实事、开新局"的生动局面，学习教育成果切实转化为师德师风建设、人才培养和高水平应用型大学建设的工作成效。

第四，深入学习宣传贯彻党的十九届六中全会精神。校党委常委会把学习宣传贯彻六中全会精神作为一项重大政治任务，第一时间安排部署全会精神的学习宣传工作，成立了宣讲团，在全校集中开展全会精神宣讲、校领导带头宣讲、校宣讲团专题宣讲、各单位组织内部宣讲，形成分级分层分类宣讲格局。宣讲团开展宣讲 30 余次。打造全方位立体化学习模式，把学习宣传贯彻全会精神列入校、院党委理论学习中心组学习、教职工政治理论学习、党支部学习以及各类培训学习的重要内容。举办中层干部、青年干部、党外人士、思政课教师专题培训班和座谈交流。通过开展一系列学习宣传活动，切实把党员干部和全体师生的思想和行动统一到全会精神上来，迅速掀起学习宣传贯彻全会精神热潮。

一年来，校党委常委会统筹推进学校各项事业发展，主要做了以下工作。

一、强化党的建设，以高质量党建引领学校高质量发展

校党委常委会认为，坚持和加强党的全面领导，是学校做好各项工作的根本保证，要全面加强党建引领和保障作用，把党的领导贯穿办学治校、教书育人全过程，为培养社会主义建设者和接班人提供坚强保证。2021 年，校党委常委会研究党建议题 152 项，占比 67%。

严格落实全面从严治党主体责任。以党的政治建设为统领，贯彻落实中央、市委关于全面从严治党的决策部署，制定了《2021 年落实全面从严治党年度任务安排》《二级党组织全面从严治党（党建）工作考核实施方案》《抓党建责任清单》，召开了 2021 年全面从严治党工作会议暨警示教育大会。加大政治监督力度，坚持巡视巡察上下联动。持续推进巡视整改，移交的问题线索全部办结。进一步完善校内巡察机制，制定了《〈巡察工作实施办法〉补充规定》，分两批对 8 个单位开展校内巡察。进一步规范请示报告制度，制定了《学院党委（总支）向校党委请示报告重大事项清单》。全面加强党风廉政宣传教育，依托"廉创空间"平台，开展 8 个板块主题教育活动。二级单位"权力运行与监督"专项实践取得阶段性实效。深化科研调研监督，制定监督清单 30 条，调研报告获 2020 年度北京市纪检监察系统调研成果一等奖。加大落实中央八项规定精神和持续纠正"四风"力度。严肃查处违规违纪问题，严肃执纪问责，给予党内警告 1 人、诫勉谈话 2 人、批评教育 6 人、谈话提醒 3 人，发出监察建议 3 份、提醒函 1 份。

牢牢掌握意识形态工作领导权。把意识形态工作作为一项极端重要的工作，严格落实意识形态工作责任制，修订了《落实党委意识形态工作责

任制实施细则》，与各二级党组织签订了个性化意识形态责任书。进一步完善制度建设，建立和规范意识形态会商研判、通报等 10 项制度。加强意识形态风险研判，每季度召开分析研判会，聚焦重要会议、重大活动、敏感节点，加强监测研判和引导管控，防范化解意识形态领域重大风险。完善校园新闻宣传报道、意识形态阵地管理、校园文化管理"三位一体"审批机制，制定了《校园文化建设管理办法》。加强意识形态阵地管理，重点加强网络意识形态阵地建设，规范网络自媒体、各类社团管理，抵御和防范宗教向校园渗透。

扎实推进基层党建工作提质增效。获评第八次北京市党的建设和思想政治工作先进普通高等学校，实现历史性突破。党建榜样群培育和选树成效显著，获评北京市先进党组织 1 个，优秀党务工作者 1 人。全面回顾近年来学校在党建工作上取得的成绩，总结工作经验，发布了党的十九大以来北京联合大学党的建设和思想政治工作综述、基层党组织建设综述。完成第三批新时代高校党建示范创建和质量创优申报工作。开展首批党支部"共建攻坚"活动，支持立项项目 58 个。创建第二批党支部书记工作室 7 个。着力提升党员干部的理论素养和业务能力，举办组织员、基层党组织书记等 12 个培训班次。高质量完成全年党员发展计划，共发展党员1600 名。

持续加强干部队伍建设。严格规范干部管理，修订了《处级干部选拔任用工作实施办法》。将加强二级单位领导班子建设和选优用好领导干部相结合，全年提任处级干部 6 人，轮岗交流 8 人次，试用期满考核 4 人。全覆盖开展处级以上干部个人有关事项报告培训，个人有关事项报告基本一致率达 100%，居市属高校首位。严格干部日常考核管理，修订了《二级单位、中层领导班子和中层干部考核实施办法》。进一步规范处级干部兼职行为，开展干部兼职情况自查。推进干部人事档案专审工作常态化，工作经验被《组工通讯》刊载。注重在实践中培养锻炼干部，选派 10 余名干部教师参与人才京郊行、市委巡视、建党百年庆祝活动、冬奥会冬残奥会工作、驻村第一书记等，作为高校唯一代表，在全市第一书记驻村帮扶工作会上作交流发言。选派 9 名年轻干部校内挂职锻炼。

充分发挥统一战线作用。着力加强思想引领，深入贯彻落实《中国共产党统一战线工作条例（试行）》。组织开展"不忘百年初衷，共筑百年梦想"主题教育培训，召开党外人士学习贯彻习近平总书记"七一"重要讲话精神座谈会，举办民主党派和知联会骨干培训班。发挥党外知识分子智库作用，1份报告被市政协采用并得到市领导批示，1份提案被市教委采纳并纳入"十四五"特殊教育工作规划。发挥党外人士参政议政作用，当选区人大代表5人、区政协常委1人、中国和平统一促进会第十届理事会理事1人。开展非法宗教活动专项整治工作，组织民族宗教工作培训。

创新推进离退休干部工作。获评全国教育系统关心下一代工作先进集体，获评全国先进老干部工作者1人。为全校296名老党员发放"光荣在党50年"纪念章，拍摄《见证辉煌》老党员视频片3部，获教育部关工委表彰1部。传承红色基因，赓续红色血脉，与新四军研究会签署合作共建协议，开展第三届"读懂中国"活动，获得教育部关工委2021年"读懂中国"活动优秀组织奖等。

进一步增强团学组织凝聚力。提升"第二课堂"育人成效，举办联大华音校园歌手大赛，展演原创舞台剧《青春底色》，引发师生热烈反响。充分发挥学生社团育人功能，承办北京高校学生社团发展指导中心，制定了《学生社团建设管理办法》《学生社团指导教师管理办法》。加强团的基层组织建设，召开了第六次团代会、第八次学代会和第三次研代会。

充分发挥工会作用。夯实民主管理基层基础，召开了第五届教职工代表大会和工会第五届会员代表大会，圆满完成"双代会"换届工作。健全职工服务体系，贴心服务教职工，获评北京市总工会优秀职工心理服务项目、2021年"北京市工人先锋号"1个、北京市总工会"职工暖心驿站"12个、北京市教育工会"先进教职工小家"4个、北京市优秀工会工作者1人，荣获北京市教育工会"永远跟党走"合唱比赛三等奖。

科学编制"十四五"规划。全面总结"十三五"时期学校事业发展取得的成绩，牢牢把握"高水平应用型大学"办学定位，紧紧围绕落实北京高等教育分类发展新要求，服务北京"四个中心"建设新需求，结合学校发展所处新方位科学编制"十四五"规划，在深入调研、广泛讨论、充分征求意见的基础上，高质量完成了学校"十四五"规划的编制工作，并获市教委批复。《规划》描绘了未来五年的发展蓝图，展望了 2035 年发展远景目标，明确了学校今后发展的方向、路径和重点任务。

全力保障校园安全稳定。坚决贯彻落实中央和市委系列决策部署，坚持把全体师生的生命安全和身体健康放在第一位，始终抓实抓细常态化疫情防控措施，坚持校园相对封闭管理，做好教学应急方案和寒暑假期间疫情防控工作安排。加强师生健康管理，督促师生每日健康监测打卡。坚持每日统计报送《疫情防控数据》，编发《工作日志》。稳妥有序推进疫苗接种工作，全校师生整体疫苗加强针接种率达 93.86%。贯彻落实总体国家安全观，完善校园安全稳定工作机制，圆满完成庆祝中国共产党成立 100 周年、十九届六中全会等特殊时期的安保维稳任务。完善校园安全事前事中事后全程治理机制，开展校园安全专项整顿工作。进一步强化科技创安的支撑作用，打造智能化平安校园建设新模式。开展线上线下安全教育培训、消防疏散、安全技能培训等活动，进一步提升师生安全意识。

二、以"大思政课"建设为抓手，立德树人落实机制进一步健全

党委常委会认为，思想政治工作是学校各项工作的生命线，要坚持把立德树人作为中心环节，把思想政治工作贯穿教育教学全过程，培养担当民族复兴大任的时代新人。党委常委会研究思想政治工作议题 14 项，占比 6%。

大思政工作格局有效构建。深入学习贯彻习近平总书记关于"大思政课"善用之的重要论述，加强"大思政课"理念研究，构建思政课、课程思政、日常思想政治工作同社会现实融会贯通的育人路径，制定了《关于办好新时代"大思政课"的实施意见（2021—2022）》，成立了"大思政课"研究中心，举办了"'大思政课'善用之"展览，推动"大思政课"的内容、载体和形式创新，不断提升思想政治教育的亲和力和针对性。《善用"大思政课"培养实现中华民族伟大复兴的先锋力量》宣讲报告获中宣部"优秀理论宣讲报告"表彰。

思想政治理论课改革不断深化。进一步深化思政课改革创新，制定了

《关于加强思想政治理论课建设的十项措施》。推进分类教学改革，改革实践探索初见成效。举办"国际视野中的百年共产党"学术研讨会，承办首届北京市重点建设马克思主义学院发展论坛，探索"红色基因、北京味道、联大特色"的内涵式思政课建设模式，打造系列思政课"北京课堂"。深化北京红色教育资源融入思政课教学改革，制定了《2021年春季学期北京红色教育资源融入思想政治理论课实践教学方案》，坚持"思政小课堂"与"社会大课堂"紧密结合。

课程思政建设持续推进。课程思政工作成效不断提升，"以教师党支部为依托全面推进课程思政建设"入选第一批北京高校党建和思想政治工作特色项目。组织召开教师党支部落实课程思政建设推进会，工作经验被《北京教育信息》刊载，并在全市组织部长会和北京高校党的建设工作会上作经验交流。举办了2021年课程思政教学设计大赛，首次在人民公开课平台面向全国进行现场直播，引起广泛关注。课程思政建设的品牌效应和影响力持续增强，学校立德树人成效进一步提升。

学生日常思想政治教育成效显著。加强思想政治引领，充分挖掘重大活动的教育价值，坚定师生爱党爱国爱社会主义的理想信念。开展"联大学子同读一本书"系列活动。将社会实践与学生思想政治教育相结合，开展"沿着总书记足迹争做新时代优秀青年"社会实践活动。依托"永远跟党走"主题教育活动平台，将党史学习教育与学生日常思政工作有机结合。打造优秀辅导员榜样群，获评2017—2021年度北京市十佳辅导员1人。加强学生心理健康教育，获评2020年北京高校心理素质教育工作先进单位、先进个人1人、优秀标兵1人。强化辅导员心理危机处置能力，组织辅导员、班主任心理危机预防与干预专题培训。加强学生国防教育，连续11年荣获"北京市征兵工作先进单位"。获第十六届"大学生年度人物"提名奖1人。

校园文化建设不断加强。推进红色文化育人，设立以"传承红色基因，庆祝建党百年"红色文化展示区，举办第五届"书香联大"读书文化节、"人文联大"经典阅读文化节。发挥档案育人作用，与市档案馆共同举办"萌芽——红色展览进高校"活动，协办"我们的奥运"展览、"恰同学少年——校徽上的大学记忆"展，承办首都档案治理体系建设高端论坛。高水平运动队获 2021 年首都高等院校啦啦操比赛（甲组）冠军，普通学生代表队获高校群体竞赛 3 金 9 银 6 铜的好成绩。在全国第十一届残运会暨第八届特奥会中获聋人篮球男队冠军等。

三、聚焦核心能力建设，持续深化学校高质量内涵式发展

党委常委会认为，要紧紧围绕高水平应用型办学定位，紧扣学校办学特色和优势，持续深化实施"学术立校""人才强校""开放兴校"三大战略，提高学校事业发展核心能力、破解学校发展难题，加快推进学校各项事业高质量内涵式发展。党委常委会研究相关议题 61 项，占比 27%。

落实国家战略、积极服务北京有新成效。积极服务乡村振兴战略，获评"北京市扶贫协作先进集体"。持续提升服务北京的能力，依托学校人才和学科资源优势，加强北京全国文化中心研究院建设，为市政府决策提供政策和智力支持。服务北京"四个中心"功能建设，举办"第 23 次北京学学术年会"、第五期"环境考古"主题研讨沙龙、第五届健康与环境学术交流会。助力非物质文化遗产的研究、传承与传播，举办"第二届大运河非遗论坛"。获评北京高校师生服务首都"四个中心"功能建设"双百行动计划"优秀示范团队。组织 537 名师生参加冬奥会志愿服务、餐饮服务、开闭幕式演出。深化产学研校企合作，开展京煤集团健康文旅管理人才培训项目，与北京中企华资产评估有限责任公司、中铁电气化局集团有限公司等签署战略合作协议。

教育教学改革持续深化。坚持"五育"并举，统筹推进体育美育劳动教育。建筑环境与能源应用工程专业通过住建部高等教育工程专业评估（认证），工程教育专业认证实现零的突破。课程建设和实践教学取得实效，82 门课程在中国大学 MOOC 平台开课。获评 2021 年北京高校"优质本科课程"4 门、"优质本科教材课件"4 件、全国优秀教材高等教育类一等奖、二等奖各 1 部、全国教材建设先进个人 1 人。举办第一届教师教学创新大赛，3 名教师及团队获北京市教师教学创新大赛奖励。档案学专业本科育人团队获评"北京高校优秀本科育人团队"，获评全国地方高校榜

样教务处长 1 人、北京高校优秀教学管理人员 1 人。获批教育部首批新文科研究与改革实践项目、北京高等教育"本科教学改革创新项目"重大项目 1 项、教育部高教司产学合作协同育人项目 25 项。

学科建设和科研实力全面增强。优化学科布局，新增政治学硕士学位授权一级学科点，国际商务、电子信息、土木水利、艺术 4 个硕士专业学位类别，撤销文化遗产区域保护规划、投融资管理、移动商务 3 个自主设置的二级学科点。全年科研到账经费 1.5 亿元，其中横向课题经费 1.28 亿元。单项科技成果转化金额超过 100 万元，取得重大新突破。获批省部级以上项目 64 项，其中国家社科基金重点项目 1 项，北京社科基金重大项目 1 项，北京社科基金重点项目 9 项，《汉语盲文语料库建设研究》国家社科基金重大项目顺利结题。获北京市哲学社会科学优秀成果奖二等奖 1 项。获授权发明专利 46 项。《旅游学刊》连续第 10 年被评为"中国最具国际影响力学术期刊"。《北京联合大学学报（人文社会科学版）》入选中文社会科学引文索引来源期刊（CSSCI）、中国人文社会科学核心期刊和中文核心期刊要目总览人文社会科学领域的三大核心期刊数据库。

人才队伍"引培留用"机制逐步完善。全力推进高层次人才引进，确定拟聘人选 4 人、新增特聘教授 7 人、客座教授 2 人。全年共招聘 58 人。选派参加"国外访学计划"2 人、"国内访学计划"23 人、企业行业实践教师 60 人、市属高校教师发展基地研修学习 3 人。荣获 2021 年北京高校教学名师、青年教学名师奖 3 人，"青教赛"一等奖 2 项、二等奖 2 项、单项奖 6 项。管理干部团队获北京高校首届"青管赛"二等奖。开展第十三批双师素质教师资格认定工作，具有双师素质教师达 691 人，占专业课教师的 65.1%，专业负责人中双师素质教师比例达到 94%。开发教师特色培训项目，组织校外线上培训 23 期，1200 余名教职工参加，组织校内培训 59 场次，3400 余人次参加。

积极推进对外交流合作新模式。搭建国际合作新平台，与国外高校签署合作协议 10 份，线上举办中俄交通大学校长论坛、第四届中国—中东欧国家旅游院校联盟国际研讨会。受邀参加服贸会教育服务专题展及全球服务贸易峰会。探索来华留学教育新模式，推进留学生入系学习和趋同管理，稳步推进线上教学。获评国际中文教学技能交流活动最佳组织奖。英国孔子学院与黑山孔子课堂建设稳步推进。线上召开了黑山下戈里察大学孔子课堂理事会，线上与线下相结合举办了中黑艺术节颁奖典礼，线上召开了英国威尔士三一圣大卫大学孔子学院理事会。

内部管理体制改革持续深化。进一步提升学校服务社会的能力水平，成立对外合作服务处。进一步理顺管理体制，撤销应用文理学院人事处、生物化学工程学院人事处。优化全校资源配置，统筹整合全校公共外语教学资源、医疗资源，将应用科技学院媒体艺术设计系并入艺术学院。

依法治校能力持续提升。坚持和完善党委领导下的校长负责制，严格执行全委会、常委会、校长办公会议事规则和"三重一大"实施细则。认真落实《学术委员会章程》，积极发挥学术委员会在学科建设、学术评价、学术发展和学风建设等事项中的重要作用。完善"接诉即办"工作体系，制定了《关于加强"接诉即办"工作的实施意见》，开通"校园12345"平台，解决学生诉求近1400件。加强党务、校务信息公开，全年主动公开信息9330条，全文电子化率达100%。深入开展校园法治宣传教育工作，制定了《2021—2022学年法治宣传教育工作方案》。参与教育部开展的"宪法卫士"2021年行动计划，在全国学生"学宪法讲宪法"活动中荣获三等奖2项。

校园基本建设和国有资产管理有序推进。完成北苑校区教室改造、蒲黄榆校区围墙改造、部分校区食堂排烟改造、学院路校区宿舍改造等。全年招标采购项目110个，金额9677万元，协议、零星采购及小额工程采购969项，金额7425万元。建立疫情防控物资采购绿色通道，完成物资采购17项，金额284万元。加强固定资产日常管理，新增资产9882台件，金额6000余万元。推进学校资产运营公司全面改制，规范校办企业管理，完成45家僵尸企业注销工作。

财务审计绩效管理水平不断提升。切实保障人员经费。提高经费支出效益，持续推进预算管理体制改革，完善零基预算，加强项目库管理。进一步推进滚动预算改革，安排项目25个，预下达经费3145万元。开展内部控制风险评估，推进内部控制建设。加强审计监督力度，完成审计监督及绩效评价等事项 175 项，涉及资金 30.8 亿元，提出审计建议 39 条，促进增收节支 489.95 万元。对 10 名处级领导干部开展经济责任审计，促进干部依规履职，规范用权。

这些成绩的取得是市委坚强领导和市委教育工委悉心指导的结果，是学校各级党组织和全体党员干部顽强拼搏、团结奋斗、开拓进取的结果。在取得成绩的同时，党委常委会也清醒认识到，学校发展中还存在一些不足之处，如在落实全面从严治党主体责任上还有差距、基层党组织建设还存在薄弱环节、制约学校发展的深层次体制机制问题还要下大力气解决、管理干部年龄结构还需要进一步优化、高层次领军人才相对缺乏，等等。这些问题需要在以后的工作中着力加以解决和改进。希望大家对校党委常委会工作提出意见和建议，齐心协力推动高水平应用型大学建设再上新台阶！

继往开来谋定后动　共谱高水平应用型大学建设发展新未来 ^①

　　"十三五"以来，在习近平新时代中国特色社会主义思想的指导下，党和国家的各项事业取得了重大进展，学校的高水平、有特色、北京人民满意的城市型、应用型大学建设也取得了重要进展，特别是在服务北京"四个中心"功能建设的能力和水平上取得了长足的进步。近年来，国际形势和高等教育形势发生了重大变化，中美贸易摩擦、经济结构转型，特别是 2020 年，很多大事要事交织在一起，突如其来的疫情给我们的发展造成重大影响，我们正在经历极不寻常的一年。面对新的发展形势，我们联合大学如何克服种种困难，加速提升高水平应用型大学建设的能力，更好地服务北京经济社会发展重大需求？这就要求我们必须紧紧抓住"十四五"这一重要发展机遇期，发挥好学校规划的战略引领作用，高度重视规划、科学谋划规划、精心编制规划。

一、"十三五"时期学校发展简要回顾

　　"十三五"以来，在校党委领导下，学校各项事业取得了重要进展，特别是在人才培养、师资队伍、学科建设、科学研究、国际化办学、社会服务等方面都取得了显著成效。

　　人才培养能力持续提升。通过本科教学工作审核评估，3 个专业入选

---

① 　本文为北京联合大学时任校长李学伟在"十四五"规划编制工作启动会上的讲话（2020 年 6 月）。

国家级一流本科专业建设点，5 个专业为北京市一流专业，20 个专业进入全国排名前 20%，获批北京市教育教学成果奖一等奖 5 项、二等奖 8 项。金融、教育、法律、中医 4 个硕士专业学位授权点顺利通过专项评估。考古学、食品科学与工程、计算机科学与技术、软件工程 4 个学位授权一级学科点顺利通过合格评估，获批北京高校高精尖学科 2 个；2019 年在全国首个普通本科院校教师教学发展指数中排名第 144 位，位列前 10%；在 2019 年大学录取分数排名中，学校排名第 170 位。

应用型科研实力全面提升。近年来，学校科研经费年均过亿，2019 年各类到账科研经费近 1.3 亿元，获批省部级以上项目 67 项，其中国家社会科学基金 7 项、国家自然科学基金 10 项，北京社会科学基金获批数量居市属高校第一，省部级重点项目获批数量取得较大突破。获批北京市第十五届哲学社会科学优秀成果奖 3 项。《旅游学刊》被评为 2019 中国最具国际影响力学术期刊。《北京联合大学学报（人文社会科学版）》首次被评为"全国高校社科名刊"。

对外合作交流有新突破。与俄罗斯交通大学合作申办联合交通学院获得教育部批准。加入"一带一路"铁路国际人才教育联盟并成为第一届理事会理事单位。参加第三届中国—中东欧"16+1"首都市长论坛，并举办第二届中国—中东欧"16+1"旅游校院联盟年会。2018 年，学校当选为中俄交通大学校长国际联盟中方主席单位；2019 年，在人民大会堂成功举办"第六届中俄交通大学校长论坛"，产生了良好的影响。

党建和思想政治工作迈上新台阶。坚持党建引领，深入推进课程思政建设，完善三全育人体制机制，在北京市乃至全国都产生较大影响：《春风化雨润物无声，以"课程思政"落实立德树人根本任务》获评 2016—2017 年北京高校党的建设和思想政治工作优秀成果、创新成果奖，这是唯一的"课程思政"项目；2018 年初，举办了北京高校首个课程思政展览，建立了北京高校首个课程思政专题网站；2018 年 6 月，北京市在我校召开了全市高校课程思政建设现场会；在 2020 年疫情防控期间，与人民网合作，打造推出课程思政建设专题公开课；2020 年 6 月 8 日，在教育部全面推进高校课程思政建设工作视频会上，韩宪洲书记代表学校，与武汉大学共同作为全国高校的代表，作交流发言。

近五年的发展成绩给了我们极大的信心。面对未来新的形势和要求，我们只有做好"十四五"规划，才能进一步提升北京联合大学"立德树人"的水平和高水平应用型大学建设的核心能力！

二、学校"十四五"规划编制的总要求

不谋全局者，不足谋一域。学校未来发展是一盘大棋，"十四五"时期要沿着正确方向把这盘大棋走好，必须规划先行，谋定后动。"十四五"规划是"十四五"时期学校各项事业建设发展的指南针和路线图，编制的总要求是"简明到位，科学有效"，要让学校建设和管理的各个领域都能找到抓手，不同方面的人通过规划都能找到努力奋进的方向。具体来说，就是要做到"目标科学，脉络清晰，重点突出，措施到位"。

目标科学：是指在规划目标设定上，要统筹学校发展基础和未来愿景设定更科学、更长远的中宏观目标（包括各项主要业务指标），发挥好牵引作用；规划的目标任务要合理可行，"跳起摸高"，要能够"跳起来、摘得着"；要找准服务北京的核心能力抓手，创新提升高水平应用型人才培养的水平；要瞄准国家和教育部的一些关键性指标来设计目标任务，推动学校事业上台阶、上水平。此外，设定目标时要注意做好目标之间的衔接，学校规划目标要与学校第五次党代会确定的目标，与学校《落实〈关于统筹推进北京高等教育改革发展的若干意见〉实施方案》确定的目标、与《首都教育现代化2035》确定的目标，与北京市属本科高校分类发展方案确定的目标相衔接；各专项规划和学院规划目标要与学校规划目标相衔接，形成一个层次分明、结构合理、相互支撑、有机联系的规划目标体系。

脉络清晰：是指在规划编制脉络上，核心工作思路要清晰，要一环扣一环，要能通过一个关键抓手，带动其他各方面工作。要紧扣办学的高水平应用型和巡视整改任务，落实学校"立德树人"这一根本任务，突出党建引领、提升核心能力、完善治理体系，服务好首都经济社会发展需求，服务好北京"四个中心"功能建设，服务好北京市民生活学习需要。

重点突出：是指在规划编制重点任务上，要以"立德树人"核心能力提升为着力点，努力构建适应型学科专业体系，提升教师全域开课教学能力，强化学科专业团队平台的一体化建设，力争在大师、大项目、大成果、大平台上实现突破，从而培养一批又一批高水平应用型人才，产出服务北京及社会的高质量、高水平科技成果。

措施到位：是指在规划保障措施上，要着力围绕目标任务设计一批重大工程，实施项目化管理，并设计好实施路径，确保人、财、物、机制、政策等支持到位，为规划目标任务的实施和达成提供坚强保障。

三、对学校"十四五"规划编制的主要思考

"十四五"规划编制要重点围绕以下五个方面来进行思考和谋划：

1. 坚持问题导向，破解发展难题

要着力破解影响和阻碍学校发展的制度、机制、思想理念等关键性深层次问题。要做好"十三五"规划总结分析工作，把发现的问题与"十四五"规划的编制关联起来；要科学研判发展趋势和阶段性特征，深入研究分析关系学校长远发展的全局性、前瞻性、关键性、深层次重大问题，从这些问题上寻找出路，制定战略。比如办学资源问题，人才培养能力问题，科技成果转化问题，大师引进培养问题，大项目、大平台问题，博士点申报问题等。

2. 突出主题主线，打造特色品牌

北京市属高校分类发展的方案已经公布。"十四五"期间我们要聚焦内涵发展、特色发展和差异化发展的主题，围绕高水平应用型人才培养、高水平应用型师资队伍、高水平应用型科研、高水平社会服务这个主线，紧扣《首都教育现代化 2035》《关于统筹推进北京高等教育改革发展的若干意见》确定的目标任务，落实立德树人的根本任务，着力打造应用型大学建设的特色品牌，全面提升人才培养、科技创新等核心能力。

3. 聚焦核心能力，设计重大工程

当前高校之间的竞争正由规模的竞争转化为水平和质量的竞争。高校核心竞争力最根本的还是人才培养能力和科学研究能力。我们要以

"十四五"规划编制为契机，聚焦高水平应用型人才培养能力和应用型科学研究能力这两个最根本的核心能力建设，研究推出一批重大政策、重大举措，谋划实施一批重大工程、重大项目，获得持续竞争的能力，提升持续发展的潜力。

4. 加强调研论证，强化专家咨询

规划编制不能闭门造车，要广泛开展调研。要研究北京同类高校、国内同类高校在做什么，想做什么，同样的问题其他高校有什么经验值得我们借鉴。要强化专家咨询论证，深入论证发展目标、发展思路的科学性、清晰性，重大政策、重大工程、重大项目的必要性、可行性以及规划体系的整体性、协同性，以高水平规划引领未来高质量发展。

5. 坚持党建引领，筑牢发展基石

"火车跑得快，全靠车头带。"要充分发挥党建引领作用，要加强学校党委和各二级党委对规划编制工作的领导，把党的领导贯穿编制工作始终，不断在编制工作中统一思想、凝练方向，落实责任、有序推进，充分发挥学校党委和各二级党委把方向、管大局、保落实的作用，筑牢学校持续、健康、稳定发展的基石。

我们正站在一个新的历史起点上，挑战与机遇并存，压力与动力同在。一切愿景只有在实干中才能实现，一切机遇只有在实干中才能把握，一切难题只有在实干中才能破解，一切差距只有在实干中才能缩小。让我们共同参与，认真分析，科学谋划，远近结合，苦干实干，在学校党委的坚强领导下，共同谱写高水平应用型大学建设发展新篇章！

推进应用型大学建设　提升事业发展核心能力 [①]

北京联合大学自办学伊始，便遵循首任校长谭元堃提出的"北京需要什么，联合大学就办什么"的办学思路，坚定不移扎根京华大地，推进高水平应用型大学建设。

一、建设高水平应用型大学的总体思路

围绕北京经济社会发展和服务北京"四个中心"定位的需求，动态调整专业布局，建立应用型大学适应型学科专业体系。重点提升应用型学科水平和专业适应能力，培养教师核心竞争力，强化学科促进高水平应用科学技术研究，支撑教师学科交叉和专业融合，提升专业引领应用水平。突出产教融合、科教融合，提升"服务北京、服务市民"的质量，走内涵式、特色化、差异化发展之路。

二、提升应用型大学核心能力的举措

一是以坚持办学正确政治方向为根本，全面深化课程思政建设，推动把思想政治工作体系贯通学科体系、教学体系、教材体系、管理体系等，形成高水平的人才培养体系，落实好立德树人根本任务。

二是以提升教师学科专业水平为核心，紧跟新时代学科和前沿技术步伐，践行"学术立教、学德育人"教育理念，通过"强学科、精专业"，建立一支具有较强的学科交叉融合能力、专业学术视野宽、适应能力强的

① 本文节选自北京联合大学时任校长李学伟在学校市属高校分类发展工作会上的讲话（2020年12月）。

教师队伍。

三是以服务北京经济社会发展为使命，坚持扎根京华大地办好中国特色社会主义大学，更好地服务北京"四个中心"城市战略定位，着力在服务城市、服务市民上下功夫、做文章，凸显办学的"北京味道"。

四是以完善现代大学管理机制为保障，着力构建"有压力、有动力、有约束、有激励"的现代大学管理机制，营造教师崇尚学术、热爱教学、善于育人的氛围，形成优秀人才争相从教、"四有"好老师不断涌现的局面。

三、联大推进高水平应用型建设成效显著

建校 42 年来，学校为北京市培养了 20 余万名合格毕业生，为北京率先实现高等教育普及和全面建成小康社会做出了重要贡献。

一是不断优化学科专业布局，服务北京"四个中心"建设能力显著提升。学校紧密对接北京产业链、创新链，坚持强化学科、精炼专业，不断提高"随行就市"的学科交叉和专业融合能力，形成了与北京经济社会发展需求相适应的适应型学科专业体系，现有北京市高精尖学科 2 个，国家级一流专业建设点 3 个，省级一流专业建设点 2 个，北京高校"重点建设一流专业"3 个，专业竞争力排名跻身全国前 20% 的专业 16 个（占全校本科专业数的 25%），其中位列前 10% 的专业 5 个。学校集中优势和特色学科专业力量，围绕"三山五园""三个文化带"完成调研报告近 40 份，"西山永定河文化带"研究受到市领导高度肯定，北京学研究基地入选首批中国智库索引（CTTI）来源智库；围绕北京文化遗产传承、中小微企业发展、食品安全、基础教育、社会治理和新农村建设、2022 年北京冬奥会和冬残奥会等社会关注的问题进行攻关，有效解决了一批关乎北京城市建设和市民生活品质的重点难点问题。

二是推进学科平台团队一体化建设，学校科技水平和教师核心能力不断增强。学校坚持深入实施学术立校、人才强校、开放兴校战略：以学科建设为龙头，大力推进"智慧北京关键技术研究"等学科群建设，"十三五"期间，科研竞争性经费达到 5.07 亿元，其中横向经费 3.51 亿

元，创历史新高；新增省部级以上科研项目 307 项，其中国家级 80 项，省部级科研平台 4 个，省部级及以上科研奖励 14 项；以人才队伍建设为支撑，新增北京市特聘教授 22 人、长城学者 3 人、教学名师 11 人、全国优秀教师 1 人、北京市优秀教师 5 人，9 名教授入选 2018—2022 年教育部高校教学指导委员会，位居市属高校前列；以对内搞活对外开放为重要发展动力，获批首批北京市"一带一路"国家人才培养基地，与俄罗斯交通大学、俄罗斯乌拉尔国立交通大学开展中外合作办学，发起成立中国—中东欧国家"16+1"旅游院校联盟，国际影响力不断扩大。同时，不断深化政产学研合作，与多家世界 500 强企业建立密切合作关系，提升了其共在北京相关行业企业的影响力。

三是大力加强立德树人文化建设，育人自觉蔚然成风。自全国高校思政会以来，学校一直在探索和研究"立德树人"的育人理论与实践，持续深化课程思政建设，探索专业思政建设，健全"三全育人"体制机制，在实践创新、理论创新、制度创新、文化创新等方面取得了一系列标志性成果。2010 年 6 月，与武汉大学一起，作为全国高校代表，在教育部全面推进高等学校课程思政建设工作视频会上作交流发言。学校课程思政建设经验在全市推广，在全国产生良好影响，广大教师立德树人水平全面提升。

北京联合大学决心在市委市政府，特别是市教育两委的领导下，科学谋划学校"十四五"发展规划，落实好绩效考核各项工作，深入探索高水平应用型大学建设道路，努力实现内涵式、特色化、差异化发展，为北京"四个中心"建设和国际一流的和谐宜居之都建设贡献更大力量！

第三部分

应用型人才培养

引导激励发展 提升核心能力 [①]

一、强化本科教学，做好审核评估

1. 要充分重视审核评估工作

本科教学审核评估是我校教育教学工作再次发展提高的一个重要机遇。学校党委对此高度重视，在新学期伊始召开的党委全会上进行专题研究，就是要求全校都重视并以审核评估为契机，以评促建、以评促改，抓住提高的机遇。

学校一直以来非常重视专业建设，早在 2005 年就启动了校级骨干专业的评选建设工作，目前形成了拥有 25 个校级优势专业的发展格局。校级优势专业建设，除了经费支持、教学理论与实践系列改革外，还有效地引入了第三方社会评估机构，构建了专业可持续发展的促进机制，并陆续形成了 2011 版、2013 版和 2015 版的培养方案。

2017 年是落实学校"十三五"规划的关键之年，学校改革发展的任务很重，我们将面临新一轮聘任、第五次党代会、审核评估、学位点申报等任务。不仅如此，我们还要看到当前高等教育市场形势也很严峻，这就要求我们深入研究高等教育的供给侧改革。当前，国家京津冀协同发展、"一带一路"战略深入推进，北京高等教育领域明确提出了优化结构布局调整、控制办学规模以及打造"留学北京"品牌等措施，这对我们学校既

---

① 本文节选自北京联合大学时任校长李学伟在校四届党委第十四次全委（扩大）会上的讲话（2017 年 2 月）。

是重大的挑战，同时也是重要的机遇。因此，我们要站在新的历史高度，以此次审核评估为契机，攻坚克难、自我加压，不断取得建设城市型、应用型大学的新成绩，迎接党的十九大胜利召开。

2. 要全视野分析审核评估细节

审核评估涉及学校教育教学核心能力建设的方方面面，我们要做好审核评估，不仅要分析审核评估本身，还要从影响今后学校生存发展的专业认证、学科评估和国际认证等视角来分析，全面审视影响学校人才培养质量以及就业的各个细节。要从全视野分析和建设我们的核心能力，也就是教育教学能力。

与以往的本科教学水平评估相比，这次审核评估有许多细节性变化，特别是在发挥学校的自主办学和主体作用等方面。本次评估的范围主要包括三级指标体系，分为6+1个领域，24个要素，64个要点。具体要求包括每年的本科教学质量报告、教学状态基本数据库和审核评估自查报告等。在去年录入教学状态基本数据的过程中，我们发现有些指标与要求还存在相当的差距。因此，我们要以此次审核评估为契机，从各个方面全视野地认真审视分析我校专业、学科建设中存在的不足，有针对性地整改、完善与建设。

要将审核评估与专业认证有机结合起来。2016年，我国成为国际本科工程学位互认协议《华盛顿协议》的第18个正式会员，工程教育领域的人才培养和就业市场前途光明。将来能否通过专业认证将对相关专业的招生及就业有着重要的影响。作为一所综合性大学，工科专业是我们学校的重要组成部分，因此，推动部分专业参加工程教育专业认证非常有必要。

要把审核评估与国家正在积极推进的"双一流"建设结合起来。虽然我们不去追求"双一流"的建设目标，但是可以用来参考。要关注国家的学科评估标准以及国内外学科评估的指标体系，抓住机遇，对比分析，适时建设，争取能够自我创造出一些"一流"的科研、学术成果，推进部分学科向"一流"学科迈进。

3. 要深入研究教学理论与实践

要坚持问题导向，更新教学理念。杨宜副校长在报告中系统地梳理了学校在建设城市型、应用型大学中存在的主要问题。不解决这些问题，符合学校定位目标的人才培养质量就难以提高。这要求我们不断深入地研究适应学校定位的教学理念，并持续实践与改进。在此基础上，要用全视野的高标准，进一步明确适应学校定位的特色专业，并在实践教学体系中，深入研究培养方案、课程体系、实践教学、创新创业教育、监督与保障体系等。这是人才培养的基础，也是核心能力建设的内涵。

要坚持全员参与，协同推进教学实践创新。教务处要与科研处一起研究如何带动和支持本科教学；科研平台、实践教学和实训平台要研究如何在培养学生创新创业能力中发挥作用；教务处要与团委、学生处共同研究如何搭建针对学生各类科技竞赛和教学实践的相关环节；基础部要与教务处、学生处研讨如何强化英语教学，加速提高大学英语四级的通过率；各个学院也要深入研究如何开展"一院一特色"的教育教学模式；等等。

要加强创新创业教育研究。我校创新创业教育取得了一些成绩，结合审核评估，还要做好以下方面的研究：一是适应学校定位与特色的创新创业教育体系理论，包括使命、指导思想、体系结构、目标任务和措施保障等；二是创新创业教育教学研究和课程的实践体系设计；三是结合京津冀人才需求，研究完善学校人才培养的供给侧改革创新，形成融合校内外创新的教育体系；四是创新学校与企业和市场结合的人才培养模式，充分发挥校友的作用和加强"双师型"队伍的建设。

4. 要不断完善本科教学质量保障体系

不断完善本科教学质量保障体系是提高人才培养质量的重要措施。刘振天处长上午讲了审核评估要把握的"五个度"，即培养结果对培养目标的实现度、学校办学定位和培养目标的适应度、办学条件办学资源的保障度、教学工作和质量保障运行的有效度、学生和社会用人部门的满意度。在此，我再强调几项具体工作：一是把握学情，建立以学生为本，以学为本的人文情怀，关注学生学习成长全过程；二是进一步明确校领导听课与评价制度；三是提高标准、严格要求、考核激励，完善"引进、培养、考核、评价、使用"的体系，提升师资队伍的教学水平；四是建立高标准的自评指标、内外部的监控、专家评估的质量监控体系，实现对教育教学的全过程、分阶段、各环节的考评和研究；五是建立健全校院两级的教学督导制度，进一步完善实施细节。

二、优化专业学科结构，强化核心能力建设

本科教学水平是学校核心能力建设的中心，是一个典型的系统工程。杨校长在报告中分析了本科教学工作存在的主要问题，我认为这些问题全面、到位，有些是普通高校的共性问题，有些是我们学校需要研究解决的特殊问题。学校已经明确了建设"高水平、有特色、首都人民满意的城市型、应用型大学"的办学目标，这就需要我们围绕目标，不断优化适应区域经济发展的专业结构，并通过政策和考核的指挥棒作用，强化学校的核心能力建设。

学校的核心使命是人才培养，不论什么工作都要坚持以学生为本、以学为本，而完成这一使命需要有一支强有力的师资队伍。因此，师资队伍建设是持续提升人才培养质量的根本保障，是一个永恒的主题。如何发挥好师资队伍的力量，使能者尽情释放，这是一个重要的问题。

1. 要优化适应型专业体系

我们拥有丰富的专业、学科布局，也有着庞大的教职工队伍，如何发挥体制机制的效用，提升学校发展的内涵，这是一个重要的问题。围绕学校战略定位以及"十三五"规划的发展目标，要研究完善适应学校定位发展的专业、学科体系及其规模结构。即建立符合学校专业、学科发展的三级体系，即有优势特色的专业、满足市场需求的适应性专业以及满足基本教学的基础性专业。同时，要根据市场需求以及国家和地区的经济发展变化，研究建立师资队伍引进和招生指标的动态调整机制。

2. 要优化学科学位点建设

学科建设的目标是增加学科的数量，学科建设的根本是要产出一流的科研学术成果、开设一流的课程体系以及自我培养高层次人才。要想搞好学科建设，一方面要将设备、团队等要素组织在一起，发挥管理体制和运

行机制的高效率，否则就会产生巨大的浪费；另一方面要与学科自身发展相适应解决区域经济发展重大任务，这是实现学科作用的重要纽带，也是需要学校科研管理部门推进的重要工作。

要将"服务需求、提高质量"的指导思想与我校城市型、应用型大学的定位相结合，做好博士学位授权点的申报工作。要认真研究申报学科的条件、指标和数据，特别是学科要求的共性条件和不同学科之间的个性要求，结合国家学位发展的"十三五"规划，分析同类申报学校的对比情况，做好模拟申报，力争 2017 年学校在博士学位点上有所突破。同时，要以此次学科点申报为契机，理顺学校的优势特色学科体系，进一步完善适合我校的人才培养定位与发展的专业、学科体系。

3. 要提升师资队伍水平

确立专业优化和学科优化两个抓手，围绕专业、学科的发展需要，建设一支高水平的师资队伍，要将"引进、培养、评审、考核、使用"相结合。各单位在提出人才引进计划之前，要经过教学、科研和学科等业务部门研究评估，引进的人才要符合学校发展以及专业建设、学科学位点建设的需要。对于学科带头人、团队负责人、专业负责人等顶尖人才，应予以优先支持。

在引进人才的同时，更要重视人才的自我培养机制，要敢于发现、使用并下功夫培养一批我校的杰出青年、千人计划、长江学者、新世纪优秀人才等优秀人才的苗子。市教委即将出台一系列支持高校师资队伍建设的支持计划，这是提高教师水平的重要渠道，我们要积极参与、努力申报。

4. 要重视对外交流合作工作

一方面要加强国际交流合作。目前，高校的功能有一种新提法，即在原来人才培养、科学研究、服务社会、文化传承的基础上，增加了国际交流与合作的功能。我国要建设高等教育强国，必然要大力推进教育输出，高校未来发展的重要空间就是国际化办学和国际化人才培养。我校的国际化办学具有一定的声誉和影响力，下一步需要进一步结合学校的优势特色专业以及区位和政策优势，提高国际化人才培养能力，开办能够国际化招生的专业，在不断成熟的基础上，创办中外合作的专业学院。

另一方面要拓展国内合作，特别是做好我们的校友工作。毕业的校友就是一所"移动的大学"，其作用和影响与学校是相互的。目前，国内外一流高校，对校友捐款工作极为重视，这也是大学扩大影响力和拓展办学思路的重要途径。其实，很多校友对学校很关注，但是我们没有唤醒他们对母校支持的热情。我们校友众多，分布在北京的各行各业，要进一步强化校友工作，激发出校友与母校的正能量联系，形成联大校友的集中热情和情结，这对学校的发展、招生和影响力的提升大有益处。

5. 要完善激励机制，促进事业发展

现代管理机制建设的目的就是要使学校拥有一个高效的组织结构和运行机制。我们拥有一批不错的科研和教学平台，还有相应团队和机构，如何使他们与学院，与人才培养和科学研究一体化，形成成果与人才辈出的现代管理机制，这是学科建设工作的重点。

2016年，我们有两项工作比较棘手：一是审核评估数据填报时，很多成果指标栏目还是空白的；二是计划申报博士学位点时，我们师均科研经费没有达到最低10万元的要求。2016年全校竞争性科研项目经费是5180万元，师均经费不到3.5万元。如果，我们按照最低要求来算一笔账，仅以我校800多名高级职称的教职工为基数，那么我们的科研经费至少可以达到8000万元。如果以全校1600名专任教师为基数，我们的科研经费就可以达到1.6亿元。再把标准提高一点，按照部分"211"高校最低师均科研经费20万元来计算，我们学校的科研经费可以达到3亿多元。这说明，我们在科研工作方面，还有巨大的空间。只要努力，我们一定可以迈上一个新的台阶。

因此，建立有压力、有动力、有约束、有激励的"考、评、用"体系，是学校自适应发展的重要保障。我们要明确任务、提高要求，进一步完善使能者脱颖而出的现代管理机制，让优秀的人才涌现出来。这是我们面对教育市场改革和学校竞争发展的必然选择。

首先，要结合大学章程的出台，在完善大学制度上有所突破。各部门年度业绩考核，人事处要深入参与并研究，与组织部一起进行。在工作要点中，教学、科研、研究生、就业等业务部门要有明确的目标和任务，要

建立统一的考核参考标准。要建立学院经费与业绩考核挂钩的机制，形成各二级单位有压力、有动力、有考核、有激励的良性互动循环机制。

其次，要重点考核闪光点、创新点和高水平业绩的增量。单位业绩考核要与部门领导的考核相挂钩，部门业绩考核结果要成为部门正职领导考核的基本依据。在职称评审中，没有突出的教学、科研业绩的教师不考虑破格聘用。要使教师的"评、聘、用"成为符合学校定位和发展目标的指挥棒。

最后，要以学校专业、学科优化为抓手，研究师资队伍建设、科研平台、教学平台与教学和人才培养的一体化关系，要整合、并减和梳理机构，特别是结合机器人学院的改革试点，研究推进相关专业、学科及教师的整合。这是综合改革的关键，也是难点。

本科教学审核评估是学校未来两年的一项重要工作，要以此为契机，全视野审视我们本科教学的成绩和不足，着力继续改进，不断巩固本科教学工作的中心地位，提高人才培养质量。同时，要围绕城市型、应用型大学的建设目标，优化专业、学科结构，强化核心能力建设，推进学校改革发展，使各项工作取得新成绩，跃上新台阶，以优异的成绩迎接党的十九大胜利召开。

深化教学改革　夯实百科基础 [①]

一、加强基础教学的背景及其意义

一是深化教育教学改革的需要。课程建设和教学方法创新是深化教育教学改革的重点，是连接教师和学生的核心环节，是提高教育质量的直接抓手，是专业建设和师资队伍建设的永恒主题。此次会议，既是我校推进本科教学工作审核评估"以评促建，以审促建，以审促教"具体措施的延伸，更是对年初学校党委全会关于加强本科教学工作要求的深入落实。由于我校办学层次多样、学科门类综合等特殊情况，使基础课课时比重达到了40%，这就要求我们必须把基础课教学摆在突出位置，结合形势和需求以及环境的变化，不断创新基础课教学方法，深化教育教学改革，不断提升基础课教学的水平和效果，从而夯实我校应用型大学的办学基本功。

二是适应高等教育环境快速变化的需要。目前，高等教育面临着供求关系的变化、教育对象的变化、国家需求的变化、国际竞争环境的变化和教育资源条件的变化等五个"变化"以及教育要回归常识、回归本分、回归初心和回归梦想等四个"回归"的具体要求；新工科建设、创新创业教育推进、学科专业交叉融合等人才培养工作正在持续升温；经济社会发展与需求复杂变化使得大多数高校毕业生的专业与需求、就业意愿与行业单位相错位；教育资源环境与知识获取技术发生变化，智能化革命悄然到

---

① 本文节选自北京联合大学时任校长李学伟在学校 2017 年暑期工作会上的讲话（2017 年 9 月）。

来。同时，我校还面临着人员负担过重、招生生源减少、疏解搬迁等综合形势的压力。无论国内外高等教育的环境如何变化，基础课教学在任何时候都是高等学校教育教学工作的基础和重要的一部分。这就要求我们要准确把握新形势、新任务、新挑战，因势利导，增强课程建设的主动性、针对性和有效性，努力培养复合型、综合性人才。

三是适应基础课教学形势的需要。全国许多高校基础课教师存在教学任务重、职业发展受限、学科背景较弱、科研学术研究困难等问题，这也是我校面临的问题。除了这些常见的问题，我校基础课在教学方法、教学艺术、因材施教、因课施教等方面还需要进一步深化、创新和落实。基础课教学在组织上需要与应用型大学的定位密切结合，与相关的专业学科密切结合，这些都需要下很大的功夫。

杨宜副校长曾介绍过我校学生的特点与基础课学习现状，很不乐观。生源质量问题、学习兴趣问题、现实环境问题均严重影响教学学习效果。更使我们担心的有几个数据：2014 年至 2016 年，作为基础课代表的英语、计算机、数学每年不及格人数有好几百人，每学期达到 14% 左右；在采取补考等诸多措施后，近三年每年结业和延期毕业的人数依然在 230 人左右。这给学校造成了很大负面影响，增加了学校的办学成本。针对这种情况，有的学院很重视，假期给学生补课，这挺好，花点钱值得，但我们要的是评审效果，要处理好大学教学成本与政策和现实的矛盾。

学校一直充分重视基础教学工作，《北京联合大学关于进一步加强若干通识教育必修课程教学的意见》（京联教〔2013〕14 号）就写得很好，关键在于要积极落实，不能石沉大海。我认真研读了这个文件，其中，最关键的是加强教学方法与手段的改革。相关部门做了大量工作，有一系列的进展，但基础课的教育教学研究创新需要进一步深化与改革，这是众所周知的难题。同时，结合基础课教学效果提升和本科教学工作审核评估的需要，学校教务处、基础部、外语部以及学生处、团委等部门还需进一步下功夫，研究创新基础课程教育教学的方法，推进组织创新、课堂模式创新等。

二、创新基础课教育教学方法

"基础不牢，地动山摇。"基础课程是学好各门课程的关键和基础。在20世纪七八十年代，"学会数理化，走遍天下都不怕"；现在是，"夯实百科基础，学好英语、数学和计算机等基础课程"；未来是，"一机在手，学游天下"。因此，国内外高等教育发展背景要求我们着重研究基础教育教学问题，特别是国内、我校的课堂教学模式。

1. 要激发学生对基础课的学习兴趣

相关部门要组织教师研究结合基础课程特点的热情教学、激情教学、引导教学、启发教学。基础课程教学改革重点要放在"以学生为中心、以学生学习效果为中心"的教育教学方法的创新上。在激活学生独立思考能力上下功夫，在基本理论与应用密切联系上下功夫，点燃学生的学习兴趣，引导学生喜欢并学好基础课，同时结合学习解决未来实际问题。

2. 要发挥基础课的育人作用

在充分发挥思政课立德树人作用的基础上，还要发挥相关基础课的育人作用。重点教育、培养学生学习的积极性，鼓励他们在实现中华民族伟大复兴的中国梦进程中，实现自我发展最大化，逐步形成坚定的理想信念，并用理想信念带动学生的学风建设。七八十年代，居里夫人的精神影响了很多学子；今天，中国当代学者、工商业界领袖等身边感人案例也会影响学生；我校也有不少的优秀学生案例。另外，重要的科普知识也能点燃学生的学习兴趣，比如牛顿莱布尼茨的微积分理论、伽利略的线性物理学世界空间、三大科学革命（线性科学世界、宏观相对论科学世界、微观量子力学世界）、四次工业革命以及未来智能化的世界，所有这些技术及其理论都离不开坚实的基础知识。这些均可对学习兴趣进行引导。

3. 要深化研究基础课教学方法

要组织研究与专业、学科相结合，特别是以学生的"学以致用"为抓手的教学方法论。英语教学方面，要结合应用，教会汉英双向的艺术和技巧，以运用形式用英文讲有趣味的中国故事等；数学教学方面，要引导学生对数学的兴趣，掌握数学模型的方法论；计算机教学方面，发挥学生的想象空间。还有许多课程的高级科普均可引起学生的兴趣并诱发学习的激情。教务处、科技处等部门要研究、组织"学以致用"的践行计划。基础课与专业结合，基础课与学科结合，鼓励基础课教师参与相关学科团队的学术研究，鼓励专业课教师参与基础课教学改革，要求高水平教师、正教授等参与或直接上基础课。把这些措施坚持落实下去，就会有意想不到的效果。

4. 要不断研讨课堂教学艺术，培养教师的授课激情

课堂教学是整个教学过程最主要、最基本的环节，是提高教学质量的关键，也是最能展示教师才华、体现教学基本功的重要环节。教学是一门科学，也是一门艺术，而且是一门特别细腻、高超的艺术。乔布斯说，"光有技术，没有艺术，燃不起激情来"。一门再好的备课，如果没有激情和热情，教学效果都会大打折扣。因此，课堂教学艺术是教师的终生追求。课堂教学艺术应贯穿教学的整个过程，涉及教学的方方面面，形式与方法也应丰富多彩。教师在教学实践中，可根据教学内容、学生情况或课堂临时出现的变化灵活运用、机智应变，更可根据实际探索创新，不断创造出各种新的、有效的课堂教学艺术。

三、健全基础教学监督管理链条体系

要克服教学管理中的薄弱环节，强化基础课教学过程的链条管理，完善研、创、教、考、评、馈的教育教学监督管理链条体系。杨宜副校长已做了详细阐述，不再赘述。在此，只强调以下几点：

一是创新教育教学模式。要求、鼓励和激励广大基础课教师在"研、创、教"上下功夫。"研"是研究这门课和专业结合的特点，"创"是创新课堂的教育教学方法，"教"是带着激情的课堂教学模式。要研究教育学术，研究教学特点，结合专业、结合学科、结合教师团队，创新教学模式；要坚持学术立校、科教融合，在"学术立教"上下功夫。

二是充分发挥教学指导委员会、学术委员会的作用。在"考、评、馈"，特别是"馈"上下功夫，评估教学效果、学习效果以及学生的学习兴趣，并及时做教师、学生的双向反馈；同时，考核的重点之一是学生的英语通过率和毕业、学位授予率。

三是完善激励与约束机制。主要从教师的评、聘、育、用方面开展。对教学质量优秀的任课教师加大奖励力度，并将教学质量奖、教学创新奖与科研学术的奖励放在同等重要的位置，在晋升高级职务时优先考虑；进一步完善相关奖励制度，着重奖励基础课教师采用新教学模式、教学方法等方面的成果；加强基础课教师的培训培育工作（出国进修）；推动基础课教师与专业课教师、学科与科学研究团队的融合等。

四是要健全各部门的协同机制。扎实落实立德树人，强化对学生理想信念、社会主义核心价值观、中国梦的系统教育。要让学生明白：学习合格毕业，不但是做一名中国特色社会主义事业建设者的入门条件，更是为个人、家庭、社会争光的必然要求；基础课教学对学生的终身发展很重要，学生的基础厚，后劲才会足，才能更好适应专业需要和社会发展变化需要；只有懂得艰苦奋斗、努力学习、扎实学风，以优异的成绩毕业，才能成为一名有用的人才，才能不愧对家人、社会和国家。校教务处、学生处等部门要认真总结，结合本科教学工作审核评估考虑，进一步完善机制，出台相关办法。学生处还要考虑对恶意逃学、避考现象，依据相关政策研究出严格处理的办法。请杨校长安排，要推动落实会议精神，要落实到团队、到教师、到学生。

希望通过此次研讨交流，能够引导、激励、督促大家积极研究探索基础课教学创新的途径、方法，不断完善相关政策、办法和规章，进一步强化我校基础课教学的质量和水平，切实帮助学生提升学习兴趣、学习效果，提高专业学习能力，把联合大学建设成为中国应用型高校的标杆。

创新一流本科教育教学理念与实践 ①

党的十九大报告明确提出，新时代高等教育的任务是实现内涵式发展。加快"双一流"建设是其重要举措，而一流大学必须依靠卓越的教学。近年来，世界一流大学已经越来越清晰地聚焦以学生为中心的本科教学，传统西方教育强国甚至从国家层面发动旨在强化本科教育的变革。2017 年中国教育部发布了《中国本科教育质量报告》，其副标题为"我们离一流本科还有多远"，也从一个侧面折射出目前一流本科教育存在的短板亟待补齐。

一、一流本科教育呼唤新时代大学精神

1. 中国高等教育进入新时代

改革开放 40 年来，伴随国际高等教育的持续发展，我国高等教育加快大众化步伐，加强基础设施建设，推进大学自主办学，建构质量保障体系，提高国际化水平 [1]，实现了跨越式发展，取得了举世瞩目的成就，为我国经济社会建设起到了重要的人才与科技支撑作用，对国家经济社会发展的支持能力显著提高，成为名副其实的高等教育大国，并开启了向高等教育强国迈进的新征程，在实践中走出了有中国特色的高等教育现代化发展之路 [2]。

2016 年 12 月，习近平总书记在全国高校思想政治工作会议上指出："我们对高等教育的需要比以往任何时候都更加迫切，对科学知识和卓越

① 本文发表于《北京联合大学学报（人文社会科学版）》2018 年 1 月期，作者李学伟。

人才的渴求比以往任何时候都更加强烈。"目前，全球化新工科呈现的趋势更说明了"科学发现—技术突破—产业革命"发展变化的链条规律和日益快速融合的发展速度，全球正在进入新一轮科技、产业创新发展活跃期，各国的技术、人才竞争更加激烈。因此，新工科的发展更加需要高校培养出高水平应用型的人才：更加面向经济和产业需求，更加面向技术发展的未来。2017 年 4 月 8 日，教育部在天津大学召开了第二次新工科建设研讨会，与会的 60 多所高校一致认为，培养造就一大批多样化、创新型卓越工程科技人才，为我国产业发展、国际竞争和区域经济发展提供人才支撑，既是当务之急，也是长远之策[3]，而培养适应新工科发展范式的人才既是"双一流"大学的重要任务，也是高水平应用型大学人才培养的使命。新工科涉及大数据、云计算、物联网应用、人工智能、虚拟现实、核技术等新技术和智能制造、集成电路、空天海洋、生物医药、新材料等与新产业相关的新兴工科专业和特色专业集群[3]，其专业建设必然以继承与创新、交叉与融合、协同与共享为主要途径。

　　"双一流"建设必将使一流大学、一流学科、一流专业取得更快发展，但更应强调的是加强一流大学学术精神、一流本科教育教学理念和一流师资队伍的建设，是促进"双一流"建设持续发展的根本。

2. 建设"双一流"更应强调学术精神

　　教育强国的重要标志是拥有一流大学，建设世界一流大学已上升为国家的重大战略部署。世界一流大学的根基在于一流本科教育，其重要特征就是它忠诚于大学的学术本质，以学术为业，格物致知，学以致用。高等学校必须有学术精神，没有学术精神的大学不能称其为大学。可以说，学术与大学如盘绕在一起的共生体，始终相依相随、共生共进。学术是大学存在和发展的根基，是大学发展的内驱力[4]，学术性是大学最核心的价值和最本质的属性。大学是以学术而存在的，并由一群为学术而生的学术人组成，他们在人才培养、科学研究、社会服务等学术创新活动的过程中，以其坚定的信念与执着的追求，形成了与其他社会组织及其成员不尽相同的人格心理特质、话语系统、行为方式等，并成为大学文化的核心与象征[5]。

"双一流"建设，无论是一流大学还是一流学科，龙头均可称为学科建设。学科建设重在一流的大学精神及其一流的人才培养理念，这恰恰是部分高校长期建设所忽视的。琳琅满目的大学排名评估等外部的驱动因素，不同程度上影响了大学内部的本科教学。比如 ESI 学科排名，大多是高水平论文、科技成果等显性硬指标，有关教学的深入隐性软指标很少涉及，因而在追求学术、专注教育教学与人才培养方面的指标少了。当前高校的普遍现象（传统惯性）是过于追求项目驱动及目标驱动，关于本科教学的一流教育教学思想、理念，课程与实训体系，教学方法论的研究少有突破。究其根源在于学术精神的缺失，没有充分地将大学精神、理念思想和一流师资队伍建设作为一个学术性的大学内涵进行建设。不仅仅是"985"和"211"高校，市属地方性高校也要遵循教育规律，打造一流本科教育，补强大学学术精神之"钙"，突破学术精神缺失的短板，坚持科教融合的理念，这也是解答"钱学森之问"的必然选择和突破口。因此，新时代一流大学学术精神的塑造和建设，应贯穿于中国所有大学建设发展的主脉络中。我国高校在全力推进"双一流"建设的同时，应着重打造中国新时代大学精神：即践行习近平新时代教育思想，崇尚学术、科学研究，毕生以教育教学为追求的大学精神。

3.创新"立地顶天"的人才培养理念

建设一流本科教育的必要前提就是要坚守学术精神，固本培元，树立"立地顶天"的人才培养理念。对于应用型大学而言更应如此，也是其发展的立足之本。这就要求无论是教师的学术活动、学术团队建设，还是科学研究的组织管理，均应与教育教学改革、课程教学实践密切结合，以培养经济社会发展需要的高水平应用型人才为目标。

凡大学皆有之精神：学术，格物致知、育人天下，学以致用、创新发展。"学术立校"是当代大学发展的普适性指导战略，北京联合大学确立了三大发展战略。"学术立校、人才强校、开放兴校"，皆为"学术立校"一脉相承之战略，没有一流科研学术成果就不可能自我造就一流的人才培养。"学术立校"作为战略可顶天，坚持发现科学问题、探索科学规律、掌握学术前沿、寻求技术创新。大学的人才培养还需要落地教育教学理念，那就是"学术立教、学德树人"，坚持学以致知、学以致用，将科研与教学学术成果融入课堂，在传播知识、培养能力的同时，塑造品格。

　　大学学术精神与现代教育教学理念是一流大学的根基，其核心目的是培养一流人才，从根本上释放我国大学的发明创造力，从而引领国民经济与社会的发展，而当前结合"放、管、服"建立适应中国特色社会主义制度并与国际接轨的大学内外部治理结构是关键。大学是国家综合改革系统中的重要组成部分，必须发挥其在经济社会发展中的引领作用。哪里有一流的优秀大学，哪里的经济社会发展就肯定活跃有力，那里就有各种创新发展的机会，并引领一个国家或区域的经济、科技、政治与社会的快速发展。成立于 1088 年的世界大学之母——意大利的博洛尼亚大学，对后来意大利与欧洲文艺复兴起到重大的推动作用；成立于 1150 年的法国巴黎大学，其发展成就了法兰西帝国之梦；15 世纪、16 世纪的英国牛津大学、剑桥大学，其发展催生了世界第一次工业革命；德国的洪堡大学，是世界上首所将科学研究与人才培养、教育教学密切结合的大学，与柏林大学等其他几所德国的大学一起引领了世界第二次工业革命；后来，在学习德国柏林大学、洪堡大学经验的基础上，美国涌现了一批世界一流的优秀大学，这些大学不仅造就了美国主导的世界第三次工业革命，而且至今使美国在经济、军事、科技与人才等方面领先于世界。

二、树立"学术立教、学德树人"教育教学理念

　　"学术立教、学德树人"教育教学理念的内涵可从三个方面理解。

　　1. 从多元学术观树立"学术立教"理念，重视科学研究和教学学术研究对一流本科教学的重要意义

　　学术，英文对应的单词是 academic，一般指学业的、教学的、学术的、纯理论的。这是一个广泛的概念，不能简单认为教师从事科学技术研究才是学术，应从多元学术观视角重新审视和丰富对高校"学术立教"的理解，包括三部分内容。

　　（1）倡导科教融合，其核心是把科研成果及时有效转换成教学内容，为大学教学和人才培养提供不竭的鲜活资源[4]

大学的使命有四项：一是人才培养，二是科学研究，三是服务社会，四是文化传承。但学术研究是精髓，没有学术科研，就培养不好人才，服务不好社会，传承不了优秀文化。因此，学术研究工作是任何一所大学都必须正视、重视和做好抓牢的工作。如中国科学院院士、南京大学吴培亨教授所说："科学研究是要科研效率和贡献的。不仅看科研成果对经济和社会发展的贡献率，而且在大学尤其要看科学研究对人才培养的贡献率。"[6]科学研究的过程、科研成果转化成为教学内容的过程以及通过教学设计传播给学生的过程，共同丰富多元学术观指导下的大学人才培养体系。

（2）将教学学术作为"学术立教"的必备内容予以高度重视

大学一定要树立教学是学术的基本观念，每个教师要有教学是学术的自觉意识[7]。教师在讲台上、教材中、课程设计、实践教学以及教学方式方法方面的研究，都是落实和深化"学术立教"的过程，这也是目前国内外积极研究的教学学术问题。博耶在《反思学术》的报告中提出"教学学术"的概念[8]，将教学视为更广泛意义上大学学术活动的一部分，是对科研与教学密切联系的认同，使学术活动更具包容性和相互渗透性。为深入推动教学学术，世界各国纷纷成立相关学术组织，如国际教学学术协会、高等教育教学协会、美国卡内基教学学术研究学会、加拿大高等教育研究协会、英国高等教育学院、澳大利亚大学教学与教师发展委员会等，建立教师教学学术交流网络[9]。2017年，湘潭大学在新组建学术委员会时，将"教学指导委员会"更名为"教学委员会"，并作为学术委员会下设的专门委员会，目的就是要营造一种教学是学术、每个教师都要从学术高度认真对待教学的氛围。

（3）从多元学术观角度，实现科学研究和教学学术研究的有效融合

美国卡内基教学促进基金会发表的《学术水平反思——教授工作的重点领域》报告指出，应当对学术水平有一个更全面、更有活力的理解，认为教授的工作可以有四个不同而又相互重叠的范畴，即发现的学术水平、综合的学术水平、运用的学术水平以及教学的学术水平。吴培亨教授提出："广义的科研内涵很广泛，不可界定过死。科技研发、成果转化推广、文化和科技传播、学风建设以及教师对教学的研究等，都应该是高校科研

的一部分。"[6]因此，重新审视和丰富现代大学的"学术"观，从多元学术观视角促进和实现科学研究和教学学术研究的有效融合，对一流大学建设和高水平人才培养具有重大意义。

2. 从全人教育视角树立"学德树人"理念

作为"立德树人"的有效落实对"学德树人"的内涵理解可从三方面进行。

（1）重视思政课程对一流本科教育的方向引领性

要研究落实"学术立校"的思想政治理论课程的教育教学方法，设计教学内容和结构等，主动推动中国特色社会主义理论体系，特别是习近平总书记系列重要讲话精神进课堂、进教材；注意讲课中的激情与感情、生动性与主动性，使学生内化于心、外化于行。推进社会实践与思想教育相结合、与党建和集体建设相结合、与教学内容相结合、与社会服务相结合、与事业规划和职业选择相结合，格物致知与学以致用相结合，传播理想信念正能量，引发学生兴趣，点燃学习激情。培养学生在伟大中国梦奋进历程中不断实践自我梦想的激情和能力，在服务国家民族发展大业中实现自己的人生价值、个人梦想，增强责任感、使命感、紧迫感，勇敢承担历史使命，担负起时代责任，树立远大抱负，在勤学苦练中不断增长才干，在知行统一的奋斗中铸就无悔人生。

（2）重视课程思政对一流本科教育的专业引领性

必须结合学科专业建设，抓住教师和教材两个关键，把好课程建设政治关。重点包括：①引导学生掌握经典的学术思想与方法，形成科学严谨的科学素养。学术思想往往与学科前沿及其孕育的新技术相关，如：数学中严密的科学理论体系、物理学中关于大千世界运行规律的揭示、三大科学革命的学术思想、复杂性科学思想等。学生只有掌握了学科思想，才能更好地形成专业学习的动力和兴趣。②点燃学生的学术兴趣与志趣，培养他们科学探究和改变世界的意识和能力。激发学生学习或感兴趣的因素很多，但一定要形成持之以恒的学术兴趣、学术应用和学术精神，形成内在驱动力；应引导学生掌握有价值的学术观点与应用前景，激发其志趣和解决问题的潜能，培养他们科学探究和改变世界的意识和能力。③支持并鼓励学生学以致用，激发其富国强家、服务社会的责任感和使命感。当学生能将所学应用于感兴趣的研究或实践中，意识到学以致用能够给国家和民族经济社会发展带来的重大意义和价值时，内心会激发出无穷的学习动力，产生创新创业灵感，从而激发出富国强家、服务社会的责任感和使命感。

（3）建立全员、全过程、全方位的思想政治教育体系

在日常工作中，要紧紧围绕教师和学生两大群体，充分发挥学院和基层的作用，做到齐头并进。要围绕学生、关照学生、服务学生，加强教育和引导，不断提高学生的思想水平、政治水平和道德品质。发挥老教授、老专家等学校精神和校园文化传承者、示范者的作用，并坚持教书和育人相统一、言传和身教相统一、学术自由和学术规范相统一。还要发挥一线党员教师的模范带头作用。注重统筹好思想政治工作队伍和教学科研骨干队伍建设，推动两支队伍融合发展。深入研究"思政课程"和"课程思政"在教育教学方法论上的创新，深化落实以学生为中心的理念，鼓励教师研究改革教学方法与课程体系。

3. 深入认识城市型、应用型大学"学术立教、学德树人"的内涵，将其作为促进城市型、应用型大学建设的关键抓手

无论中央院校、地方高校，还是民办高校，都可以进行高水平的应用型人才培养，都可以举办一流的本科教育。如德国的高水平技术大学，很多不但有硕士，还有博士的学科领域。自 2000 年到 2017 年，在日本应用型见长的大学中，共有 17 位科学家获得诺贝尔自然科学领域的奖项。特别是在智能化水平很高的当代，引领市场应用创新创业，研发或开发出高水平、适应市场需求的高科技产品，必须研读大量高水平的文献资料和学术刊物，并进行试验测试。这与学术兴趣、学科前沿的学习密切相关，是科学界、工程技术界专家孜孜不倦的学术追求，即便是综合研究型大学也概莫能外，如北大方正、清华紫光等高科技企业，都是典型的高水平科技转化案例。

应用型大学以培养高水平应用型人才为己任，与研究型大学相比，更强调结合区域经济社会发展培养适应型人才，取向实用主义的学术观，突

出"学以致用"，更强调学以致知、学以致用、激发创新相结合；重视在本科教育教学中及时引入与技术创新及科技产品相关的学术问题，特别是应及时引入那些能够激发学生学习、研究、创新的学术兴趣，能够反映学科前沿和市场技术需求的科技知识，重点是要将学术有效落实在教育教学中并逐步导向创新创业应用。

"学术立教"是"学术立校"战略的具体落实，对广大教师是一种压力和挑战。需要始终贯穿"学术立教"的教育教学指导思想，任何一门课程，包括专业的、专业基础的或基础课，均与学科背景有关、与科学理论体系有关、与前沿技术应用有关。因此，学术立教是一种了解前沿学术动态、学科理论特征，掌握专业应用技术，结合市场需求领域的创新创业教育教学方法论。应将"学术立教、学德树人"作为促进城市型、应用型大学建设的关键抓手。只有将"格物致知"的学术精神与"学以致知""学以致用"的教育教学指导思想密切结合，才能真正落实"学术立校"、践行"学术立教"。

三、优化一流应用型人才培养体系

面对全球化教育，随着互联网、物联网等大量颠覆性信息技术的涌现以及新技术、新知识的快速更新，应用型大学必须用全球的国际化视野，思考如何使本科教育普适厚重的教育教学方法论致力于一流应用型人才培养模式的研究与实践，才能适应经济建设与社会发展的快速变化需求。

1. 学术立教，引领适应型学科专业体系建设人才培养的根本目的是服务社会

大学要主动对接区域产业发展战略，真正实现学术立教，致力于科研"立地"、成果"开花"。"北大方正""清华同方""浙大中控"就是大学学术水平和成果转化能力的标杆。为此，在中国特色社会主义建设发展进入新时代的今天，应用型大学必须强化以学科专业为中心、以人才培养和科学研究为基点的思路[10]。着眼学校发展内外部环境变化，立足办学定位，依托学科支撑，兼顾专业发展现状，以提高办学效益、彰显办学特色为目标。围绕国家、地方重大需求调整学科专业布局，形成紧密对接产（行）

业链、创新链，与社会发展需求相适应、与学校空间环境条件相吻合、规模适度、结构合理、特色鲜明的适应性学科专业发展体系。拓展提升服务区域社会经济发展的传统专业，着力打造一批优势明显、特色鲜明的品牌专业，加快建设引领新产业、新技术、新业态的新兴专业，逐步调整不适应市场需求和学校定位的专业。同时，应加强跨学科的基层学术组织和学术团队的创新，在学科交叉和融合中获取新的增长点[10]，从而进一步调整优化学科专业结构布局，推进专业资源合理配置，提高学术创新、人才培养的活力与效益。

北京联合大学以学术立教引领地方应用型人才培养的学科专业整合，于 2016 年成立了顺应人工智能快速发展的机器人学院，于 2017 年整合、成立了智慧城市学院、城市轨道交通与物流学院，使学科专业布局更加适应区域主流行业、优势产业和战略性新兴产业发展对人才的需求。学校目前拥有 5 个国家示范专业、8 个市级重点学科和示范专业，拥有国家智慧旅游重点实验室等国家级科研平台、8 个市级科研平台，拥有 2 个院士工作站及 2 个共建博士后科研工作站。

2. 科教融合，创建学术引领下的适应性课程教学方法论

2015 年 1 月，时任教育部部长袁贵仁在全国教育工作会议上指出："要不断促进科教融合、协同创新、合作育人，使国家创新驱动战略在高校落地生根、开花结果。"由此，"科教融合"成为我国高校办学新常态，成为把握新动向、顺应新时代的必由之路[11]。教师只有注重科学学术研究（包含教育教学研究），不断提高自身的学术水平，才能促进科教融合，提高人才培养水平，真正落实学以致用、实现一流应用型人才的培养目标。

我们当下所处的已不是知识匮乏的年代，一般显性知识的获取越来越便利，大家已很难"无知"。学生的学习方式也从过去海绵式地汲取知识变为有大量的沉浸式、泛在式学习机会，关键在于学生的学习兴趣是否被调动、学习动机是否被激发。但据麦可思对 2014 届本科毕业生的调查显示：48% 的学生认为母校的教学"无法调动学习兴趣"、41% 的学生认为"课程教学内容枯燥或陈旧"。在知识迅速更新迭代的背景下，教育的重心应逐渐转移到培养学生应对时代发展的适应性和创造性上。而学习兴趣、想象力、批判性思维是培养学生适应性和创造性的三个基本要素[12]。这些都不是知识本身,而是超越知识本身的。我们的教学需要思考如何设计深刻、恰当且"留白"的问题及项目,引发学生的兴趣,以充满想象力的方式提高学生的注意力和关注度。继而再下放话语权,学生不仅是信息的接收者,同时也是信息的制造者和传播者。以此引导学生主动投入学习过程,通过师生间、生生间头脑风暴的激荡,将学生带入深入思考和探究式学习的思维训练中。由此,学生掌握的不仅仅是具体的知识或抽象的价值观,而是获取知识和树立价值观的方法与途径[13]。毕竟知识无法穷尽,培养学生掌握深度学习的思维方法才是助力学生成长的关键。正所谓"假舆马者,非利足也,而致千里;假舟楫者,非能水也,而绝江河"。

为此,北京联合大学提出了"以科学任务带动科学研究、以学术兴趣驱动学习激情"的应用型人才培养理念。学校于 2012 年聘请人工智能领域专家李德毅院士,组建了跨学科专业的智能汽车驾驶技术项目研发团队,采取"科学任务带动人才培养,载体汇聚不同学科,创新驱动发展"的人才培养模式,注重能力导向、科研训练、应用创新的递进式教学过程。贯穿大学 4 年教育教学全过程开展科学任务导向的教学创新实践,培养新时代需要的智能化人才,这一培养模式具有新工科工程教育教学的典型特色。学校于 2017 年启动"小旋风"科技兴趣活动,以 10 种类型、交叉验证的专用低速智能电动车为开发平台,包括巡逻车、情侣车、高尔夫球车、救护车、接驳车、送货车、物流车、洒水车、消防车和无障碍车,面向软件工程、电子信息工程、自动化及机械工程等多个专业的学生组建"小旋风"系列科技团队。这种跨专业、跨年级的自由组合,激发了学生的创新灵感,促进学生能力互补,营造了比学赶帮的氛围,又形成了多专业交叉融合解决科技问题的学习环境以及教学改革的特色。这一人才培养创新理念获批英国皇家工程院"牛顿基金"资助项目:Talents Cultivation and Cooperation Oriented to Intelligent Vehicle Industrialization。在研究和实践智能驾驶领域的本科人才培养中,机器人学院"德毅班"的学生屡次获得中国机器人大赛一等奖、华北五省机器人大赛一等奖;智能车方向研究生获得研究生国家级奖学金、美国数学建模大赛二等奖，参加了多项应用和发明专利工作。智能车大赛屡次获奖，并受到刘延东副总理的现场检查指导。

3. 学德树人，构筑学生追求理想信念的学术基石

一流本科人才培养需要教师将学德树人贯穿教学全过程，为学生构筑起追求理想信念的学术基石。习近平总书记于 2014 年教师节在北京师范大学考察时强调：全国广大教师要做有理想信念、有道德情操、有扎实知识、有仁爱之心的"四有"好老师。对于高校教师来说，有扎实知识是教师的基础能力，提高能力就需要教师不断学习，持续地开展深入的科学学术与教学研究。没有科学研究，就不能掌握学科前沿，也就不能适应培养一流应用型人才的教学需求。同时，广大教师不但要具有大学的学术精神，更要有坚定的理想信念和道德情操，用渊博知识和仁爱之心点燃学生的学习兴趣和激情，引导学生向技术与市场需求的前沿学习探索、创新创业。

第一，发挥课堂教学的育人作用。扎实落实立德树人，强化对学生理想信念、社会主义核心价值观、中国梦追求的全时空、系统化教育。鼓励学生在实现中华民族伟大复兴的中国梦进程中，实现自我发展最大化，逐步形成坚定的理想信念，并用理想信念带动学生的学风建设。每门课程均具有"课程思政"的内容与课堂教学艺术，正如习近平总书记于 2016 年 12 月在全国高校思想政治工作会议上提出的"要用好课堂教学这个主渠道，思想政治理论课要坚持在改进中加强，提升思想政治教育亲和力和针对性，满足学生成长发展需求和期待，其他各门课都要守好一段渠、种好责任田，使各类课程与思想政治理论课同向同行，形成协同效应"。

第二，教师以渊博的学识给予学生学术启发。为深化落实以学生为中心的理念，教师要将专业涉及的学科前沿、学术研究、面临的问题与挑战等研究成果及时转化为教学内容，改革教学模式，使学生了解这些新的学术思想、动态以及可能孕育的应用变革，触动和激发学生学习的兴趣和解决问题的潜能。当学生自己认识到所学课程的学术观点、学术价值与应用前景时，就会从内心激发出无穷的学习动力，使他们能够带着想象学、带着憧憬学、带着创新的冲动学。

第三，以格物致知教会学生领悟学术思想。将格物致知的学术精神与学以致知、学以致用教育教学指导思想密切结合，才能真正地落实"学术立校"、践行"学术立教"。这些学术思想往往都与学术前沿密切相关、与学术创新密切相关、与高水平的应用和技术创新密切相关。学生只有掌握学科思想才能更好地形成学习动力和兴趣。例如外语就是学生的第三只眼、数学是各专业学习创新的笔下生花工具、计算机是实现想法并表达成果的快速现代工具；更重要的是，交叉学科研究和专业领域技术创新的不断注入还将使这些课程焕发出新的学术光芒。

第四，以学以致用激发学生应用创新的灵感。例如给学生讲现代科学的三大变化，特别是科学思想从简单线性到复杂系统的概念，催生了许多新的方法论，解决了一系列的工程技术难题。我国著名科学家钱学森所创建的复杂巨系统理论是工学、文学、经济学、管理学、医学等学科门类强有力的应用与创新工具，在自然科学和社会科学中均有令人兴奋的应用。学生在真实的应用中不断被激发创新灵感，学习激情与创新应用的敏感性大大增强，而且通过科学家的例子，潜移默化地坚定学生的理想、信念。北京联合大学在 2016 年全国大学生创新创业竞争力排名中位居第 74，名列北京市属高校第一。这些都会对学生产生深刻的触动，并为学生未来的职业发展奠定了坚实的学术基石。

四、完善一流本科教学保障机制

大学是一个可以高度自适应的复杂系统，只有当广大教师自觉涌现出崇尚学术、潜心教育教学研究和人才培养的大学精神时，才能培养出一流的人才，造就一流大学的环境与成果。实施一流的本科教育，能自觉践行"学术立教、学德树人"教育理念的一流师资队伍是根本。应该通过内外部治理结构（放、管、服，内机制），形成教师"学术立教、学德树人"的教育教学理念，强化本科教学过程链条式管理，完善"研、创、教""评、馈、育""考、奖、聘"三环叠加的教育教学监督管理链条体系，健全完善"学术立教、学德树人"教育理念的组织运行保障机制。

1. 鼓励"研、创、教"，完善教师学术发展支持机制

要全面贯彻党的教育方针，遵循教育规律和教师成长发展规律，全面提升教师素质能力[14]，要求、鼓励和激励广大教师在"研、创、教"上下功夫。重视激发教师"研"的意识和能力，支持教师研究讲授课程与学科专业内涵结合、与前沿科学研究成果结合、与行业企业实践结合的特点，推动基础课教师与专业课教师、学科与科学研究队伍、专业教师与行业企业团队的跨界融合，提升教师应用型人才培养的能力；支持教师增强"创"的功力与投入，创新课堂的教育教学方法，研究教育学术和一流本科教育教学特点，结合学科、专业和教师团队创新课程教学模式，根据应用型人才培养的特点，优化课程体系，创新教学大纲，将科学问题、学术前沿、技术创新、科技革命、学术兴趣等融入所有课程教学中；鼓励教师重视"教"的艺术，支持教师研究课堂教学艺术，创新带激情的课堂教学模式，特别是在如何激发学生学习兴趣和学习动力、有效提升学习效能等方面，开展深入系统的教学研究与实践。

2. 重视"评、馈、育"，完善教师育人质量的评价反馈机制

充分发挥教学指导委员会、学术委员会、教学督导组和教师教学发展中心等学术机构的作用，在"评、馈、育"上下功夫，将教师的教学学术发展和学生的学业发展作为学校学术立教的重中之重。强化"评"的诊断性和形成性内涵，通过专家期中教学诊断与咨询、智能助教移动学习分析诊断等方式，对教师的教学能力和水平、学生的学习能力与成效两方面，开展过程性和诊断性评价；特别重视"馈"的持续改进与完善作用，教与学评估的总评结果和分项评价结果，应及时向教师和学生进行双向反馈，切实促进教师教学行为和学生学习行为的改善；沉心静气做好"育"的工作并提升功夫，加强教师发展、培训与培育工作，加强教师出国进修和行业企业实践，扎实系统地推进教师教学学术发展和学生学业发展工作，特别要重视以学生为中心、基于学生学习成果的教育教学范式改革，重视教师应用型人才培养能力的提升，切实提升教师的学生学业指导能力以及学生主动学习和高阶深度学习的能力。

　　3. 优化"考、奖、聘"，完善教师教学投入激励与约束机制，重视教师的"考、奖、聘"

　　切实发挥"考"的指挥棒作用，严肃认真地做好教师年度和聘期考核，加大对教师教学质量和教学学术成果的考核力度，对教学效果不好、教学质量欠佳的教师，实行岗位分流乃至从教学岗位清退制度；充分发挥"奖"的激励先进作用，进一步完善相关奖励制度，着重奖励教师采用新型教学模式、教学方法等所取得的成果，对教学质量优秀的任课教师加大奖励力度；加强"聘"的系统平衡与优化作用，在教师聘任制度中，在所有教学相关岗位职责中，明确突出人才培养的中心地位，理顺教学与科研的关系，促进科教融合、产教融合、教育与信息化融合，适度平衡和处理教学、科研和社会服务之间的动态互促关系，重视教师教学学术研究成果，将教学质量奖、教学创新奖与科研学术的奖励放在同等重要位置，并在晋升高级职务时优先考虑；重视教师在学生学业指导方面的努力和付出；等等。深入推进教师管理机制体制改革，形成优秀人才争相从教、教师人人尽展其才、好老师不断涌现的良好局面 [14]。

　　《大学》中提出："物格而后知至，知至而后意诚，意诚而后心正，心正而后身修，身修而后家齐，家齐而后国治，国治而后天下平。"可见，物格知至、意诚心正是修身齐家治国平天下的前提。在中国特色社会主义进入新时代的关键时期，"学术立教、学德树人"的教育教学理念是科学精神的时代标志和具体凝聚，是一流本科教育发展的需要。北京联合大学将不断探索新时代的大学精神，完善与之相适应的一流本科教育教学理念和课程教学方法论，牢记培养高素质应用型人才的使命担当，在服务首都的总体格局中争创一流应用型大学。

参考文献

[1] 别敦荣、易梦春：《中国高等教育发展的现实与政策应对》，《清华大学教育研究》2014年第 1 期。

[2] 刘继青、王孙禹、鄢一龙：《探寻高等教育强国的发展之路——中国高等教育现代化发展道路的历史与未来》,《中国高教研究》2017 年第 1 期。

[3]《"新工科"建设行动路线（"天大行动"）》,《高等工程教育研究》2017 年第 2 期。

[4] 梁燕：《对"学术立校"大学价值追求的当代反思——兼谈应用型大学新时期战略走向》,《北京教育（高教）》2016 年第 3 期。

[5] 施鹏、程刚：《大学学术文化的育人功能与建设对策研究》,《前沿》2015 年第 3 期。

[6] 马海泉、胡秀荣、薛娇：《对科教融合的几点认识——中国科学院院士、南京大学教授吴培亨访谈》,《中国高校科技》2012 年第 12 期。

[7] 黄云清：《坚持学术立校推动内涵发展》,《中国高等教育》2015 年第 8 期。

[8] Boyer E L. Scholarship reconsidered: priorities of the professoriate[J].Academe, 1990，42(1)：151.

[9] 侯定凯：《博耶报告 20 年：教学学术的制度化进程》,《复旦教育论坛》2010 年第 6 期。

[10] 沈满洪：《三问学术立校》,《光明日报》2015 年 6 月 30 日。

[11] 邹晓东、韩旭、姚威：《科教融合：高校办学新常态》,《高等工程教育研究》2016 年第 1 期。

[12] 钱颖一：《大学的改革：第一卷·学校篇》,中信出版社 2016 年版。

[13] 郭娇：《社会兴亡哈佛有责——哈佛的五次本科课程改革 (1869—2014)》,《大学生》2015 年第 15 期。

[14] 习近平：《全面贯彻党的十九大精神　坚定不移将改革推向深入》,《人民日报》2017 年 11 月 21 日。

以产教融合培养高水平应用型人才 ①

目前，我国应用型本科高校有 678 所，占全国所有本科院校的一半以上。因此，高水平应用型大学的建设与发展具有十分重要的意义。北京联合大学（以下简称学校）伴随改革开放而生，为北京经济社会发展提供了重要人才和智力支撑。进入新时代，学校紧紧围绕北京"四个中心"新定位，明确提出"建设高水平、有特色、北京人民满意的城市型、应用型大学"的发展目标，确定了校地融合、产教融合、科教融合、学专融合、心智融合"五大发展路径"，着力为北京培养更多高素质应用型人才，提供强有力的技术、智力和文化支撑，办学定位更加聚焦，服务面向更加精准，建设路径更加清晰。

北京市委书记蔡奇调研市属高校时强调，市属高校要把握好首都发展需求，坚持内涵、特色、差异化发展。市委常委、教育工委书记林克庆在北京联合大学调研时指出，要扎根京华大地，对接北京要求，解决北京问题，增强办学的"北京味"。作为市属综合型大学，学校在建校初期立足于应用型人才培养，已累计培养出 20 余万各类人才。当前，我国经济发展步入新常态，需要高等教育发挥人才支撑作用。市属高校应服务北京"四个中心"战略定位、京津冀协同发展和国际一流和谐宜居之都建设战略大势，大力加强与区域性社会及经济发展要求相适应的高水平应用型人才培养。

应用型大学更应强调校企合作、产教融合，构建满足和适应经济与社

---

① 本文发表于《北京教育（高教）》2018 年 5 月期，作者李学伟。

会发展需要的新学科方向、专业结构、课程体系，培养精通技术、了解市场前沿和适应企业发展的"懂理论、强实践"的高素质专门人才。北京联合大学持续加强改革创新，健全对接产业、亲近行业、携手企业的运行机制，促进产教深度融合，提升人才培养效果与培养目标的达成度。[1]

学校始终坚持让自身的发展与社会需求同步，锲而不舍服务北京发展，努力建设产教融合长效合作育人平台，推进行业企业参与人才培养全过程，加强双师双能型教师队伍建设，推进产教融合纵深长效发展，逐步建立了具有城市型、应用型大学特色的产教融合育人新格局。[2]2017年，由学校参与起草的《关于深化产教融合的若干意见》由国务院办公厅正式发布。

一、加强顶层设计，推动专业整合

为适应北京地区产业结构调整，学校专门成立产教融合机构，出台《关于进一步推进产教融合发展的实施方案》，引导专业发展与行业产业对接，依托校企"双主体"联合培养应用型人才，力争在智能驾驶、功能食品安全检测、智慧旅游、文化遗产保护、北京学等应用型领域取得较大突破。

在服务北京市科技创新中心方面，坚持以市场需求的产业为导向，改造原有的信息、自动化、机电等按学科设置的传统学院，创建机器人学院、智慧城市学院、城市轨道交通与物流学院。机器人学院在特聘教授李德毅院士带领下，完成从传统工科专业向"人工智能＋专业"方向的转型；[3] 城市轨道交通与物流学院与中铁集团等龙头企业合作，适应"一带一路"背景下北京市轨道交通和物流业发展需求，探索人才培养新模式；智慧城市学院在原有国家级特色专业建设基础上，增加大数据方向及移动通信应用方向。在服务北京市文化中心方面，集成全校艺术类教育教学资源，设立艺术学院，探索北京文化与艺术人才培养新模式；历史学专业设置"文遗保护与利用"专业方向；增设文物与博物馆学专业，为北京地区培养急需的文化遗产保护、传承和利用专门人才；新设网络与新媒体专业，为互联网与传媒行业高度发达集中的北京培养文化传播专门人才等。

二、产业需求导向，创新多样化应用型人才培养模式

学校采取各种有效措施邀请和吸引企业融入学校，全程介入应用型本科人才培养。在 2015 版普通本科人才培养方案修订原则意见中，强调修订过程要进行毕业生及用人单位调研、兄弟院校调研等，要有行业或企业专家参与，着力促进政产学研用深度融合。[4] 鼓励有条件的专业试点为期一年的实践教学，积极推进"实培计划"，将毕业实习和毕业设计（论文）有机融合。鼓励聘请业界专家和校外名师承担教学任务，逐步实现 1/3 的专业必修课程和 1/3 的教学内容由业界专家和校外名师讲授。

学校在创新应用型人才培养上进行了多样化的实践探索。机器人学院围绕学校"城市型、应用型大学"发展目标，以"载体汇聚学科专业、以科学任务带动人才培养、以创新驱动发展"的理念，推进新工科学院的建设。[5][6]

应用文理学院历史学专业与故宫博物院和北京国际职业教育学校三家启动本硕连通的文物保护与修复人才培养及"3+2+2"七年本硕贯通人才培养模式改革，合作开设文物保护修复试点班，得到北京市教委批准。2018 年与故宫博物院签订研究生联合培养协议。

智慧城市学院与达内时代科技集团有限公司（以下简称达内）联合成立校企合作项目班，通过专业建设委员会和行业专家讨论并制定项目班培养方案，聘请高校、行业内知名企业专家进行论证。通过课程置换的方式，将项目班大学三年级、大学四年级的所有专业课及毕业设计置换为由达内组织的企业项目实训。在项目实训结束后，由达内统一安排真实项目开发实训，承接真实商业项目开发的工作。

三、夯实基础，建设一线育人平台

学校大力推动产学研用合作育人平台建设。获批北京市首批"一带一路"国家人才培养基地，发起成立中国—中东欧国家"16+1"旅游院校联盟，加入欧亚交通类大学国际联盟，成立了国际产学合作促进中心。[5] 北京学研究基地入选首批中国智库索引（CTTI）来源智库，围绕"三山五

园""三个文化带"，助力北京"全国文化中心"建设。[6]北京政治文明研究基地获北京市教委和北京市哲学社会规划办共同认定。台湾研究院坚持服务北京、服务中央，多项成果受到国台办、市台办的肯定。

旅游学院积极建设旅游实践教学中心，以"面向旅游全产业链、产学研合作开发、智慧景区模式设计"为建设思路，该中心2016年获批为国家级实验教学示范中心。学院先后与首旅集团、四川九寨沟风景名胜区等多家单位签署合作协议，建立了校外实践教学基地。师范学院通过北京市"高参小"项目搭建协同育人平台，围绕文化建设、课程改革、学生社团、教师成长、教学研究五大方面，系统设计并实施了体育美育素养提升工程。四年来，为7所小学授课4万余课时；编写出版27本小学体育美育拓展型教材；指导400多人次学生参加区级以上竞赛获奖100余项，为小学教师开展各类培训达300余场。健康与环境学院建筑环境与能源应用工程专业构建了行业需求导向的资源、社群、课程协同驱动的个性化应用型人才培养平台。依托上述资源开展课程必做的开放性实验项目，将研究内容转化为课程案例，形成课上课下融通的格局。城市轨道交通与物流学院物流工程专业依托模块化实践教学体系，逐步形成基于能力模块化、过程层次化的校外实践基地群。通过形成基于感知教育、感悟教育、创新教育和应用教育四个层次的基地群，加大校企合作的力度，实现学校、企业、行业的深度融合，构建稳定、高效、双赢的企业实习运行机制，建立了多层次的产学研合作模式。依托校内市级工科实验教学示范中心，校外中铁集团等实践基地群，境外俄罗斯乌拉尔国立交通大学、莫斯科国立交通大学等合作高校的实践教学资源，构建了校内、校外、境外"三位一体"的实践教学平台，实现了"校内实践工程化、校外实践实战化、境外实践常态化"的目标，同时制定了其运行机制及城市轨道交通与物流学院的《境外专业实践教学质量标准》，并开始实施。

四、注重实践，加强"双师双能型"教师队伍建设

学校制定《关于提高教师专业实践与应用能力的实施办法》，将"教师在一个聘期内拥有半年及以上企业实践经验"作为专业技术职务晋升的

必备条件之一；出台《双师素质教师队伍管理办法》，选派教师到企业接受培训、顶岗实习、挂职工作和实践锻炼，在实践中成长为"双师素质"教师；出台《科研创新能力提升计划》《职务专利等知识产权资助办法》《横向科研项目管理办法》等文件，与北京市有关委办局合作建立八个科研基地。鼓励教师参与校企合作课题，提升应用型教师科研能力和指导学生实践的能力。[4]近两年，教师主持横向课题的经费数量和水平得到显著提升。

加强外聘教师队伍建设，积极引进高水平行业企业优秀人才担任学校兼职教师。机器人学院引进高水平行业领军人才担任院长；聘请企业优秀专业技术人才、管理人才和高技能人才作为师资队伍建设指导委员会成员，指导师资队伍建设。通过聘请行业、大中型企业中专业技术强、实践经验丰富、掌握行业前沿技术的人员到学校担任外聘教师、客座教授，充实学校师资队伍结构。

五、合理规划，推动应用型课程体系建设

构建应用型专业课程体系。学校制定《"十三五"课程建设规划》，推进课程建设内涵建设。专业和课程建设的目标要与城市型、应用型大学人才培养的目标相匹配，校企共同建设专业和开发课程是达成人才培养目标的关键。开展基于产教融合的应用型示范特色专业和应用型课程建设。继续立项支持校企共同开发建设应用型课程和教材。围绕专业主干课程建设，聘请行业企业专家参与课程教学和教材建设，开发产学合作特色系列教材。"十三五"时期末拟出版20部左右产学合作系列特色教材。构建以学生为中心的创新型人才教育体系；健全创新创业教育课程体系。[7]

学校采用自建课程和引进优质在线课程的建设模式，通过与"爱课程"和清华大学"学堂在线"在线开放课程平台合作，引入优质的在线课程资源，丰富通识教育选修课程资源，推进教学模式改革。引进黑板（Blackboard）平台，丰富网络课程教学的发展。到2020年，形成与学校办学定位和人才培养目标相匹配，结构合理的应用型学科专业课程体系；力争建成2~3门国家级精品视频公开课程，上线慕课3~5门；通识教育选

修课程每学期开设 230 门以上；重点建设 60 门左右的产教深度融合课程，彰显应用型课程特色；重点推进专业核心课程深化改革，遴选 90 门左右立项建设；建成一定数量的双语和全英文课程。

六、保障实施，完善机制建设

强化机制体制建设。严格落实教授、副教授承担本科教学任务要求。制定《教育教学研究改革项目管理办法》，促进教师参与教学建设与改革，推进教学研究常态化。每年以通识教育精品视频公开课程、专业核心课程、应用型课程等课程建设和规划教材建设为抓手，设立专项资助经费促进教学改革。学校文件明确提出，研究成果突出、效果显著的校级及以上项目认定级别可上调一档，增加教学投入权重，调动教师积极参与教学建设。近三年，共设立教育教学改革项目 362 项，各类课程建设项目 300 余项，校级"十三五"规划教材项目 133 项，获批北京市教育教学改革项目 10 项。

鼓励引导教师加大教育教学投入。修订岗位聘任和专业技术职务晋升等文件，逐步完善教学为主型教师的岗位设置、晋升和聘任通道；将教育教学类成果明确作为教师专业技术职务晋升的岗位业绩条件；制定《教育教学奖励暂行办法》；设立教学优秀奖和青年教师执教能力奖励等专项奖励。

七、特色凸显，应用型人才培养初见成效

重视实践教学基地建设。目前，学校已建成 3 个市级校内创新实践基地，1 个国家级校外实践教育基地，4 个市级校外人才培养基地，74 个校级校外人才培养基地，院级以下校外人才培养基地超过 200 个，基本实现每个专业都有 1 个及以上的稳定实习基地。学校各专业与科研院所、企业共同指导学生毕业设计（论文）。自 2015 年至 2018 年，共有 243 个毕业设计（科研类、创业类）项目、56 个大创深化类项目获得支持。合作科研院所和校外企业超过 150 家，校外指导教师 200 多位，校内指导教师近 140 位，受益学生超过 300 名。

　　学生"学以致用"初见成效。通过参加科技项目和学科竞赛活动，学生创新创业能力不断提升。搭建"院级—校级—市级—国家级"四级竞赛体系，搭建了包含"启明星"大学生创新创业训练计划项目和"启明星"系列赛事的"启明星"学生科技创新活动平台。2015—2017 年，"启明星"大学生科技创新项目立项 1195 项，参与学生约 6000 人次。目前，全校与行业企业合作组织校级学科竞赛 30 余项，每年有 7000 余人次学生参加各级各类竞赛。获得市级及以上各级各类奖项数百项，呈逐年增加趋势。在"挑战杯"全国大学生课外学术科技作品竞赛、"创青春"全国大学生创业计划竞赛、"飞思卡尔"杯全国大学生智能汽车竞赛等竞赛中成绩优异。2017 年 12 月，中国高等教育学会《高校竞赛评估与管理体系研究》专家工作组发布《中国高校创新人才培养暨学科竞赛评估结果》，学校排名在全国普通高校 300 强榜单内，位居第 191。北京地区有 21 所高校入围榜单，学校排名第 13 位，在北京市属高校中排名第 3 位。

　　以产教融合培养高水平应用型人才就是要建立积极推动学校与行业企业和社会有效对接融合，推动构建以市场需求为导向、能力培养为中心的育人模式。北京联合大学在长期实践中，不断完善产教融合促进机制、搭建开放式政产学研用合作发展平台、构建"双师双能型"高水平教师团队、推动产学合作共建特色专业和课程、构建以学生为中心的创新创业教育体系、强化创新创业实践，学校产教融合协同育人的长效运行机制逐步趋于完善并取得显著成效。学校将更加聚焦北京经济社会发展，全面服务"四个中心"功能建设；更加聚焦内涵、特色、差异化，切实实现高质量发展；更加聚焦人才培养中心工作，全面提高人才培养能力；更加聚焦"研、创、教、考、评、馈"的教育教学、创新创业教育的链条，确保本科教学质量，并将继续把产教融合发展作为学校生存和发展的重要特色，健全完善产教融合长效运行机制，实现学校与区域良性互动、双赢发展，不断提升培养业界精英的应用型大学办学水平。

参考文献

[1]《国务院办公厅关于深化产教融合的若干意见》，(2017-12-19)[2018-04-26]，http://www.gov.cn/zhengce/content/2017-12/19/content_5248564.htm。

[2] 韩宪洲：《关于推进城市型、应用型大学建设的思考与实践》，《北京教育（高教）》2016 年第 10 期。

[3] 李学伟：《创新一流本科教育教学理念与实践》，《北京联合大学学报》2018 年第 1 期。

[4] 韩宪洲：《推进城市型、应用型大学建设的路径思考》，《前线》2016 年第 10 期。

[5] 李学伟：《落实习近平新时代中国特色社会主义思想要有新担当——以北京联合大学服务北京城市战略定位为例》，《北京联合大学学报（人文社会科学版）》2018 年第 1 期。

[6] 韩宪洲：《城市型、应用型大学建设的理论与实践探析》，《北京联合大学学报》2017 年第 1 期。

[7] 李学伟：《办好人民满意的新时代高等教育》，《光明日报》2018 年 3 月 26 日。

优化学科专业结构　完善人才培养体系①

教育教学质量是学校生存和发展的生命线，要始终抓牢教育教学质量这个根本。5月2日，习近平总书记在北京大学师生座谈会上指出，办出中国特色世界一流大学，有三项基础性工作要抓好，其中之一是形成高水平人才培养体系。

一、当前高等教育形势

党的十九大报告作出了"中国特色社会主义进入新时代"的重大政治判断。在国家战略方面，提出了实现中华民族伟大复兴的中国梦。在人才战略方面，提出了激励社会弘扬"五四"精神，激发中国精神和中国力量的生命力。在教育战略方面，提出了加快一流大学和一流学科建设，实现中国高等教育内涵式发展。中国高等教育也进入了新时代。

教育兴则国家兴，教育强则国家强。高等教育是一个国家发展水平和发展潜力的重要标志。党和国家事业发展对高等教育的需要，对科学知识和优秀人才的需要，比以往任何时候都更为迫切。因此，优先发展教育是加快解决发展不平衡、不充分的问题，实现国家战略目标，创建一流高等教育的战略选择。面对新时代高等教育的新要求，我们要深入学习贯彻习近平总书记在5月2日讲话中提出的三项基础性工作：一要坚持办学正确政治方向；二要建设高素质教师队伍；三要形成高水平人才培养体系。当

---

① 本文节选自北京联合大学时任校长李学伟在学校2018年教育教学工作会上的讲话（2018年6月）。

前，关于高等教育面临的形势可以概括为以下四点：

1. 教育供给侧改革形势严峻

2015 年 10 月 24 日，国务院印发《统筹推进世界一流大学和一流学科建设总体方案》（国发〔2015〕64 号）。国家开展"双一流"建设，促使一批高校发展迈上新台阶，同时也给其他高校带来了极大的压力。在北京市属高校一流专业遴选中，我校旅游管理和软件工程两个专业获批。作为地方高校，我们要主动作为，积极适应北京"四个中心"功能定位及京津冀区域一体化发展需求。

2. 国家和北京高考制度改革面临新形势

随着我国人口出生率逐渐下降，高等教育适龄人口也在不断下降，生源呈现逐渐减少的趋势。今年北京中考报名确认考生 6.5 万人，创历史新低。今后相当长一段时间内考生数量将不会再增长。同时，高等教育的国际化竞争异常激烈，越来越多的适龄考生被吸引到海外接受高等教育。

3. 专业结构亟待调整

2020 年开始实行新高考，实行专业 + 学校的志愿填报方式。按专业录取，将势必淘汰大批专业。这也将对学校的招生产生重要影响，全体教师要认真谋划所在专业未来的发展出路。此外，北京将有序疏解部分教育功能，逐年压缩招生规模。今年，我校本科生招生 3450 人，按照学生当量数计算，我校在校生规模约为 1.5 万人，专业结构亟待调整。

4. 学校发展面临内部瓶颈

在博士学位点申报中，暴露出一些硬性指标不达标的问题，如高水平的成果比较缺乏、师均科研经费不到 10 万元等。我们还要正视在办学中存在的一些突出问题，如生源质量不高，学科专业竞争力不明显；教师队伍存在结构性矛盾，高层次人才少，不能在学院间流通使用；1600 名专任教师亟待释放活力；管理人员超编严重，竞争机制滞后等。

当前，联合大学面临新的历史选择，必须优化整合，构建具有竞争力、适应发展需求的专业学科体系。这是形成高水平人才培养体系最重要、最直接的抓手。

二、优化适应型学科专业结构

学科专业是人才培养的基础和载体。科学设置学科专业是高等教育优化结构、提高质量、适应经济社会发展需求和人的全面发展需要的基本保证。下面来梳理一下学校的学科专业情况。一是专业规模。自 2010 年以来，学校新增 14 个专业，停招 11 个专业。今年，学校招生专业 62 个，专业布点 6 个。二是生源规模。2006—2017 年，北京市高考报名人数从 12.6 万人下降到 6.06 万人，正在由"有学上"向"上好学"转变。我校北京生源约占 70%，未来 3 年招生规模可能还会继续减少。三是专业竞争力。根据第三方机构评估，我校专业发展存在不均衡现象，进入五星级专业 1 个，五星减级专业 4 个，四星级专业 12 个，三星级专业 26 个，二星级专业 16 个。四是教师队伍。部分专业师资过剩，教学工作量不饱满。五是专业的学科支撑。要办出高水平的专业，必须要有高水平的学科支撑。

如何优化适应型学科专业结构？大学创办与发展均始于学科专业整合。如牛津大学最初的专业只有神学、医学，南洋理工大学最初致力于为新加坡经济培育工程专才，北京交通大学始于铁路管理传习所，等等。近年来，国内外高校都在大量整合学科专业，部分国内高校专业减少 1/4 左右，国外高校专业也大量减少，个别减少到原来的 1/3。

我校构建适应型学科专业体系的基本思路：一是减停专业、适应需求；二是发展学科、提升水平；三是符合专业知识体系要求；四是符合人才成长规律；五是适应市场需求变化。按照办学规模 1.5 万人进行测算，未来专业总数将不超过 50 个，其中，特色稳定型专业 25 个左右，适应型专业 15 个左右，基础专业不超过 10 个。关于特色稳定型专业群，要着力打造一批优势明显、特色鲜明的品牌专业。通过实施产教融合、科教融合、校地融合三大战略，实现学校教育链、人才链与产（行）业链和创新链紧密对接。关于适应型专业群，要明确适应市场需求变化不完全等同于固化人才培养模式，满足人才培养的多样化发展需求，尊重人才培养规律。关于基础专业群，要打牢基础、稳定发展、持续建设，要加强基础学科建设，努力提高教师的科研水平、教育教学水平以及教育教学技能。

构建学校人才培养体系是一个系统工程。落实人才培养目标，就是要基于 OBE 教育理念，以建立现代大学机制和提高师资队伍水平为抓手，持续改进、建设、完善适应型学科专业体系，包括课程体系、教学资源体系、教学方法体系和质量保障体系，着力为北京培养更多的高素质应用型人才。

三、完善高质量的课程体系

1. 丰富课程资源

学校现有通识教育课程、学科大类课程、专业教育课程和素质拓展课程共 2850 门，但与满足完全学分制需求的 6000 门课程还有较大差距，课程资源明显不足。国内很多高校都在推行完全学分制，我们目前还处在试点阶段。按照学校近 1600 名专任教师测算，每人应该具备开设 3—4 门课的教学能力。这需要我们的教师具有跨学科的宽广学术基础。

2. 建设现代教育资源环境

近年来，学校高度重视现代教育资源环境建设，投入大量的人力、物力、财力建设了智慧教室、Blackboard 网络学堂，搭建了爱课程、学堂在线、好大学在线等 MOOC 平台以及云班课、雨课堂、微助教等移动学习平台。同时，通过采用翻转课堂、SPOC 教学和线上线下混合式教学等模式，逐渐形成了联大特色，取得了较好效果，下一步要继续强化现代技术支撑教育教学创新。

3. 落实 OBE 教育理念

OBE（Outcome Based Education），即成果导向教育，是公认的追求卓越教育的有效方法，受到世界各国著名大学的重视。OBE 理念在推动本科人才培养的规范化、科学化、国际化建设等方面具有深远意义。OBE 理念在我校课程教学和课程大纲中的体现还不够，下一步要抓紧推进落实。要根据应用型人才培养的特点，优化课程体系，创新教学大纲，在教学设计过程中引入 OBE 理念，用学习成果检验人才培养目标的达成度。

4. 完成预审核评估整改任务

今年4月，学校开展了本科教学工作审核评估预评估工作，15位专家反馈了在本科教学中存在的一些问题。定位与目标方面：学院和专业的目标定位不准确、不清晰，人才培养规格细化不够；课程体系及其教学内容与培养目标达成契合度不够紧密。教学改革和课堂教学方面：课堂互动呈单向性，互动不够；教学方法和手段传统、单一；信息量过少；深层次教学改革不足；产学研合作办学的广度、深度不够。各学院、各单位要高度重视，及时落实整改任务，确保审核评估取得优良成绩。

5. 完善教学质量保障的链条管理

一是要强化教学质量主体责任，加强教学质量管理和监督问责；二是要狠抓课堂教学质量，强化教师课堂教学质量第一责任人意识；三是要加强教师教学方法改革，提高课时利用率、师生互动率、学生抬头率；四是要严格对试卷和成绩评定、实践教学、毕业设计等关键教学环节进行监督检查，形成有效双向激励机制；五是要深入推进专业认证和新工科建设。通过强化本科教学过程链条式管理，持续完善本科教学"研、创、教、考、评、馈"的人才培养能力。

四、建设高水平的师资队伍

1. 立德树人，践行"四有"好老师

2014年教师节，习近平总书记在北京师范大学考察时，要求广大教师做"有理想信念、有道德情操、有扎实知识、有仁爱之心"的"四有"好老师。教师要传递理想信念的正能量，加强教育教学学术研究，将格物致知与学以致用相结合，激发学生兴趣，使专业满足于社会市场需求。落实立德树人根本任务，树立学德树人的教育观，就是要让教师用仁爱之心和渊博的知识去点燃学生的学习兴趣和激情。

2. 拓展学术、学科视野

学术立校是学校的三大战略之一，是当代大学发展的普适性指导战略，我们要继续坚持并不断发展。没有一流科研学术成果就不可能自我造就一流的人才培养。教学本身就是一种学术活动。广大教师要进一步增强

学术自觉意识，研究适应型教育教学方法，掌握学科前沿动态，拓展学科视野，持续开展深入的科研学术与教学学术研究。

3. 提升教师教育教学理念与技能水平

"学术立教"是"学术立校"战略的具体落实，要坚守学术精神，创新树立"立地顶天"的一流应用型人才培养理念；"科教融合"的核心是把科研成果及时有效转换成教学内容，要创新学术引领下的适应型课程教学方法；"学德树人"要求教师在教学全过程中注重学以致用的学术思想教学，传递育人正能量。广大教师要将这些理念贯穿在教学活动中，通过培训和指导，不断提升师资队伍水平。

4. 适应跨专业、跨学科的要求

一是教师要适应一个学科多个领域或多个学科，如物理、机械、大数据，真正做到触类旁通，适应跨专业跨学科需求；二是要建立适应型的生师比，拓宽教师发展空间，实现办学质量、规模、效益三者统筹发展；三是要支持特色专业、五星级专业、社会急需专业以及有学科支撑的四星级专业发展；四是要通过自学、培训和工作转岗，加大学校人力资源开发力度。

5. 坚持融合发展的理念

高水平应用型师资队伍，是实现大学责任担当的核心力量，是人才培养的关键，决定着一所大学的办学能力和水平。学校第五次党员代表大会提出了"五大融合"发展路径，广大教师在教学活动中要更加突出产教融合、校地融合、科教融合理念，提高学校办学与区域经济社会发展的契合度，把教育教学和人才培养与行业产业发展紧密结合，推动科学研究与教育教学的深度融合。

6. "引、培、用"结合，促进师资队伍结构优化

师资队伍建设是永恒主题，要注重"引、培、用"结合。所谓"引"，就是要注重引进高水平双师型教师，如高水平博士、具有深厚产业背景的技术人才，促进学校师资队伍建设；所谓"培"，就是要注重在学校内部挖掘，重在培养，提供充足的资源和条件保障，培育新的增长点；所谓"用"，就是要根据学校发展实际，适度调整师资队伍结构，提高教师对相关专业的适应能力，促进教师和课程实现全校共享。

五、完善严约束的激励机制

1. 地方高校发展的现状

地方高校普遍存在一些通病，如长期缺少机制，低负荷、工作量不饱满，教学水平不够，建设高水平大学的动力不足等。联大正处在转折的关键期，要以改革促发展，下大力气解决这些问题。6月8日，市委市政府印发《关于统筹推进北京高等教育改革发展的若干意见》，明确要建立市属高校改革发展机制，激发高校办学活力。市委常委、教育工委书记林克庆在2018年北京市属高校工作会上指出，市属高校要更好地服务北京经济社会发展，走内涵发展、特色发展、差异化发展之路。我们要建立现代大学激励机制，以体制机制改革为切入点，为学校发展注入新的活力。

2. 国内外高等教育竞争促进发展

目前，新时代高等教育进入激烈竞争阶段。一是国内的招生竞争日益加剧；二是在生源缩减的背景下，同类型的高校竞争激烈；三是同专业社会评估排名对学校声誉影响很大；四是我校缺少同学科博士点；五是受国际教育机构吸引，生源外流。

3. 完善机制，释放办学活力

要加快制定奖惩和激励机制，通过科学设置考核指标、职称评聘标准以及岗位聘用导向，激发学校内在发展动力。明确以立德树人为根本，以人才培养为核心，形成"有压力、有动力、有约束、有激励"的发展机制。所谓"有压力"，即教师、管理干部在任务、质量上都有提升；所谓"上水平"，即在设计课程教案，科研、教学方面上水平；所谓"建机制"，即由"要我做"，变成"我要做"，充分调动教师积极性，释放办学活力。

4. 不断追求大学精神，形成高水平育人自觉

一是要充分发挥机制的作用，练就过硬的本领；二是要崇尚学术、自觉践行习近平教育思想，不断打造联大的大学文化精神；三是要坚定政治信念与政治方向，传播正能量，自觉推进课程思政；四是广大教师要勇于责任担当，养成高水平育人行为自觉，营造高水平的育人氛围，真正形成

联合大学独特的大学文化和大学精神。

联大未来的改革发展方向是：在校党委坚强领导下，努力建立适应型学科专业体系，健全办学体制机制，提升高水平应用型人才培养能力，建设适应北京功能定位需求及京津冀发展需要的高水平城市型、应用型大学。

确保审核评估质量　持续提升教学水平 ①

结合教育部部长陈宝生在新时代全国高等学校本科教育工作会议上的讲话精神，我就如何确保审核评估质量，持续提升本科教学水平谈几点意见。

一、强化组织工作，确保审核评估质量

11月25日，审核评估专家将正式进校，当前正是迎评工作的"最后一公里"。时间紧张，任务明确，我们要争取时间，扎实开展工作，并经得起历史的考验与检验。学校将再次组织各级领导干部、管理人员和广大师生，认真深度参与相关评估工作，读懂、读深、读透审核评估的要点，深刻理解审核评估的精神内涵，把握审核评估工作各个环节的要义。

杨宜副校长会对审核评估工作提出具体要求，现在，我围绕"安排、材料、状态、内涵、管理"等五个要素，谈谈如何做好迎评工作。

要素一：安排组织，即组织、程序、联系、志愿、协调、交通、住宿等环节的工作。

迎接审核评估工作，要做到统一认识、各项组织机构完善、方案预案完备、任务分解清晰、数据核查仔细、自评审定有序、分析动员充分、应急处置得当、整体指挥有力等。特别是程序要严谨有序，服务要热情周到。各工作小组要服从主管校长的指挥，明确各个环节的任务，有效沟

---

① 　本文节选自北京联合大学时任校长李学伟在学校2018年暑期工作会上的讲话（2018年9月）。

通，确保到位，状态稳定，以良好的精神面貌和工作状态接受审核评估。

要素二：材料准备，即全面性、有备性、及时性、准确性等。

在广泛收集意见和建议的基础上，继续完善学校的自评报告，特别是城市型、应用型大学的内涵、特色和"课程思政"的特点，还要精准凝练。评估办要牵头做好全校 2018 年本科教学基本状态数据国家平台的报送工作以及学校评估整体材料、专家案头资料和支撑材料的准备工作。各学院要切实做好各项评估材料的准备工作，务必严谨、翔实。各职能部门、学院（部）要严格按照北京市审核评估范围和学校文件要求，继续做好本科教育教学工作相关链条的查漏补缺。这些材料是学校城市型、应用型大学内涵与特色建设的有效支撑。

要素三：精神状态，即课堂教学状态（到课率、听课率、抬头率、秩序率、准时率等）、课堂纪律、学院管理、基层管理人员认识水平和基本知识状态、教师教风与精神状态等。

评估的过程是对我校教学工作全面检查的过程，评估的结果直接反映出我校的办学水平，也关系到我们每一位师生员工的切身利益。评估结果要向全社会公布，具有权威性和影响力，将影响联大的前途和命运。我们必须站在这样的高度来认识评估工作，自觉把学校的命运和个人的命运联系起来，才能真正树立起做好评估工作的责任感、使命感和紧迫感，才能化压力为动力，才能自觉地为迎接评估做出自己的贡献！各单位都要通过持续、深入动员，进一步统一思想，鼓舞士气，坚定信心，营造良好的迎评氛围，切实把全体师生员工的思想和力量凝聚到迎评工作上来。特别需要指出的是，课堂教学状态、课堂纪律以及基层管理人员认识水平和基本知识状态、教师的教风与精神状态等都是考验学院基层党委思政工作细节的关键。教师是否全身心投入本科教学工作，是否把主要精力投入教学工作中，积极参与教育教学改革；学生是否以学为主，把主要精力投入学习上，积极参加以提升知识、能力、素质为主的各种社会实践和创新创业活动等，都是学校教风、学风和水平的基本体现。

要素四：业务内涵，即课件水平、教学水平、作业答疑水平、毕业设计水平等，教学理念、课堂技术、评价反馈、交流访谈、教学研究等。

迎接评估的干部要熟悉评估业务、评估流程，熟知学校办学定位、办学思路和学校人才培养目标与培养效果的达成状况等；全校教师和管理干部要对学校办学的内涵、各单位的工作内容与学校城市型、应用型大学办学思路目标的支持度等进行深入理解，对学校师资队伍、专业、学科、科技、研究生、留学生等主要数据指标都进行了解；教师对课程的把握，课件准备的水平、作业答疑、毕设指导，教学理念在课堂的运用，课堂掌控、评价与反馈、师生交流与访谈、对应用型大学教育教学的研究等，都需要反复梳理，做到更加精通业务，更深刻理解应用型大学内涵。

要素五：管理水平，即目的、目标、沟通、理解、执行、应变、应急、决策等。

要树立全局意识，做到各项事务全盘考虑，上下畅通，通力协作，各尽其责，有目标、善沟通、强执行、善应变、敢决策，管理上水平。各院系、每位师生员工都要树立全局意识，服从学校的统一部署，讲大局，讲奉献，努力把迎评的各项工作任务做实、做精、做细。学院是专业办学的主体，其评估工作是学校评估工作的基础，不仅直接影响到学校整体评估工作的进度，也直接关系到学校评估工作的质量。学校的评估工作能否搞好，主要取决于学院的工作是否扎实，是否到位。各学院要广泛动员，明确任务，落实责任。学校职能部门要进一步发挥管理、协调、服务的作用，树立"服务教学、服务师生"的理念，不断提升管理能力及服务水平。评估办要负责做好顶层设计，做好任务分解，制定科学合理的工作计划，能够充分理解、执行，应急决策有序，体现出应用型大学的高水平管理素养，有条不紊地推进评估工作。

把握以上五个要素，做好各项准备工作，确保此次审核评估的质量，真正达到"以评促建、以评改建、评建结合、持续改进"，不断提升本科教育教学质量的目的。

二、完善体制机制，持续提升教学水平

陈宝生部长指出，大学必须"以本为本"，这是"双一流"建设的根本，也是一流大学的办学根基。6月8日，市委市政府印发《关于统筹推

进北京高等教育改革发展的若干意见》，明确要求建立市属高校改革发展机制，激发高校办学活力。市委常委、教育工委书记林克庆在 2018 年北京市属高校工作会上指出，市属高校要更好地服务北京经济社会发展，走内涵发展、特色发展、差异化发展之路。联大正处在转折的关键期，也是提质期、增效期，内涵式发展建设期，要以改革促发展，必须完善机制建设。当前，联大正在准备综合改革方案，北京市要求 9 月 30 日前上报方案，这就要求我们自我加压，研究形成适合联大发展的体制机制。联合大学恰逢时机，有些工作已走在市属高校的前面，我们要抓住此次审核评估的契机，进一步完善现代大学激励机制，以教育教学机制建设为重点，为学校教育改革本科教学水平和人才培养能力提高注入新的活力。

我再从五个方面，谈谈如何完善体制机制，持续提升教学水平。

一是研究问题。学校领导要深入学院、一线教学团队，与广大教师进行深入的沟通和交流，检查审核评估的准备情况以及预评估存在问题的整改落实情况。同时，要通过此次审核评估，系统研究联合大学教育教学链条上存在的问题，包括立德树人的理念自觉性不足、教学内容与新时代结合不足、教学方法与模式研究不足、应用型融合理念落实不足等。

二是关爱成长。学校、学院和职能部门领导要倾听一线教师的声音，积极创造条件，支持教师成长，激发教师教学的内动力与成就感。要与教师共同探讨如何按照习近平总书记要求，争做"四有"好老师；要为教师创造参与学术活动、校企合作的机会，促使教师在学科交叉、前沿科技研究和社会重大项目中不断成长；要推荐优秀的学术论文在 IEEE 的 SCI 高水平期刊出版专辑；要有计划、有针对性地组织教师、团队申报行业、企业、国家部委的前沿课题，通过项目纽带，提升教师的科研、社会实践能力和背景，更好地搞好应用型人才培养工作。

三是深化督导。陈宝生部长指出"要着力推进课堂革命"，我校应用型本科教育教学改革的重点和难点，也都聚焦到能体现应用特色的课堂和实践教学质量提升上。全校要从"内涵发展，提高质量"的方向，借助审核评估的契机，聚焦预评估专家指出的问题，切实加强课堂教学、实践教学、考试考核、毕业设计（论文）等一线教学环节的质量规范性，着重发挥督导作用，在督导机制上有所改革与创新。完善新型教学机制改革，明确全校教育教学督导的定期与不定期巡查制度。要从教学计划的制定与执行、教学过程的组织与实施、实践性环节的落实与提升、考风考纪的建设、教学管理水平、教学模式及教学管理模式改革等方面全方位进行教学督导，以成果、学习目的为导向。及时发现问题，提出解决问题的建设性意见，并及时向有关部门反馈信息。教务处要研究设计教学督导工作直接对校长负责的机制，并完善督导的例行、专题、定期和反馈效果等评价机制。

四是培训提升。要进一步加强师资队伍建设，增加国内外培训计划，支持、鼓励教师学习提高；要引进、培育交叉学科、不同学术背景的人才，拓展教师教学学术视野、知识面、实践背景，以参与高水平科技研究；要进一步加大人才"引进、培养、使用"支持力度，市政府 2018 行动计划第 69—75 条，加大了引人条件、高精尖人才支持、青年拔尖与团队建设支持、科研与经费政策支持、科技与教学奖励等的力度，学校在预审核评估后也出台了人才引进"一事一议"的机制；要支持更多的教师到国内外名校、世界 500 强企业学习、交流与合作；要大胆支持学校优秀的教师，特别是青年教师，参加重要的学科建设、科学研究和社会服务的项目和任务，尤其是学校的两个"一流专业"和一个新工科建设专业，要重点研究支持措施和机制；要加强教师的师德师风建设，这是贯穿教师成长始终的。

五是研究教学。要深入学习贯彻习近平总书记在北京大学师生座谈会上重要讲话精神，特别是他提出的完善人才培养体系的理论，涉及教育教学改革、学习模式改革等人才培养的核心能力建设；要专题研究我校"学以致用"的教育教学理念，总结提炼联合大学的教学模式等。联合大学有三大战略和五大融合理念，但是"致用"不足，落地不够；要研究教学、学术、技能、知识、课程设计、实践与毕业设计等；教务部门、学院以及各个专业，要系统研究本专业的课堂与实践教学方法，例如，我们两个特色项目就是很好的研究对象。教师（教学）发展中心要有更具体、深入、创新的教学培训、学习计划，特别要下功夫研究我校本科人才培养模式对大数据、交叉学科、丰富多变的社会和经济市场以及人才需求环境的适应性问题，这是个重大的教育科学问题。

总之，学校要以审核评估为契机，统一思想，创新体制机制，完善管理办法，养成广大教师和管理者重视热爱投入教学一线的教学自觉，这就是新时代的大学精神。

进一步完善机制，释放办学活力。我校截至今年 7 月 31 日，在岗教师 1578 人，其中正高级职称 231 人，副高级职称 584 人，具有博士学位教师 635 人，正如林健教授所说，如果机制到位，释放这些教师的教学科研活力，还能比哪个 211 学校差呢?! 要加快制定奖惩和激励机制，通过科学设置考核指标、职称评聘标准以及岗位聘用导向，激发学校内在发展动力。明确以立德树人为根本，以人才培养为核心，形成"有压力、有动力、有约束、有激励"的发展机制。所谓"有压力"，即教师、管理干部在任务、质量上都有提升；所谓"上水平"，即在设计课程教案，科研、教学方面上水平；所谓"建机制"，即由"要我做"，变成"我要做"，充分调动教师积极性，释放办学活力。

形成高水平育人自觉。要充分发挥机制的作用，练就过硬的本领；要崇尚学术、自觉践行习近平教育思想，不断打造联大的大学文化精神；要坚定政治信念与政治方向，传播正能量，自觉推进课程思政；广大教师要勇于责任担当，养成高水平育人行为自觉，营造高水平的育人氛围，真正形成联合大学独特的大学文化和大学精神。

在校党委坚强领导下，我们在两个多月的时间里要确保审核评估各项工作的细节和质量，努力建立适应型学科专业体系，完善我校办学体制机制，提升教育教学水平，提高应用型人才培养能力，为建设高水平、有特色、北京人民满意的城市型、应用型大学而努力奋斗。

我坚信，只要全校师生共同努力，审核评估一定会高质量通过！

教师的视野和格局 [①]

新入职教师（包括辅导员）为学校教师队伍注入了新鲜血液，是学校事业发展的希望和新生力量。新教师如何融入学校发展？需要从哪些方面努力？需要有什么样的视野格局？如何规划职业生涯？未来的发展方向和路径有哪些？在多年的工作经历中，我体会到，只要明晰思路，抓住提升核心能力这个根本，就能把职业生涯规划好，使我们自己快速成长起来。教师自己强大了，实力提升了，才能为学校的教育事业发展作出重要贡献。因此，我们的目标是要成为联大的优秀教师，成为全国教师队伍中优秀的一员。

一、教育新格局

党的十九届五中全会以来，我们深入学习领会"把握新发展阶段、贯彻新发展理念、构建新发展格局"的精神实质。作为新入职教师，如何把握新阶段，在构建新格局中找到有效的发展路径？这是大家要考虑的首要问题。

1. 了解高等教育发展形势

改革开放 43 年以来，我国高等教育发生了新的变化：一是地位作用变了，从过去对国家经济社会发展的基础支撑作用，转变为现在的支撑并引领发展作用，成为经济社会可持续发展的牵引动力。二是类型结构变

---

① 本文节选自北京联合大学时任校长李学伟在 2021 年新教师研习营开班仪式上的报告（2021 年 10 月）。

了，按照国家主体功能区域战略定位，高等教育最显著的特点是向多样化发展，涌现出了新工科、新商科、新文科和新的信息技术，并强调数学等基础学科的重要性。理解高等教育多样化发展的特点，我们才能更加准确地定位自己。三是发展阶段变了，2019 年，我国高等教育毛入学率达51.6%，已经进入普及化阶段，高等教育将成为每个人职业生涯的"基础教育"。四是舞台坐标变了，中国高等教育登上国际舞台，参与到世界教育规则和标准的制定过程中，这是我们取得的巨大进步。

2. 认识和遵循高等教育规律

教育部提出坚持"以本为本"，把本科教育放在人才培养的核心地位。我们要深刻了解本科阶段的教育教学规律。首先，本科教育阶段是学生思想观念、价值取向和精神风貌的定型期，要教育引导学生形成正确的人生观、世界观、价值观，铸就理想信念、锤炼高尚品格，系好人生的第一粒扣子。其次，本科教育阶段是学生知识框架、基础能力的形成期。目前，学校以本科教育为主，还有部分研究生和专科生，今后可能还会有博士生。要引导学生在练好扎实基本功上下功夫，要在培养学生的创新思维和实践能力上下功夫，这也符合学校高水平应用型大学的办学定位。最后，教师要遵循高等教育规律，夯实知识基础，了解学科前沿，接触社会实际，接受专业训练，练就独立工作能力，在教育和培养学生、提升学生能力和水平上能有的放矢，这是大家在成长过程中重要的抓手。

3. 与世界高等教育发展同频共振

2014 年麻省理工学院发布《麻省理工学院教育的未来》，2016 年发布《高等教育改革的催化剂》，拉斐尔·莱夫校长指出，高等教育到了一个转折点，我们必须打造以学生为中心的教育，单个的变革主体是不够的，必须让全体教师、大学高级管理层、学科和专业负责人、科研团队都参与进来。要让学生学会反思、（与同伴和专家）讨论、学科思维、自学和掌握学习。2016 年，教育部借鉴国际通行做法，对提升新时期高等教育质量进行重新顶层设计，提出了"五位一体"的评估制度。2018 年，学校顺利通过了教育部本科教学工作审核评估，可以说紧跟国际步伐。教师要充分了解审核评估 6 大领域、24 个要点、64 个要素等方面的内容，这是对教师教学和科研工作的指引，将会对教师的个人成长有很大的帮助。世界在瞄准"以学生为中心"的本科教学，重视人才培养质量，我们要建设具有中国特色、世界一流水平的本科教育，就要与世界高等教育理念同频共振、同向而行。

4.落实好分类发展的新要求

2020年9月22日，习近平总书记在教育文化卫生体育领域专家代表座谈会上指出，要优化同新发展格局相适应的教育结构、学科专业结构、人才培养结构。教育部发布《关于加快建设高水平本科教育 全面提高人才培养能力的意见》，确立了五项基本原则：坚持立德树人，德育为先；坚持学生中心，全面发展；坚持服务需求，成效导向；坚持完善机制，持续改进；坚持分类指导，特色发展。2020年5月，北京市委教育工作领导小组发布《北京市属公办本科高校分类发展方案》，明确了北京市属21所本科高校的类型，将我校划入"高水平应用型大学"一类。北京在探索构建新发展格局中对高校提出了更高的新要求：一是北京"四个中心"城市功能定位的新要求；二是《北京市"十四五"时期教育改革发展规划》的要求；三是北京市属高校分类发展改革的新要求；四是北京建设开创开放融通有活力的教育新局面；五是北京建设高素质专业化创新型教师队伍的要求。

二、学校新目标

1.学校基本情况

北京联合大学与改革开放同龄，前身是北京市依靠清华大学、北京大学等创办的36所大学分校，首届招生1.6万人，解决了众多考生迫切希望上大学的问题。1985年，在改革开放探索推进、北京现代化建设逐步提速的过程中，北京联合大学因北京需求而建，与北京发展共生。目前，学校有在职教职工2608人，其中专任教师1549人，全日制在校生1.9万余人。现有本科专业64个，硕士学位授权一级学科点9个、硕士专业授权类别10个、北京市高精尖学科2个，职业技术教育领域为教育硕士专业学位研究生教育试点，中医硕士专业学位授权点填补了国内高等特殊教育的空白，获批北京市新增博士授权单位建设规划项目立项，形成了服务北京经济社会发展的"应用型"学科专业布局。以高水平科研平台助力应用型人才培养，现有国家级科研平台 1 个、北京市级科研平台 13 个。2021 年，我校在校友会中国大学排行榜位列第 203 位，在校友会中国应用型大学排行榜位列第 12 位，学校的社会影响日益提升。

2. 学校"十四五"时期发展主要目标

（1）立德树人成效得到新提升。课程思政建设持续深化，规范化建设基本标准得到有效落实，教师立德树人核心能力明显提升，学生文明素养、社会责任意识、实践本领明显增强；立德树人落实机制更加健全，以学生为中心的评价体系更加完善，育人自觉的文化氛围更加浓郁，不断夯实全员全程全方位育人大格局。

（2）人才培养质量取得新提高。坚持"以本为本"，建设高质量本科教育，做到政策措施激励教学、工作评价突出教学、资源配置优先保证教学；强化适应型专业体系建设，加快推进学分制改革，建设高水平应用型本科教育；深入推进多样化人才培养模式改革，努力实现高等教育国家级教学成果奖零突破。

（3）学科建设水平实现新跨越。学科布局整合优化基本到位，具有显著比较优势的服务首都发展的特色学科群体系基本形成；学科交叉融合成为学校发展强大动力，综合性办学优势充分彰显；确保获批博士授权单位，实现办学层次突破。

（4）"三大战略"实施展现新活力。人才、团队、平台、项目、成果、奖励"六位一体"科技创新体系基本形成，科技成果转化取得重大突破，科研经费总量达到 10 亿元；师资队伍建设突出学科建设需求导向，高层次人才队伍建设取得重大突破，人才培育、引进、使用、考核、评价等改革取得新进展；统筹利用校内外和国内外资源，国际交流合作有新拓展。

（5）治理体系和治理能力现代化建设迈出新步伐。进一步理顺内部管理体制，"有压力、有动力、有约束、有激励"的现代管理机制更加完善，办学活力持续迸发；以学科建设为引领，构建资源整合、优化、共享机制，进一步提升学校内部治理能力和水平。

大家要有压力、有动力，也要有信心、有决心，要以强校有我的责任感和使命感，完成这些目标任务，共同推动学校高质量发展。

3."十四五"时期要实现"四个突破"

（1）学校内部管理体制改革要取得突破。学校内部管理体制复杂，副局级学院和处级学院在管理机构、人员配备、管理体制上有很大差异，办学成本高，这个要研究突破。

（2）学科建设水平要取得突破。制约学校发展的关键在于应用型大学的学科水平，要研究如何依托"三个北京"学科群，通过多领域综合交叉高精尖学科建设，推动区域产业创新发展、高水平师资建设、高水平人才培养提升，在学科能力和水平上实现新的突破。

（3）博士学位授权点要取得突破。学校要建设高水平应用型大学，获批博士学位授权点是体现应用型大学高水平办学的标志，必须要突破，以此推动提升应用型大学的办学实力和水平。

（4）教学科研成果要实现新突破。在国家级教育教学、科技成果奖上，我校还比较薄弱，要整合资源，形成综合平台的合力，争取在重大成果上有新进展，实现新突破。

三、教师的能力

1.明确提升教师能力的指引

2018年5月2日，习近平总书记在北京大学师生座谈会上指出，要办好中国特色世界一流大学，高校要抓好三项基础性工作：一是坚持办学正确政治方向。我校始终坚持社会主义办学方向，传承办学的红色基因，在2021年北京市党的建设与思想政治工作先进校评选中，是获评高校中唯一一所市属高校。二是建设高素质教师队伍。我们每年举办新教师研习营，通过各种方式提升教师的综合素质和教学能力，目的就是建设一支高素质的教师队伍。三是形成高水平人才培养体系。人才培养体系涉及学科体系、教学体系、教材体系、管理体系等，需要教师遵循人才成长规律，将学科和专业相结合，把学术科研水平很好地转化为教育教学水平，构建适应学校高水平应用型大学发展需要的人才培养体系。

2. 树立提升教师能力的理念

教师能力的提升要以立德树人的成效作为检验标准，这也是高校一切工作遵循的根本理念和标准。教师要做到以德立身、德才兼备，要正确理解"德"与"才"的关系，"才为德之资，德为才之帅"，德是大才发挥之魂，"德"是第一位的，教师的"德"要具有强烈的教育时代意识，要有正确的政治方向，教师的"才"要有宽广的学科和专业知识，有教育教学理念和适应人才成长规律的课堂与实践教学方法。只有做一名德才兼备的好老师，才能培养德智体美劳全面发展的社会主义建设者和接班人。

3. 厘清教师育人的逻辑

教书育人，首先，要教会学生掌握扎实的知识，带领学生把握学科前沿和引领市场应用的技术前沿，打牢知识基础，具备学习、思考和解决实际问题的能力。其次，要为党育人，发挥思政课程和课程思政的作用，教育引导学生树立理想信念，志存高远，把个人发展融入国家事业发展中。最后，要紧跟社会形势变化，准确把握当代大学生思想特点、发展需要和成长规律，创新教育教学方法，不断增强学生学习的积极性、主动性，提升获得感。

4. 形成教师育人的实践

高校的根本任务是立德树人，我校作为应用型大学，根据发展实际，形成了立德树人的生动实践，核心理念是"立德树人、学以致用，德学立教、立地顶天"。高水平应用型大学办学的灵魂是"学以致用"，教师把高水平学科专业知识传授给学生，用正能量的德行和师风影响学生，即"德学立教"，"立德树人"必须落地于"德学立教"，教师对学生的教育教学，既要接地气，又要敢于引领高水平创新与发展，即"立地顶天"，这就形成了教师的育人实践。

5. 培育教师育人的功夫

教师在管理、教学和学习过程中，研究教育链条上的功夫是"研、创、教，考、评、改"，"研、创、教"就是研究与创新教学内容和方法，课堂教学要坚持以学生为中心，开设专业导论和研讨课等，构建学业辅导体系，提升学生学习动力；"考、评、改"就是要注重教学过程的质量考核，通过学生、老师和专家的评价和反馈，再进一步修改、完善、调整教学方案和教学方法，不断优化和提升育人能力。教育链条就是把学术和教育教学结合起来，把学科和专业结合起来，把教育教学方法运用其中，提升育人能力，大家要深入研究。

6. 强调教师的学术精神

建设高水平应用型大学更应该强调学术精神。新时代大学精神，就是要贯彻落实习近平总书记关于教育的重要论述，崇尚学术、崇尚科学研究，以追求卓越的教学、科研成果为目标。一流大学的根基在于一流本科教育，其重要特征就是忠诚于大学的学术本质。大学存在和发展的根基在于学术，学术是大学发展的内驱力，学术性是大学最核心的价值和本质属性。学校将"以学科建设为龙头"写进了学校"十四五"发展规划，这是学校每一位教师学术发展的指导思想，也是教师追求高水平学术研究的福音。

7. 提升教师的能力水平

建设高水平应用型大学更应强调广大教师的能力与水平，大家要以"四有"好老师为目标，用仁爱之心和渊博的知识去点燃学生的学习兴趣和激情。立德树人的关键抓手在于完善、造就"四有"好老师不断辈出、优秀引路人不断涌现的良好局面，形成新时代中国大学文化和育人自觉。提高育人水平的关键在于提升教师的核心能力：一是提升学科水平，二是提升专业能力，三是完善教育教学育人方法。好老师要做到政治素质过硬、业务能力精湛、育人水平高超、方法技术娴熟。

四、教师的发展

1. 教师在大学中的角色与定位

教师是学校立德树人的主力军，要正确理解教师在大学中角色的内涵和外延；教师是大学的第一资源，要认真做好教学与科研，履行好教育者和研究者的角色，这是教师的基本功和核心能力；教师是高校功能的践行者，要增强对时代的敏感度，根据社会发展要求，及时恰当调整自身角色和定位；教师是当代的知识创新者，要不断进行自身专业知识创新、知识传授形式创新和推动社会创新。

2.教师在大学主要任务中的作用

学校建设高水平应用型大学，教师要发挥领头羊、守护人、传授者的重要作用。一是要培养人才。培养专业人才是大学和教师最基本的社会职能。二是科学研究。高校是培养科学研究人才的最理想的场所，教师要善于发现科学问题、解决科学问题，在应用型大学中突出学以致用、激发创新。三是服务社会。教师要根据不同科类和不同专业的特点，各就所长，积极创造条件，搞好社会服务工作。四是文化传承。大学之中有大德、有大道、有大爱、有大师、有大精神，要传承文化，传承思想。

3.教师要积极投身于科研学术

教师要在做科研、做学问中实现自身发展。教师做学问有三重境界，第一重境界是"昨夜西风凋碧树，独上高楼，望尽天涯路"，说的是在项目选研究方向、课题选题时要敢于独辟蹊径，耐得住寂寞，登高望远，敢于选择具有前瞻性的选题；第二重境界是"衣带渐宽终不悔，为伊消得人憔悴"，说的是在学术研究攻关过程中，要全身心投入，专注到食不甘味、寝不安枕的境界；第三重境界是"众里寻他千百度，蓦然回首，那人却在，灯火阑珊处"，说的是经过艰辛的探索，最后往往是在山重水复疑无路时，骤然柳暗花明，灵感降临，科研获得突破。这体现了学术的精神，付出才有收获，才有发展。

4.教师要积极培养兴趣爱好

教师要在日常教学科研中，培养善于发现前沿的兴趣，在这个过程中取得进步和发展。一是要强化学习，主动掌握学科和学术前沿的动态；二是在专业领域知识学习的同时，善于思考引领行业发展的技术；三是根据社会和市场发展，观察市场变化，努力解决市场或产品的需求；四是根据社会和市场需求，围绕需求和问题，夯实专业理论基础，提升学科专业水平。

5.教师要掌握做研究的技巧

新入职教师绝大多数是博士毕业，部分是硕士毕业，都受过专业的学术训练，做研究时要善于发现问题、了解主题、明确目标，通过查找资料，学会泛读，形成初步思路，勤于记录，使得研究更深入，不断扩展更多领域。发现问题很重要，想象力和发现力远比知识本身更重要，所以要不断提高观察能力和发现问题的能力，这是新教师做研究、取得新发展的重要技巧。

6.教师要探索课堂与实践教育教学方法

践行立德树人根本任务，关键在于探索并形成适应人才成长规律的课堂与实践教育教学方法。一是掌握先进的教育教学理念；二是创新教学方法，形成教育教学艺术，用宽厚的学科专业知识，使立志、育人、育才不断融合，循序渐进，不断坚定学生理想信念，提升学生的学习本领和知识水平；三是将思想教育、教育教学、专业课建设融为一体，形成有效的"三全"育人格局，探索形成良好的课堂与实践教育教学方法，将极大促进教师的发展和水平提升。

最后，我送给大家五句话："强化心智，拓展视野，洞察格局，把握命运，成就未来。"各位老师要努力拓宽自己的视野和格局，不断拼搏、不断奋斗，做一名政治上靠得住、学术上有水平、教学上有成果、团队上有支持，永远追求卓越的专家型教师，在努力争取实现人生追求的过程中，把个人理想也融入学校、国家教育事业建设和发展中，为实现中华民族伟大复兴的中国梦贡献一份力量！

第四部分

思想政治工作

深刻认识　把握重点　确保党史学习教育出实效 [①]

　　2021 年是中国共产党建党 100 周年，也是实现第二个百年目标和"十四五"规划的开局之年。党中央决定在全党开展党史学习教育，这是立足党的百年历史新起点、统筹"两个大局"，为动员全党全国满怀信心投身全面建设社会主义现代化国家而作出的重大决策。2021 年 2 月 20 日，党中央召开了党史学习教育动员大会，习近平总书记作了重要讲话。3 月 1 日，北京市召开了全市党史学习教育动员大会，市委书记蔡奇强调要深入学习贯彻习近平总书记在党史学习教育动员大会上的重要讲话精神，进一步提高政治站位，坚持首善标准，扎实开展好学习教育。我们要认真学习领会上级关于这项重大工作的重要指示精神，切实把思想和行动统一到习近平总书记重要讲话精神和市委部署上来，坚决贯彻落实。下面，我讲三点意见：

一、深刻认识党史学习教育的重大意义，切实增强学习党史的自觉性和主动性

　　我们党历来重视党史学习教育，注重用党的奋斗历程和伟大成就鼓舞斗志、明确方向，用党的光荣传统和优良作风坚定理想信念、凝聚磅礴力量，用党的实践创造和历史经验启迪智慧、砥砺品格。党的十八大以来，习近平总书记在不同场合多次对学习党的历史作出重要论述，提出了 9 个

---

① 本文为北京联合大学党委书记楚国清在学校开展党史学习教育动员大会上的讲话（2021 年 3 月）。

方面要求，主要包括：强调中国共产党立志于中华民族千秋伟业，百年恰是风华正茂，要始终站在时代潮流最前列、站在攻坚克难最前沿、站在最广大人民之中，永远立于不败之地；强调历史是最好的老师，党的历史是中国近现代以来最为可歌可泣的篇章；学习党的历史是坚持和发展中国特色社会主义，把党和国家各项事业继续推向前进的必修课；中国革命历史是最好的营养剂；党员要学习党史，知史爱党、知史爱国；我们党的历史就是我们党与人民心心相印、与人民同甘共苦、与人民团结奋斗的历史；要倍加珍惜党的历史，深刻研究党的历史，认真学习党的历史，全面宣传党的历史，充分发挥党的历史以史鉴今、资政育人的作用；回顾历史是为了总结历史经验，把握历史规律，增强开拓前进的勇气和力量；坚持用唯物史观来认识历史，等等。习近平总书记的这些重要论述反映了我们党对党的历史的一贯立场和态度，体现了我们党对学习运用党的历史的重要性和必要性的深刻认识。在这次中央党史学习教育动员大会上，习近平总书记再次系统阐述了开展党史学习教育的重大意义，深刻指出在全党开展党史学习教育，是牢记初心使命、推进中华民族伟大复兴历史伟业的必然要求，是坚定信仰信念、在新时代坚持和发展中国特色社会主义的必然要求，是推进党的自我革命、永葆党的生机活力的必然要求。我们要深入领会这三个"必然要求"的深刻内涵，充分认识开展党史学习教育的深远历史意义和重大现实意义。

我们要深刻认识到，中华民族伟大复兴绝不是轻轻松松、敲锣打鼓就能实现的，我们面临难得的机遇，也面临严峻挑战。历史是最好的教科书。在庆祝我们党百年华诞的重大时刻，在"两个一百年"奋斗目标历史交汇的关键节点，在全党集中开展党史学习教育，正当其时，十分必要。要深刻认识到，信仰、信念在任何时候都至关重要，在新时代坚定信仰、信念就是要坚定"四个自信"。党的百年奋斗历程和伟大成就是我们增强"四个自信"的最坚实基础。要深刻认识到，在全党开展集中性学习教育是我们党推进自我革命的重要途径，也是一条重要经验。党的十八大以来，按照党中央和市委统一部署，我们先后开展了党的群众路线教育实践活动、"三严三实"专题教育、"两学一做"学习教育、"不忘初心、牢记使命"主题教育，取得了良好效果。但是也要看到，与高等教育肩负的责任使命相比，与市委市政府的要求和广大师生的期待相比，我们无论在思想认识还是能力作风上都还存在不小差距。

北京联合大学是一所伴随改革开放而生的、地处伟大社会主义祖国首都北京的综合性大学，具有红色基因、北京味道等丰富的党史资源。建校初期，许多在战争年代参加革命的老领导和老同志都参与过当年的工作，如胡耀邦夫人李昭同志、博古女儿秦摩亚同志、电影《集结号》谷子地原型顾理昌同志，等等。2021 年北京市统计具有 50 年党龄的离退休教职工，我校有 296 人，在北京高校中是比较多的。党的十八大以来，全校师生挖掘思政元素，彰显红色基因、北京味道，如应用文理学院新闻与传播系长期挖掘传播"北京红色文化"并拍摄了大量纪录片、艺术学院"溯源红色"近 10 年的师生主题创作、校团委开展的"沿着总书记足迹成长"、校离退休人员工作处举办的"初心大讲堂"，马克思主义学院开设的"这里是北京"课程群建设以及红色资源融入思政课，等等，都彰显着学党史、讲党史、用党史的成果。这是我们贯彻落实习近平总书记重要讲话精神和党中央决策部署的实际举措，是持续深入学习贯彻习近平新时代中国特色社会主义思想的题中应有之义，是履行好"为党育人、为国育才"职责使命的必然要求，也是推动学校实现高质量发展的现实需要。

二、把握学习重点，从党的百年伟大奋斗历程中汲取继续前进的智慧和力量

2021 年 2 月 20 日，习近平总书记在党史学习教育动员大会上发表重要讲话，对这次学习教育工作提出了明确要求，并从六个方面深刻阐明了党史学习教育的重点。

我们要按照习近平总书记的指示开展好党史学习教育，总体来说就是要做到学史明理、学史增信、学史崇德、学史力行，引导党员干部学党史、悟思想、办实事、开新局。习近平总书记强调，党史学习教育要把握的重点主要包括：进一步感悟思想伟力，增强用党的创新理论武装全党的政治自觉；进一步把握历史发展规律和大势，始终掌握党和国家事业发展

的历史主动权；进一步深化对党的性质宗旨的认识，始终保持马克思主义政党的鲜明本色；进一步总结党的历史经验，不断提高应对风险挑战的能力水平；进一步发扬革命精神，始终保持艰苦奋斗的昂扬精神；进一步增强党的团结和集中统一，确保全党步调一致向前进。在北京市党史学习教育动员大会上，蔡奇书记指出，要系统掌握我们党推进马克思主义中国化形成的理论成果，牢牢把握保证党的团结和集中统一这个创造世纪伟业的关键，从党的百年伟大奋斗历程中汲取继续前进的智慧和力量。我们要牢记习近平总书记明确的学习重点，按照市委要求和学校党委部署，树立正确党史观。边学习、边总结、边实践，做到学思悟贯通，知信行统一。

学党史，重心在学。在学习过程中要坚持以我们党关于历史问题的两个决议和党中央有关精神为依据，按照上级列出的指定学习材料，学原著，读原文、悟原理，以扎实的理论武装推动学习教育深入开展。

要通过学习，深刻铭记我们党百年奋斗的光辉历程，深刻认识我们党为国家和民族作出的伟大贡献，深刻感悟我们党始终不渝为人民的初心宗旨，学习传承我们党在长期奋斗中铸就的伟大精神，深刻领会我们党成功推进革命、建设、改革的宝贵经验，进一步把握历史发展规律和大势，增强"四个意识"，坚定"四个自信"，做到"两个维护"，不断增强贯彻新理念、构建新格局、实现高质量发展的思想自觉和行动自觉。

要通过学习，进一步深化对党的性质宗旨的认识，认识到党来自人民，党的根基和血脉在人民。为人民而生，因人民而兴，始终同人民在一起，为人民利益而奋斗，是我们党立党兴党强党的根本出发点和落脚点。全体党员要深刻认识党的性质宗旨，坚持尊重社会发展规律和尊重人民历史主体地位的一致性、为崇高理想奋斗和为最广大人民谋利益的一致性、完成党的各项工作和实现人民利益的一致性，永不脱离群众。

要把学习党史与学习"四史"结合起来，与学习习近平新时代中国特色社会主义思想结合起来，与习近平总书记对北京的重要讲话精神，对教育的重要论述，与联大的发展历程结合起来。要通过学习，深刻认识教育是国之大计、党之大计的重要意义，深刻领会习近平总书记关于教育重要论述的重大指导意义，深刻认识教育在实现中华民族伟大复兴征程中的基础性地位，深刻认识我们肩负的责任。要通过全面系统学、及时跟进学、深入思考学、联系实际学，提升党员干部的政治判断力、政治领悟力、政治执行力，自觉在思想上政治上行动上同党中央保持高度一致。

悟思想，关键在"悟"。要系统掌握我们党推进马克思主义中国化形成的理论成果，把学习重点聚焦到用习近平新时代中国特色社会主义思想武装头脑上来。

中国共产党百年波澜壮阔的奋斗史，在理论和实践中深刻地回答了"中国共产党为什么能，马克思主义为什么行，中国特色社会主义为什么好"这些重大问题，产生了毛泽东思想、邓小平理论、"三个代表"重要思想、科学发展观、习近平新时代中国特色社会主义思想重大理论成果。党的十八大以来，以习近平同志为主要代表的中国共产党人，顺应时代发展，从理论和实践结合上系统回答了新时代坚持和发展什么样的中国特色社会主义、怎样坚持和发展中国特色社会主义这个重大课题，创立了习近平新时代中国特色社会主义思想。实践证明，习近平新时代中国特色社会主义思想是党和国家必须长期坚持的指导思想。在这次党史学习教育中，大家要结合党的十八大以来党和国家事业取得的历史性成就、发生历史性变革的进程，深入理解把握习近平新时代中国特色社会主义思想的科学性真理性，坚持不懈以此武装头脑、指导实践、推动工作。通过学习，深刻认识马克思主义是我们立党立国之本，在当代中国坚持和发展习近平新时代中国特色社会主义思想，就是真正坚持和发展马克思主义。

党的十八届三中全会以来，党中央特别强调党对教育工作的全面领导，部署推进教育领域综合改革，中国特色社会主义教育制度体系的主体框架基本确立，一些长期制约教育事业发展的体制机制障碍逐步得到破解，一大批基层改革创新的经验做法不断涌现，教育面貌正在发生格局性变化。我们学习党史，要坚持以习近平总书记关于教育的重要论述作为根本遵循，牢牢把握"高校培养什么人，如何培养人以及为谁培养人"这个根本问题，坚持把立德树人作为中心环节，以教育评价改革为指挥棒，把思想政治工作贯穿教育教学全过程，实现全员、全程、全方位育人，培养德智体美劳全面发展的社会主义建设者和接班人。

　　办实事，重点在"办"。要聚焦师生关心的"急难愁盼"问题，完善解决问题的体制机制，切实增强师生获得感、幸福感和安全感。

　　这次党史学习教育，党中央把"我为群众办实事"作为学习教育活动的重要内容，要求组织党员继承优良传统，结合各单位实际，立足做好本职工作，推动解决实际问题。近年来，在市委的坚强领导下，坚持问计于师生，下大力气解决师生关心和关注的一些老大难问题，也取得了很大进展，师生获得感、幸福感、安全感显著提升。但是，仍然存在一些师生不满意，幸福感不强的问题，分析其存在的原因，很多症结在于我们对于服务师生的认识、态度和担当上。这就需要我们通过推动工作来解决，也需要我们加强学习提升认识，通过宣传教育解决在师生中存在的误解、认识不到位问题。我们开展"我为群众办实事"活动，首先要从师生关心关注的小事抓起，从细小的问题入手，从小事增进教师和学生的情感，进一步拉近学生和教师之间的距离。同时，要通过优化制度机制，进一步增进职能部门和学院之间、各学院之间、不同种类岗位之间的和谐度，破除隔阂，建立有温度的人际关系。每一个支部都要为群众办实事，无论大小都要有，让师生看到党史学习教育取得的实实在在的成效。

　　开新局，着眼在"新"。要聚焦新阶段、新理念、新格局，结合习近平总书记对北京工作的重要论述和关于教育的重要论述，把学习成果聚焦到建设高水平应用型大学上来。

　　站在两个百年的历史交汇点，我们总结历史经验，是要更好地面向未来。习近平总书记要求，进入新阶段，要贯彻新理念，构建新格局，实现高质量发展。按照上级要求，我们也在制定学校"十四五"发展规划，提出要按照市委关于"内涵、特色、差异化"发展的要求，建设高水平应用型大学。开展党史学习教育活动，我们要深入学习贯彻党的十九大和十九届二中、三中、四中、五中全会精神，以深化教育评价改革为指挥棒，紧扣落实立德树人根本任务，继续深化教育领域综合改革，落实立德树人根本任务。要深化课程思政建设，健全"三全育人"体制机制，努力构建德智体美劳全面培养的教育体系。要优化同新发展格局相适应的教育结构、学科专业结构、人才培养结构，统筹推进育人方式、办学模式、管理体制、保障机制改革，建设高水平应用型人才培养体系。要围绕服务国家和北京"四个中心"建设，尤其是北京"两区一中心"建设，发挥综合性大学优势和应用型大学学科专业特点，在服务北京、服务市民、服务发展上贡献我们的智慧和力量，体现出联大的价值。

三、压紧压实主体责任，确保党史学习教育出成效、出实效

我们要把党史学习教育作为贯穿全年的一项重大政治任务抓紧抓实抓细，落地见效。学校党史学习教育的实施方案也已经下发，各级党组织、各位党员干部都要高度重视，精心组织，做好工作。

1. 提高站位，迅速把思想和行动统一到党中央和北京市决策部署上来

党史学习教育动员大会结束后，各单位各部门都要迅速行动起来，在第一时间传达学习，第一时间研究部署，做到早谋划、细安排，以高标准启动党史学习教育，引导广大党员干部提高站位，迅速把思想和行动统一到党中央和北京市决策部署上来。

按照上级部署，党史学习教育从党中央召开动员大会开始到"七一"庆祝中国共产党成立 100 周年大会，以全面学习党史为重点，深入了解党的百年奋斗史，深化对马克思主义中国化成果特别是习近平新时代中国特色社会主义思想的理解。从庆祝大会到总结大会，重点学习习近平总书记在庆祝中国共产党成立 100 周年大会上的重要讲话精神，并以此为指导不断深化对党的历史的系统把握，明确继承传统、立足当前、开创未来的实践要求。

从学校工作实际考虑，二级党组织一般不再召开专门启动大会，党组织负责人要利用本单位全员大会等传达好会议精神。各二级党组织成员为本级党委（党总支）党史学习教育领导小组成员，党组织负责人是党史学习教育的第一责任人，其他党委（党总支）成员要履行"一岗双责"，各司其职、一体推进。校党委组织部已就购买学习资料作出安排，要尽快购买学习材料并发放给师生。

"七一"前，校党委领导班子和各二级党组织领导班子都要集中两天

时间，闭门学习，同时，各党支部要采取"三会一课"和主题党日等形式，结合实际开展主题突出、特色鲜明、形式多样的学习活动。在学习的基础上，党员领导干部都要以上率下，讲一次专题党课。党支部书记和2012年以来获得市级以上表彰的先进典型也要在本支部范围内讲好专题党课。专题党课要和党史宣讲有机结合，突出针对性，讲学习体会和收获，讲存在差距和思路措施，回应师生普遍关心的问题。校党史学习教育工作督导组会到一线单位听党课。学校也将宣讲效果好的党员同志组成党史学习教育宣讲团，在各单位开展宣讲。

2. 结合实际，发挥学科和专业特色，围绕首善标准、红色基因、北京味道，丰富学习方式和内容

北京具有丰富的红色资源，北京联合大学是市属综合性大学，这为我们开展党史学习教育奠定了很好的学科、专业基础。我们要牢牢把握住联大"红色基因、北京味道、应用型教育"的特质，以首善标准调动广大师生的智慧，从历史回望中坚定对马克思主义的信仰、对中国特色社会主义的信念、对中华民族伟大复兴中国梦的信心。

要把握正确导向。要以我们党关于历史问题的两个决议和党中央有关精神为依据，准确把握党的历史发展主题主线，主流本质，正确认识和评价党史上的重大事件、重要会议、重要人物，更要正本清源、固本培源，避免历史虚无主义。

要用好红色资源。要把习近平新时代中国特色社会主义思想的北京实践、北京红色资源、联大校史中蕴含的红色元素等融入课堂，充分用好北大红楼与中国共产党早期北京革命活动旧址、香山革命纪念地、李大钊故居纪念馆等党史旧址遗址红色资源开展教学，开展好"红色资源融入思政课实践教学"活动，要按上级要求组织师生开展好"永远跟党走"等相关纪念活动，形成浓郁的氛围，争取在"大思政课"和"课程思政"建设上形成一批理论和实践成果。

要做好研究阐释。要围绕庆祝中国共产党成立100周年主题开展研究宣传阐释，在全校进行以党史为重点的"四史"宣传教育，师生树立正确的党史观。各级党员领导干部和马克思主义学院教师要积极开展北京党史研究，彰显学科专业特色。

要创造更多更好的文艺和理论作品。围绕建党百年主线，创作以"沿着总书记的足迹成长"舞台剧为主的艺术作品。开展好"百年·百人"北京高校老党员访谈视频拍摄。突出北京红色文化，精心设计"走读北京"路线图，拍摄"走读北京"系列纪录片，等等。

要发挥好课堂的主渠道作用、思政工作的主阵地作用、网络空间的主平台作用、研学实践的大课堂作用、党史学科建设和研究队伍的支撑保障作用、哲学社会科学科研项目和研究平台的引领带动作风，把握好教师和学生两个群体，把党史学习教育、"四史"专题教育作为广大师生开展中国特色社会主义教育的重要机遇切实抓好。要把握学生特点，贴近学生需求，开展"网上重走长征路""百年百事百人宣讲""青年学子向党的百年华诞告白"等活动，着力讲好党的故事、革命的故事、英雄的故事，引导青年学生听党话、跟党走。

3.做好组织和宣传工作，营造浓厚氛围，确保学习成效

各级党组织要充分发挥主体作用，加强组织领导、把握正确方向、坚持务实作风、营造浓厚氛围，高质量开展好党史学习教育活动。

党员领导干部要作表率。党史学习教育活动开展得好不好，关键看各级领导干部。各级领导干部要以上率下，以求真务实的作风，在个人学习、专题党课讲授、理论阐释、"我为群众办实事"和经验总结方面作出表率。要主动抓好党史学习教育的宣传工作，通过上报工作简报等方式，做到互相学习、互通有无。

要讲政治。把党史学习教育作为贯穿全年的重大政治任务，融入党建和思想政治工作中，融入教育教学和事业发展中。既要防止照本宣科，把生动的故事讲得"干巴巴"，也要防止信口开河，防止肤浅化和碎片化。学党史讲党史不能停留在讲故事、听故事层面，而要通过讲故事引导广大师生加深对党的历史的理解和把握，加深对党的理论的理解和认识。要加强对师生防止历史虚无主义的教育，避免把道听途说、小道消息作为党史素材搬上课堂。

要针对师生特点，坚持分类指导。要针对教职工党员和学生党员的不同特点，明确学习要求、学习任务，推进内容、形式和方法的创新，不断增强针对性和实效性。党员领导干部把好理想信念这个总开关，持续深化对习近平新时代中国特色社会主义思想、习近平总书记关于教育的重要论述、党中央关于"十四五"规划重大决策部署的认识，不断提高站位，把党中央的决策部署、北京市和学校党委关心、师生关注的问题切实体现到落实立德树人根本任务的行动上来。教职工要努力在教学、科研、管理工作中产生突破性和创新性成果。要结合学生群体特点，贴近学生需求，组织丰富多彩的活动，提升人才培养质量。

深入开展党史学习教育，意义重大，影响深远。我们要坚持首善标准，把党史学习教育和高水平人才培养结合起来，扎实开展好这次学习教育，引导全校师生更加奋发有为地推动学校新发展，确保"十四五"开好局起好步，以优异成绩庆祝建党100周年。

以党的政治建设为统领　巩固整改成果坚定不移推进全面从严治党[①]

党内监督是全面从严治党的重要保障，要着力构建党委全面监督、纪委专责监督、党的工作部门职能监督、党的基层组织日常监督、党员民主监督有机结合的监督体系。各二级党组织、各单位要提高政治站位，找准职责定位，强化在日常工作中部署、推动、检查的监督力度，织密织牢党内监督之网，实现监督全覆盖。

一、坚持以党的政治建设为统领，一以贯之推动全面从严治党向基层延伸

2020年是极不平凡的一年，面对艰巨繁重的改革发展稳定任务，特别是突如其来的新冠肺炎疫情，校党委坚持以习近平新时代中国特色社会主义思想为指导，深入学习党的十九大和十九届二中、三中、四中、五中全会精神，认真落实党中央、市委和市委教育工委的各项决策部署，坚持把党的政治建设摆在首位，压紧压实全面从严治党主体责任，落实立德树人根本任务，党对学校工作的领导全面加强。

1. 以疫情防控锤炼政治担当，打赢疫情防控阻击战

学校领导班子坚决扛起疫情防控重大政治责任，始终把全体师生的生命安全和身体健康放在第一位，第一时间成立了疫情防控工作领导小组及6个专项工作组，制定了《新型冠状病毒感染肺炎疫情防控工作方案》等相关文件、方案、预案近百个。连续统计报送《疫情防控数据》288天，

[①] 本文节选自北京联合大学党委书记楚国清在2021年全面从严治党工作会议暨警示教育大会上的讲话（2021年4月）。

编发《工作日志》330 余期，发布《战"疫"党建榜样群》39 期。开通疫情防控专题网站，及时发布工作动态和政策信息。开启"互联网+"的特殊教学模式，春季学期在线开课率达 91.6%。2020 届毕业生顺利离校，秋季学期全面正常开学，学校各项工作平稳有序开展。在常态化疫情防控条件下，学校继续抓实抓细各项疫情防控措施。加强师生健康管理，做好教学应急方案，组织全校师生进行核酸检测，制定校园相对封闭管理措施，坚决打赢常态化疫情防控持久战。

2. 以巡视巡察补齐工作短板，引领保障作用更加凸显

校党委高度重视市委巡视反馈意见，加强对巡视整改工作的统筹协调、主抓直管，以高度的政治责任感和使命感正确对待巡视反馈意见，统筹推进整改任务。成立了巡视整改工作领导小组和办事机构，制定了《巡视整改方案》《巡视反馈问题整改任务分解》，建立问题台账，分阶段汇总督办。召开了领导班子巡视整改专题民主生活会、巡视整改工作推进会，校纪委多次召开巡视整改工作督促会。全校上下从讲政治的高度，用直面问题的勇气和自我革命的态度，以钉钉子的精神落细落实巡视整改任务，真抓实改，举一反三，制定管长远、治根本的有效制度，扎实推进制度梳理及"废改立"，以规范化管理推动高质量发展。截至目前，44 个反馈问题完成整改，完善制度 95 项，挽回经济损失近 400 万元。根据上级新工作要求，制定了《巡察工作实施办法》，制作《校内巡察工作流程操作参考》及格式化模板 26 套，巡察工作的制度化规范化进一步加强。下半年，对商务学院党委、管理学院党委、城市轨道交通与物流学院党委开展第三批校内巡察。巡察组查阅材料 3500 余份，发放调查问卷 94 份，个别谈话 105 人次。

3. 以政治建设把牢育人方向，重大决策部署有效落实

坚决打好党的政治建设攻坚战。落实落细加强党的政治建设任务要求，制定了我校关于加强学校党的政治建设实施方案的 158 条具体工作措施。夯实全面从严治党责任。校院两级制定年度主体责任清单，校党委分别带队，以巡视整改为重中之重对学院开展主体责任落实情况动态抽查，在年底开展全面自查。强化意识形态工作责任。制定了《落实党委网络意识形态工作责任制实施细则》《贯彻落实网络安全工作责任制实施细则》，严格阵地管理、加强风险研判，开展工作培训。科学编制"十四五"规划。牢牢把握"高水平应用型"办学定位，召开领导班子务虚会、专题培训会、座谈会20余场次，凝聚全校智慧和共识，科学系统谋划学校事业发展。做好"六稳"落实"六保"。全员参与积极促进毕业生高质量就业。截至8月31日，2020届毕业生平均就业率为89.98%，荣获北京高校毕业生就业工作先进集体、先进个人4人。积极参与脱贫攻坚。学校荣获北京市脱贫攻坚集体记功奖励，8人次荣获脱贫攻坚嘉奖，党委办公室、校长办公室获评北京市扶贫协作先进集体。积极组织参加冬奥会冬残奥会筹备服务。在餐饮、食品检测、心理咨询等方面提供专业的智力支持，组织好大学生志愿服务。

4. 以思想建设培育师德师风，课程思政成效持续显著

抓好教职工政治理论学习，把党的创新理论转化为落实立德树人根本任务的强大动力，开展了三全育人"大学习、大讨论、大落实"活动，引导全校教职员工增强育人自觉。出台了《课程思政规范化建设基本标准（试行）》等4个重要文件，与人民网合作推出课程思政专题系列公开课，在教育部组织召开的全面推进高等学校课程思政建设工作视频会上作主题发言。思政课系列纪录片《春风化雨　不负韶华》在北京卫视播出，以《这里是北京》为主的"1+N"思政课课程群建设被重要媒体关注报道。

5. 以队伍建设强健基层组织，发展根基持续夯实

全年提任干部4人，开展轮岗交流46人次，试用期满考核10人。派出8名干部教师参与人才京郊行、冬奥会服务团队、市委巡视等项目，选派4名干部教师校内挂职。制定制度强化审批加强干部兼职管理，初步建成95名正处级干部廉政档案。对21名处级领导干部开展任期经济责任审计工作。开展中层干部学习贯彻党的十九届四中全会精神专题培训班、基层党组织书记培训班等培训班次11个。面对疫情调整工作节奏，全年共发展党员799名，举办了2期组织员专题培训。获评北京高校先进党组织2个，优秀共产党员3名，优秀党务工作者1名。

6. 以监督执纪提升纪律作风，"底线思维"进一步强化

全面加强党的纪律建设，深化运用"四种形态"，全年 4 次组织 41 名干部廉政谈话。给予提醒谈话 5 人、批评教育 2 人、诫勉 3 人；党内警告 1 人、严重警告 1 人、开除党籍 2 人；责令两个二级党组织做出书面检查，对一个基层党总支进行问责。有针对性地开展党风廉政专题教育培训近 500 人次。召开全校警示教育暨党风廉政建设会。抓住领导干部"关键少数"，督促深化作风建设，带头转变作风。紧盯五一、端午、清明、暑期、国庆、中秋、元旦、春节等节假日关键节点以及重点部门、关键岗位，结合"四风"新动向，发挥财务、审计等职能部门作用，整合监督资源，形成了工作合力。

总结去年的工作，虽然取得了一些成绩，但也要清醒地看到仍然存在许多不足，与中央、市委的要求及人民群众的期盼还有较大差距。

二、查找问题差距，清醒认识全面从严治党的新形势新要求

2021 年是中国共产党成立 100 周年，也是实施"十四五"规划、开启全面建设社会主义现代化国家新征程的第一年。习近平总书记在十九届中央纪委五次全会上讲话并提出要求："所有工作都要围绕开好局、起好步来展开。要深入贯彻全面从严治党方针，充分发挥全面从严治党引领保障作用，坚定政治方向，保持政治定力，做到态度不能变、决心不能减、尺度不能松，确保'十四五'时期我国发展的目标任务落到实处。"2021年教育系统全面从严治党工作视频会议上提出了扎实推动"两个维护"具体化走深走实、政治建设制度化更密更牢、正风肃纪长效化长管长严、基层组织标准化从严从实、安全稳定常态化抓常抓长、管党治党责任化落地落细的具体要求。北京教育系统全面从严治党工作会议暨警示教育大会上，市委常委、教工委书记夏林茂同志通报了去年查办的教育系统典型案例，这些案例触目惊心，发人深省。今天，我们在这里对全面从严治党工作进行总结部署的同时，开展警示教育很有必要。

1. 关于典型案例

结合夏书记在会上点到的案例和我校的情况，我重点强调以下几个方

面的突出问题，大家要以案为鉴，以案促改。

一是党的政治建设抓得不够实。如，政治敏感性不强，某高校对外籍师生政治倾向底数不清，对境外敌对势力的渗透防范不力，某组织非法运营十余年；某高校对参与邪教组织的人员的双开处分长达 18 年不执行。近几年，我校意识形态领域问题也时有发生，如特殊教育学院学生在网络上发表反动言论、商务学院学生观看非法视频、城市轨道交通与物流学院学生非法从事宗教活动等。

再如，个别二级党组织全面从严治党"两个责任"落实不到位。个别二级单位政治生态环境差，党组织政治核心作用发挥不明显，班子成员之间不团结、离心离德，举报数量有增无减。部分二级党组织好人主义盛行，对个别教职员工上班时间有责不履、不务正业的行为听之任之，缺乏日常监督与警示提醒，在师生中产生不良影响。

二是基层党建工作中仍存在"上热中温下凉"。二级层面的"中梗阻"问题不同程度存在，比如党支部书记述职、支部考核不想划分确定等次；校内开展相关专项工作（比如党支部标准化规范化建设存在的突出问题自查、《党支部工作手册》填写）的自查工作落实浮于表面，不主动；对学校检查反馈的问题不重视，有的问题反复出现，抓一抓就好转、松一松就反弹。

尤其是党内政治生活不严肃。巡视巡察中都发现在基层组织建设中有明显的不严谨不规范问题，如，巡视发现的党支部换届中弄虚作假以及换届不规范等问题。校党委给予师范学院党委"责令检查"处理、机器人学院党委通报批评。当事人一人书面诫勉、一人诫勉谈话、一人批评教育。再如，巡察中发现的对超过 6 个月不缴纳党费未及时处理的问题以及支部手册记录作假的问题。

校内监督检查发现，部分二级党组织党内政治生活质量也有待提高。部分二级党组织领导班子年度民主生活会在问题查摆中与市委巡视和校内巡察反馈问题结合不紧密，讲分管领域多、客观困难多，谈班子建设少、主动作为少，有问题表现但原因分析不彻底，缺乏可操作性、可量化、可考核的改进措施，相互批评中存在以工作建议替代批评意见的倾向，建议也多为业务内容，而从政治站位、思想根源、党性锻炼上挖掘不深入。

三是违反中央八项规定精神屡禁不止。如，某高校一校领导带团出国访问，擅自调整境外段交通工具并将本人机票由经济舱改为公务舱。某高校一校领导接受公款宴请（10人花费1048元）。此人还公车私用，京外发生交通事故后用公车往返北京处理事故并陪同伤者就医。最终被给予党内警告处分。巡视中发现，我校下属的食品检测中心存在公车私养，违规报销餐费、住宿费、课题费等问题。食品检测中心一人严重警告处分，一人警告处分。

四是败坏师德师风问题近年来时有发生。如，我校外语部某教师参与赌博，生物化学工程学院某教师使用不实信息和虚假材料骗取专家资格，被发现后取消了专家资格（北京市评标专家资格）。个别单位的个别教职工对学校疫情防控工作措施不重视，组织纪律性不强，如，不请假擅自出京、防控要求最严格时因非必要的理由出京等。

此外，有的领导干部站位不高，大局意识不强，不能站在全校的角度思考问题，"一亩三分地"现象严重。比如，尽管学校资源紧张，但有的单位占有过多资源且有的长期闲置，学校要进行调配时却不配合；有的领导干部对上级借调任务、校内专班抽调人员任务不支持不配合；有的干部不发挥正能量，在打新冠肺炎疫苗中自己不带头还发挥"副作用"；有的班子不团结，影响学院事业发展。

五是对学生的法治安全教育和管理不到位。我校机器人学院学生饮酒后打架斗殴，持刀伤人致死，涉嫌犯罪被刑事拘留。

六是对重点领域关键环节风险监管不到位。在巡视和巡察中都发现科研经费管理把关不严问题，存在项目负责人给亲属、朋友、学生等乱发劳务费、酬金的情况。巡察中还发现存在不同程度的合同签署不规范、固定资产闲置等问题。通过审计反映出来的问题主要集中在四个方面：一是关于健全新形势下科研放管服、低值易耗品管理、下属单位管理等方面制度及制度执行问题；二是关于预算资金的管理、计划性及绩效的问题；三是关于全员固定资产管理意识和资产使用实效及出租、出借、处置等问题；四是关于项目资金的使用管理问题。

2. 关于上级检查通报

市反腐倡廉建设领导小组反馈了我校 2020 年全面从严治党（党建）工作考核结果暨政治生态分析研判情况，指出我校在加强党的政治建设、组织建设、思想建设及全面从严治党"两个责任"落实方面存在的问题。比如，巡察进展缓慢，对被巡察单位的整改监督不够深入、巡察整改仍存在不到位的情况；基层党支部设置有待优化；辅导员业务培训力度有待加强；对于长期缠访、闹访、重复访问题的解决招数不多、效果不好；"三重一大"制度落实不到位；执纪执法问责、调查处置作用发挥不充分，等等。同时还反馈了北京市对我校 2020 年全面从严治党（党建）工作考核民意调查情况。

调查结果中有几个数据请大家关注：受访者对我校去年全面从严治党、党风廉政建设和反腐败斗争所取得成效的满意率为 88.9%，受访者中 0.9% 和 1.7% 选择"不太满意"和"不满意"。满意率低于去年 3.9 个百分点，也低于 30 家市属高校平均水平 0.9 个百分点。18 个分项中，与其他市属高校比，我校只有 4 个高于平均水平。

18 个分项工作评价中，贯彻执行中央决策部署工作效果满意率最高（91.5%）；力戒形式主义、为基层减负效果满意率最低（76.2%）。具体表现中，"检查考核过多过滥，频次多、表格多、材料多"的满意率最低（74.9%）。与去年相比，15 个分项低于上年，其中整治群众身边的不正之风和腐败问题工作效果满意率降幅最大，为 8.2 个百分点，离退休干部工作领导责任制落实效果降幅最小，为 2.5 个百分点。这些数据反映出我们工作的成效与教职工对我们的期望值还有差距，相关单位要做一些分析研究。

以上问题说明我们全面从严治党主体责任和监督责任压得还不够紧不够实，基层党组织落实主体责任的自觉性不强，越往基层对全面从严治党的监督力度越小。也反映出我们的党员干部尤其是领导干部责任心不强、担当精神不够和斗争精神缺失等政治站位和思想认识方面的问题，需要引起我们足够重视和深刻警醒。

三、保持政治定力，坚定不移落实全面从严治党各项任务

"十四五"时期经济社会发展要以推动高质量发展为主题，这是党的十九届五中全会根据我国发展阶段、发展环境、发展条件变化作出的科学判断。高质量发展对经济社会的每个方面都提出了要求，办好人民满意的教育，更是在教育领域体现了党以人民为中心的发展理念。4月19日，习近平总书记到清华大学考察时强调，今年是中国共产党成立100周年，我国开启了全面建设社会主义现代化国家新征程。党和国家事业发展对高等教育的需要，对科学知识和优秀人才的需要，比以往任何时候都更为迫切。我们要建设的世界一流大学是中国特色社会主义的一流大学，我国社会主义教育就是要培养德智体美劳全面发展的社会主义建设者和接班人。我国高等教育要立足中华民族伟大复兴战略全局和世界百年未有之大变局，心怀"国之大者"，把握大势，敢于担当，善于作为，为服务国家富强、民族复兴、人民幸福贡献力量。新的历史使命、新的奋斗目标，对我校全面提升办学治校能力提出了新要求。我们要认真贯彻党中央、市委有关要求部署，明责任、抓落实、强队伍、提质量、促发展。

今年1月18日，校党委印发了《2021年落实全面从严治党年度任务安排》（京联党〔2021〕3号），各学院党委（总支）在4月也都制定了《全面从严治党年度任务安排》。各级党组织务必围绕立德树人根本任务，落实好"两个责任"，一级抓一级、层层抓落实，认真完成年度任务安排的各项工作。

1. 以政治建设为统领坚持旗帜鲜明讲政治

一是要强调全面从严治党，首先从政治上看，不断提高政治判断力、政治领悟力、政治执行力，始终坚持党的领导，全面贯彻党的教育方针，统筹推进疫情防控和学校事业发展。二是坚持把立德树人作为根本任务，不断提高人才培养质量。落实好党中央、国务院对新时代体育美育教育的要求，培养德智体美劳全面发展的社会主义建设者和接班人。三是要加强对贯彻新发展理念、构建新发展格局、推动高质量发展等决策部署落实情况的监督检查，抓住全面提高人才培养能力这个重点，聚焦内涵、特色、

差异化发展，以强有力的政治监督，确保党中央、市委和校党委决策部署落地见效。校党委将结合主体责任落实情况对二级党组织开展政治建设的专项检查，这些内容都将纳入检查范围。四是各级党委要专题学习中办《党委（党组）落实全面从严治党主体责任规定》和《中共北京市委贯彻〈党委（党组）落实全面从严治党主体责任规定〉的分工方案》，专题研究全面从严治党工作，落实好各项规定。今年1月，校党委常委会专题学习了这两个文件，各二级党组织也要组织专题学习。

2. 以党史学习教育为契机增强意识形态工作实效性

一是要加强理论武装，以庆祝建党100周年为契机，引导党员、干部学史增信，筑牢定力，不论风吹浪打，不怕千难万险，百折不挠把自己的事办好。二是要守正创新抓好意识形态工作，用好百年党史这一最好的教科书、最好的清醒剂，旗帜鲜明站在意识形态工作第一线，牢牢掌握意识形态工作的领导权管理权话语权。三是要将党史学习教育激发出的信念意志转化为推进学校高质量发展的动力，聚焦立德树人根本任务，把学习成效落实到建设高水平应用型大学，提高高水平人才培养能力上来。四是落实好党管人才，进一步加强师资队伍建设。要将课程思政作为师德师风建设的内驱动力，建立完备的师德师风建设制度体系和有效的师德师风建设长效机制。

3. 以巡视巡察整改为重点压实全面从严治党责任

一是各级党组织要针对巡视巡察中发现的问题主动对号入座，充分发挥党内监督利剑和密切联系群众纽带作用，按照"清单制＋责任制"方式，精准落实政治巡视要求，深化巡视巡察整改和成果运用。这次巡视点出了我校49个问题，本轮校内巡察发现了三个学院共51个具体问题，本轮党中央对北京市委的巡视中点到的问题目前正在整改中，这是市委今年的工作重点，我们要将三者联动起来看，未整改完成的要加快进度，整改过的还需要举一反三，进一步整改。二是要加强巡视巡察上下联动，相关职能部门贯通融合，做到工作人员一体调配、情况结果互通共享、整改日常监督三方联动（巡视巡察机构、纪检监察部门、组织部门）。今年要开展第四批和第五批巡察，两周前校党委审议通过《〈巡察工作实施办法〉

补充规定》，建立和完善了巡察工作相关协调机制，将有助于进一步提高巡察工作质量。三是要将巡视巡察整改情况纳入主体责任重要内容，一级抓一级，层层抓落实，履行好全面从严治党第一责任人和领导班子成员"一岗双责"，做好"后半篇文章"，以整改带动内部治理的科学化，积极营造风清气正的育人环境和良好的政治生态。

4. 以榜样群建设为引领提升基层党建质量

一是要以迎接建党100周年为契机，开展基层党建质量提升攻坚行动，发挥全国党建工作标杆院系和样板支部培育创建单位的示范引领作用，选树宣传党建榜样群，推动基层党组织站在立德树人第一线，成为助力学校事业发展的重要力量。二是要把政治标准放在首位，建设忠诚干净担当的高素质干部队伍，突出日常经常，加强干部监督管理，形成干事创业、担当作为的良好氛围。三是要不断健全检查考核机制，结合领导班子和领导干部考核，建立健全落实全面从严治党主体责任考核监督机制，督促全体领导干部落实"一岗双责"。

5. 以"我为群众办实事"实践活动为抓手维护好师生利益

一是要强化人民立场，开展好党史学习教育的"我为群众办实事"实践活动，突出问题导向，聚焦师生员工"急难愁盼"问题，接受群众评价，切实解决好人民群众反映强烈的突出问题。二是要持续纠治"四风"顽疾，深化开展形式主义、官僚主义突出问题专项整治，深入查摆不作为、慢作为、乱作为、假作为的具体表现，着力解决群众身边的"微腐败"问题。三是坚决落实好北京治理模式——"接诉即办"在学校的延伸工作，确保工作实效，提升"主动治理"和"未诉先办"的能力。

6. 以党风廉政建设为重点做好协同监督

党风廉政建设是全面从严治党的题中之义，是保障事业发展的现实需要，必须一体推进不敢腐、不能腐、不想腐。一是要借助巡视、巡察、信访及日常监督发现的问题，查找制度、管理、服务、能力、作风与方法等方面的不足，从健全完善权力运行的体制机制上下功夫，做到长效见效增效，好用管用常用。二是要深化运用监督执纪"四种形态"，尤其要推动监督执纪"第一种形态"运用规范化、常态化。三是纪检监察部门要聚焦关键少数、重点领域、重点环节，盯住重点人重点事，要用好校纪委与二级单位负责人一对一谈话制度，敢于亮剑，进一步履行好专责监督职能。四是要严肃查办案件，强化警示教育，始终保持正风反腐高压态势。五是要以党内监督为主导，各种监督协调贯通，形成常态长效的监督合力，共育监督文化，构建和谐、清朗的政治生态。

学校正在谋划"十四五"时期发展蓝图，全力推进高水平应用型大学建设，任务非常艰巨！但正如市纪委常委李威同志在北京教育系统全面从严治党工作会议暨警示教育大会上指出的：在教育领域，加强党的政治建设处于攻坚阶段，管党治党仍然在路上，系统性领域性风险、"四风"问题、师德师风问题仍然突出，监督执纪能力仍然不足。结合这些警示案例，分析我们存在的问题，形势仍然严峻，但我们没有选择，必须知难而进！各级党组织和全体党员干部要以案为鉴，以案促改，把"严"的主基调长期坚持下去，始终保持反腐败高压态势，在忠诚履职尽责中扛起管党治党政治责任；要在党史学习教育活动中，学史明理、学史增信、学史崇德，始终保持政治上的清醒，不折不扣贯彻落实党中央和市委的决策部署；要学史力行，努力攻坚克难，充分发挥全面从严治党的引领保障作用，为"十四五"开好局、起好步提供坚强保障，以全面从严治党的实际成效迎接建党 100 周年！

感悟百年大党思想伟力　激发推动高质量发展的奋进力量①

　　2021 年是中国共产党百年华诞，庆祝中国共产党成立 100 周年大会召开前夕，习近平总书记出席了一系列重要活动，作出了一系列重要论述：

　　6 月 18 日，习近平总书记前往中国共产党历史展览馆，参观"'不忘初心、牢记使命'中国共产党历史展览"，回溯党的百年奋斗之路，带领党员领导同志重温入党誓词。他强调，党的历史是最生动、最有说服力的教科书。要铭记奋斗历程，担当历史使命，从党的奋斗历史中汲取前进力量。

　　6 月 25 日，中共中央政治局就用好红色资源、赓续红色血脉进行第三十一次集体学习。习近平总书记带领中央政治局同志专程到北大红楼参观主题展览，并到丰泽园毛泽东同志故居参观瞻仰，强调红色资源是我们党艰辛而辉煌奋斗历程的见证，是最宝贵的精神财富。红色血脉是中国共产党政治本色的集中体现，是新时代中国共产党人的精神力量源泉。要用好红色资源、赓续红色血脉，努力创造无愧于历史和人民的新业绩。

　　6 月 29 日，习近平总书记向"七一勋章"获得者颁授勋章并发表重要讲话，会见了全国"两优一先"表彰对象和 103 名全国优秀县委书记，激励广大党员干部要牢记党的性质宗旨，牢记党的初心使命，不懈奋斗，

① 本文节选自北京联合大学党委书记楚国清在学习习近平总书记在庆祝中国共产党成立 100 周年大会上的重要讲话精神暨"两优一先"表彰大会上的讲话（2021 年 7 月）。

永远奋斗，在全面建设社会主义现代化国家新征程上，向着第二个百年奋斗目标、向着中华民族伟大复兴的中国梦奋勇前进！

7月1日，习近平总书记出席庆祝中国共产党成立100周年大会并发表重要讲话，庄严宣告我们实现了第一个百年奋斗目标、全面建成了小康社会，系统回顾了中国共产党成立100年来，团结带领全国各族人民开辟的伟大道路、创造的伟大事业、取得的伟大成就，深刻揭示了中国共产党的精神之源和政治品格，提出了以史为鉴、开创未来"九个必须"根本要求，向全体党员发出了为党和人民争取更大光荣的伟大号召。

新时代是需要英雄并一定能够产生英雄的时代。习近平总书记在"七一勋章"颁授仪式上的重要讲话中，对中国共产党人坚定信念、践行宗旨、拼搏奉献、廉洁奉公的高尚品质和崇高精神进行了深刻、生动的阐释，并旗帜鲜明地指出，中国共产党要始终成为时代先锋、民族脊梁，党员队伍必须过硬。

"党员队伍必须过硬"，这是习近平总书记在建党百年的历史节点，对全国9514.8万名共产党员发出的最强号令。

——党员队伍必须过硬，就是要深刻领悟并坚信"心中有信仰、脚下有力量"。全体共产党员要把对马克思主义的信仰、对中国特色社会主义的信念作为毕生追求，始终坚守"为中国人民谋幸福，为中华民族谋复兴"的初心和使命，永远信党爱党为党，把对党和人民的热爱和忠诚铭刻在心目中、落实在行动上。

——党员队伍必须过硬，就是要深刻领悟并牢记"平凡铸就伟大，英雄来自人民"，把每一项平凡工作做好。在"七一勋章"颁授仪式上，习近平总书记亲自将党内最高荣誉授予张桂梅、王书茂、王兰花等29位"平凡英雄"。来自人民、植根人民，立足本职、默默奉献是他们的共同"画像"。理解"平凡英雄"蕴含的深意，就能更好地领会习近平总书记对我们在平凡岗位上续写不平凡故事的殷切期待。

——党员队伍必须过硬，就是要深刻领悟并践行"我将无我，不负人民"，发挥好先锋模范作用。要想群众之所想，急群众之所急，解群众之所难，把为群众办实事、办好事落到实处，取得实效。党员干部要平常时候看得出来、关键时刻站得出来、危难关头豁得出来，不以功臣自居，不计较个人得失，不贪图享受，要守纪律、讲规矩，始终保持共产党人艰苦朴素、先人后己、大公无私的光荣传统。

"一切平凡的人都可以获得不平凡的人生，一切平凡的工作都可以创造不平凡的成就。"今天，我们在这里表彰先进、学习榜样，就是要对标"七一勋章"获得者，对照身边榜样，传承百年大党的理想信念、初心使命和革命传统，弘扬共产党人的梦想追求、情怀担当和牺牲奉献精神，建设一支信念坚定、践行宗旨、拼搏奉献、廉洁奉公的党员队伍。

崇尚英雄才会产生英雄，争做英雄才能英雄辈出。在今年学校的"两优一先"表彰中，我们看到了很多熟悉的身影，也看到了很多新的面孔。在他们当中，有立足平凡岗位，在日常工作中默默无闻、任劳任怨，在组织需要的时候不计得失、挺身而出的普通党员；有坚持更高标准，在学校课程思政建设中发挥引领作用、在服务北京"四个中心"建设中走在前列的党员教授；有日复一日，在基层一线真抓实干、无私奉献、在大战大考中冲锋在前、勇挑重担的党组织书记；有退休不褪色，继续为学校基层党建工作出谋划策、持续开展党的创新理论宣讲的离退休老党员；有牢记习近平总书记嘱托，德智体美劳全面发展，把青春奋斗融入党和人民事业中的学生党员。

微微萤火汇成星河，涓滴细流汇成江海。推动党和国家事业前行的磅礴力量，正是万千溪流的汇聚，正是每个人每份力量的奔涌。榜样竞相涌现是学校党建工作成效的最生动写照，是学校办学活力的最集中体现，是落实立德树人根本任务的最有力保证，是建设高水平应用型大学的最中坚力量。

一次表彰，就是一次精神的洗礼，就是一声再出发的号角。广大党员和基层党组织要以受到表彰的先进集体和个人为榜样，赓续红色血脉、争做坚定信仰信念的模范，始终对党忠诚、争做践行"两个维护"的模范，牢记党的宗旨、争做联系服务群众的模范，坚持真抓实干、争做担当奉献的模范，弘扬优良作风、争做崇德力行的模范，更好地发挥先锋模范作用和战斗堡垒作用，创造无愧于党、无愧于师生、无愧于时代的业绩！

　　中国共产党立志于中华民族千秋伟业，百年恰是风华正茂！在刚刚过去的 7 月 1 日，我们共同见证了中国共产党历史上、中华民族历史上一个十分重大而庄严的时刻。

　　习近平总书记在庆祝中国共产党成立 100 周年大会上发表的重要讲话，通篇贯穿着解放思想、实事求是、与时俱进、开拓创新的思想光芒，是指引我们党奋力推进中国特色社会主义伟大事业和全面推进党的建设新的伟大工程的纲领性文献，是新时代中国共产党人不忘初心、牢记使命的政治宣言，是我们党团结带领人民以史为鉴、开创未来的行动指南，是丰富发展习近平新时代中国特色社会主义思想的又一篇马克思主义光辉文献。

　　在讲话中，习近平总书记庄严宣告："经过全党全国各族人民持续奋斗，我们实现了第一个百年奋斗目标，在中华大地上全面建成了小康社会，历史性地解决了绝对贫困问题，正在意气风发向着全面建成社会主义现代化强国的第二个百年奋斗目标迈进。"

　　这是人类历史上空前的壮举，进一步彰显了中国特色社会主义制度和"中国之治"的巨大优势，标志着我们党实现了对人民、对历史作出的庄严承诺，标志着我们向着全面建设社会主义现代化强国迈出至关重要的一步，标志着中华民族伟大复兴向前迈出新的一大步。

　　翻开世界各国的史册，鲜有哪个时代、哪个国家，能像今天的中国这样，致力于脱贫路上"一个不少""一个不落"的全面福祉，能在如此广阔的领域取得如此显著的成就。在全面建成小康社会进程中，中国 7.7 亿农村贫困人口摆脱贫困，减贫人口占同期全球减贫人口 70% 以上，显著缩小了世界贫困人口的版图，创造了减贫治理的中国样本；人均 GDP 从新中国成立之初的几十美元到 2019 年突破 1 万美元，让人均 GDP 超过 1 万美元的世界人口翻了一番，在 14 亿多人口的规模下，人均 GDP 超过 1 万美元所产生的各种效应，更让人充满信心。

　　讲话中，习近平总书记以"四个伟大成就"精辟概括了我们党团结带领全国人民，为实现中华民族伟大复兴付出的艰辛努力、走过的光辉历程、取得的卓越功绩：

　　——新民主主义革命的伟大成就。这一伟大成就的重大意义就在于："为实现中华民族伟大复兴创造了根本社会条件"。

　　——社会主义革命和建设的伟大成就。这一伟大成就的重大意义就在于："为实现中华民族伟大复兴奠定了根本政治前提和制度基础"。

　　——改革开放和社会主义现代化建设的伟大成就。这一伟大成就的重大意义就在于："为实现中华民族伟大复兴提供了充满新的活力的体制保证和快速发展的物质条件"。

　　——新时代中国特色社会主义的伟大成就。这一伟大成就的重大意义就在于："为实现中华民族伟大复兴提供了更为完善的制度保证、更为坚实的物质基础、更为主动的精神力量"。

　　讲话中，习近平总书记以"九个必须"深刻总结百年奋斗经验启示，强调要"以史为鉴"，为"开创未来"指明方向：

　　——必须坚持中国共产党坚强领导；

　　——必须团结带领中国人民不断为美好生活而奋斗；

　　——必须继续推进马克思主义中国化；

　　——必须坚持和发展中国特色社会主义；

　　——必须加快国防和军队现代化；

　　——必须不断推动构建人类命运共同体；

　　——必须进行具有许多新的历史特点的伟大斗争；

　　——必须加强中华儿女大团结；

　　——必须不断推进党的建设新的伟大工程。

　　"九个必须"凝聚着中国共产党的百年历史经验，科学回答了党和国家事业发展的领导核心、价值追求、理论指导、战略支撑、外部环境、力量来源等一系列重大问题。这正是我们要从百年历史的"教科书"中汲取的营养："看清楚过去我们为什么能够成功、弄明白未来我们怎样才能继续成功，从而在新的征程上更加坚定、更加自觉地牢记初心使命、开创美好未来。"

　　讲话中，习近平总书记首次提出伟大建党精神："100年前，中国共产党的先驱们创建了中国共产党，形成了坚持真理、坚守理想，践行初心、担当使命，不怕牺牲、英勇斗争，对党忠诚、不负人民的伟大建党精神，这是中国共产党的精神之源"，习近平总书记要求全党要继续弘扬光荣传统、赓续红色血脉，永远把伟大建党精神继承下去、发扬光大。

32个字，贯穿了中国共产党的百年奋斗史，理解了伟大建党精神，也就记住了我们从哪里来，知道了要往哪里去。

在100年的奋斗历程中，一代又一代中国共产党人顽强拼搏、不懈奋斗，形成了红船精神、井冈山精神、长征精神、遵义会议精神、延安精神、西柏坡精神、红岩精神、抗美援朝精神、"两弹一星"精神、特区精神、抗洪精神、抗震救灾精神、抗疫精神、脱贫攻坚精神等伟大精神，为我们立党兴党强党提供了丰厚滋养。

继承发扬伟大建党精神，就要始终坚持真理、坚守理想。"为共产主义奋斗终身"是每名党员入党时的誓言。党的十九大以来，习近平总书记两次带领中央领导同志重温入党誓词，他说，入党誓词字数不多，记住并不难，难的是终身坚守。

五四运动后，朱德从进步书刊上接触到马克思主义，认为找到了救国真理，他在国内辗转多地寻找共产党组织，即使被陈独秀拒绝入党，他仍认为"学习马克思主义是唯一的出路了"。1922年9月，朱德远渡重洋到欧洲寻找留学生建立的党组织。在德国柏林，这位国内赫赫有名的战将向比自己小10岁的周恩来介绍自己的身份和经历，要求入党并表示"派他做什么工作都行"。同年11月，朱德加入中国共产党，义无反顾地投入共产主义事业中。在南昌起义部队南下潮汕失败、所率部队孤立无援时，朱德斩钉截铁地说："黑暗是暂时的，要革命的跟我走，最后胜利一定是我们的。"去世前，朱德不止一次讲过："我只有两万元存款，这笔钱不要动用，不要分给孩子们，作为我的党费，交给组织。"习近平总书记说："朱德同志无论面对什么样的艰难险阻和重大挫折，他始终没有动摇。越是危难关头，他越是信念坚定。"

中国革命、建设和改革的实践证明，中国共产党之所以能，中国特色社会主义之所以好，归根到底是因为马克思主义行。习近平新时代中国特色社会主义思想是马克思主义中国化最新成果，是当今时代最鲜活的马克思主义。党的十八大以来，党和国家事业之所以能够取得历史性成就、发生历史性变革，最根本的原因就是有习近平新时代中国特色社会主义思想的科学指引。发扬伟大建党精神，就是要从党的百年奋斗史中深刻感悟马克思主义的真理力量和实践力量，深刻感悟习近平新时代中国特色社会主义思想的科学性和真理性，自觉用以武装头脑、指导实践、推动工作。

继承发扬伟大建党精神，就要始终践行初心、担当使命。一个人也好，一个政党也好，最难得的就是历经沧桑而初心不改、饱经风霜而本色依旧。

在 2021 年全国脱贫攻坚总结表彰大会和"七一勋章"颁授仪式上，一位身体瘦弱、满手贴着膏药的女校长，令很多人动容、泪目，她就是张桂梅。2008 年，她创办全国第一所免费女子高中，累计帮助 1800 多名大山女孩圆梦大学。13 年来，她走过 11 万公里的家访路，在崎岖的山路上，她摔断过肋骨、发过高烧，也曾昏倒在路上；在因病痛失去意识，苏醒后问的第一句话是：能不能把我的丧葬费提前预支了，我要看着这些钱用在孩子们身上我才放心。在代表"七一勋章"获得者发言中，她说："有人问我，为什么做这些？其中有我对这片土地的感恩和感情，更多的，则是一名共产党员的初心和使命……受革命先烈影响，受党教育多年，我把党的声誉看得很重，把共产党员这个称号看得很重。"

回顾百年党史，正是由于始终坚守初心和使命，中国共产党才能在极端困境中发展壮大，才能在濒临绝境时突出重围，才能在面对逆境的关口毅然奋起。

我们党的根基在人民、血脉在人民、力量在人民，党从来没有任何自己特殊的利益，从来不代表任何利益集团、任何权势团体、任何特权阶层的利益。发扬伟大建党精神，就必须紧紧依靠人民创造历史，坚持全心全意为人民服务的根本宗旨，着力解决人民群众的"急难愁盼"问题。

继承发扬伟大建党精神，就要坚持不怕牺牲、英勇斗争。"为有牺牲多壮志，敢教日月换新天。"为真理而献身，为崇高神圣的理想而献身，是共产党人坚定理想信念的崇高境界。

赵一曼在留给儿子的遗书中写道："在你长大成人之后，希望你不要忘记你的母亲是为国而牺牲的……"在十八届中央政治局第二十六次集体学习时，习近平总书记提到赵一曼的这份遗书时说："这些革命烈士的家书是进行理想信念教育最生动、最有说服力的教材，应该编辑成册，发给广大党员、干部，大家都经常读一读、想一想。"

革命烈士陈树湘是红军师长，他在湘江战役中身负重伤、不幸被俘。在担架上，陈树湘趁敌不备，从伤口处抠出肠子用力绞断，牺牲时年仅29岁。2021年4月在广西考察时，习近平总书记在油画《陈树湘》前久久驻足，油画上方一行字十分醒目："为苏维埃流尽最后一滴血！"习近平感叹道："壮烈啊！陈树湘是牺牲英雄中很典型的一个。"

在100年的伟大斗争历程中，无数中国共产党人抛头颅、洒热血，关键时刻站得出来、危急关头豁得出来，涌现了一大批视死如归的革命烈士、舍生忘死的英雄模范、向死而生的仁人志士。正如习近平总书记强调的："我们党之所以历经百年而风华正茂、饱经磨难而生生不息，就是凭着那么一股革命加拼命的强大精神！"继承发扬伟大建党精神，就要立足两个大局，敢于斗争，善于斗争，不惧牺牲，逢山开道、遇水架桥，勇于战胜一切风险挑战。

继承发扬伟大建党精神，就要始终对党忠诚、不负人民。中国共产党一路走来，经历了无数艰险和磨难，但任何困难都没有压垮我们，任何敌人都没能打倒我们，靠的就是千千万万党员的忠诚。

建党初期，党的一大党纲明确要求，申请入党者必须是"承认本党党纲和政策，并愿成为忠实的党员者"。党的二大通过的第一部党章明确，申请入党必须"承认本党宣言及章程并愿忠实为本党服务"，还详细规定了党员应遵守的政治纪律。无论什么时候，全体党员干部都永远不能忘记入党时所作的对党忠诚、永不叛党的誓言。

不久前，中国国家博物馆展出了100位科学家的入党申请书。其中，一封极短的申请书引人注目："我回国近三年来受到党的教育，使我体会到党的伟大，党实现共产主义社会这一目标的伟大，我愿为这一目标奋斗并忠诚于党的事业。我谨申请入党。"递交这份申请书的，正是"两弹一星"元勋钱学森，他是这么说的，更是这么做的！还有在这次抗疫斗争中，84 岁的钟南山院士、罹患渐冻症多年的张定宇，还有许许多多医务人员不怕牺牲，用生命守护生命，他们都用行动践行着对党的庄严承诺。

发扬伟大建党精神，就必须旗帜鲜明讲政治，做到对党的信仰忠诚、对党的组织忠诚、对党的理论和路线方针政策忠诚，增强"四个意识"、坚定"四个自信"、做到"两个维护"，心怀"国之大者"。

历史川流不息，精神代代相传。为深入学习贯彻好习近平总书记在庆祝中国共产党成立 100 周年大会上的重要讲话精神，确保学校党史学习教育取得实效，我提三点要求：

1. 坚持中国共产党坚强领导，使学校始终成为坚持党的领导的坚强阵地，成为培养社会主义建设者和接班人的坚强阵地

没有中国共产党，就没有新中国，就没有中华民族伟大复兴。这不仅是百年历史的深刻启示，也是 14 亿人民的共同心声。中国共产党具有无比坚强的领导力、组织力、执行力，是中国人民最可靠、最坚强的主心骨。党的领导是中国特色社会主义最本质的特征，是党和国家的根本所在、命脉所在，是全国各族人民的利益所系、命运所系，必须始终坚持党的全面领导毫不动摇。

方向决定道路，教育方向决定培养什么人的问题。习近平总书记在全国高校思想政治工作会议上指出："办好我国高等教育，必须坚持党的领导，牢牢掌握党对高校工作的领导权，使高校成为坚持党的领导的坚强阵地。党委要保证高校正确办学方向，掌握高校思想政治工作主导权，保证高校始终成为培养社会主义事业建设者和接班人的坚强阵地。"

100 年来，我们党自成立之初，就把文化教育尤其是举办工人、农民教育当作革命工作的一部分，新中国成立初期，迅速完成了对旧中国教育制度的"坚决改造"，保障了广大人民群众受教育的基本权利。进入新时代，我国教育总体水平已跃居世界中上行列。从一穷二白到建起世界规模最大的教育体系，中国教育发展的所有经验中，最根本的是什么？是坚持党对教育事业的全面领导。

坚持党的领导，最重要的就是"坚持社会主义办学方向，落实立德树人的根本任务，坚持教育为人民服务、为中国共产党治国理政服务、为巩固和发展中国特色社会主义制度服务、为改革开放和社会主义现代化建设服务"。立德树人这一根本任务，是由中国社会的发展现实决定的，是中国人民的选择，是中国特色社会主义教育的灵魂，更是时代赋予中国教育的历史使命。我们要自觉在政治立场、政治方向、政治原则、政治道路上同党中央保持高度一致，紧密团结在以习近平同志为核心的党中央周围，不忘初心使命，砥砺奋进，练好办学治校基本功，牢牢把握思想政治工作这条生命线，把立德树人的成效作为检验学校一切工作的根本标准，扎根中国大地办教育，努力回答好"培养什么人、怎样培养人、为谁培养人"这一根本问题，为实现中华民族伟大复兴的中国梦，奠定更扎实的教育基石，提供更加强大的人才支撑！

2. 用马克思主义的真理光芒照耀我们的前行之路，做马克思主义的坚定信仰者、忠实实践者

思想的力量最深刻、最持久。注重思想建党、理论强党，是我们党的鲜明特色和光荣传统，是区别于世界上其他政党的显著优势。马克思主义是我们立党立国的根本指导思想，是我们党的灵魂和旗帜。我们共产党人的根本，就是对马克思主义的信仰，对共产主义和社会主义的信念，对党和人民的忠诚。习近平总书记指出："马克思主义在中国的广泛传播催生了中国共产党，马克思主义使我们党拥有了科学的世界观和方法论，拥有了认识世界、改造世界的强大思想武器。"马克思主义在中国之所以行，关键在于我们党坚持把马克思主义基本原理同中国具体实际相结合、同中华优秀传统文化相结合，不断推进马克思主义中国化时代化。

100 年来，我们党不断推进马克思主义的中国化、时代化、大众化，不断用马克思主义中国化的最新理论成果武装全党，使全党始终保持统一的思想、坚定的意志、协调的行动、强大的战斗力，始终注重运用马克思主义思考和分析中国问题，其中，对教育性质的求索、对"为人民服务"的追求贯穿始终。

站在新的历史起点上，习近平新时代中国特色社会主义思想就是马克思主义基本原理同中国具体实际相结合的又一次历史性飞跃，是当代中国马克思主义、21 世纪马克思主义。习近平总书记就教育改革发展提出一系列新理念新思想新观点，习近平总书记关于教育的重要论述，是马克思主义基本原理同中国教育实际相结合的最新成果，是马克思主义教育思想新的时代篇章。我们要深入学习习近平新时代中国特色社会主义思想，特别是习近平总书记关于教育的重要论述，领会蕴含其中的理论内涵、时代内涵和实践内涵，增强教育报国强国的使命担当。

学习理论最有效的办法是读原著、学原文、悟原理，强读强记，常学常新，往深里走、往实里走、往心里走，把自己摆进去、把职责摆进去、把工作摆进去，做到学、思、用贯通，知、信、行统一。要把党的创新理论学习同学习马克思主义基本原理贯通起来，同学习党史、新中国史、改革开放史、社会主义发展史结合起来，同新时代我们进行伟大斗争、建设伟大工程、推进伟大事业、实现伟大梦想的丰富实践联系起来。要学而行，学以致用、身体力行，把学习成果落实到干好本职工作、推动事业发展上。

3. 弘扬伟大建党精神，不懈奋斗，永远奋斗

恩格斯说："一个知道自己的目的，也知道怎样达到这个目的的政党，一个真正想达到这个目的并且具有达到这个目的所必不可缺的顽强精神的政党——这样的政党将是不可战胜的。"

100 年来，中国共产党弘扬伟大建党精神，在长期奋斗中构建起中国共产党人的精神谱系，锤炼出鲜明的政治品格。这些宝贵精神财富跨越时空、历久弥新，深深融入我们党、国家、民族、人民的血脉之中。正是在伟大建党精神的引领下，我们党发展成为拥有 9500 多万名党员、领导着14 亿多人口大国、具有重大全球影响力的世界第一大执政党。

越是接近奋斗目标、越是面对风险挑战，就越要弘扬伟大建党精神，以永不懈怠的精神状态、一往无前的奋斗姿态，向着实现第二个百年奋斗目标奋勇前进。新的伟大征程上，我们要永远把伟大建党精神传承下去、发扬光大，赓续共产党人红色血脉，做到理想信念更加坚定、政治品格更加纯粹、斗争精神更加昂扬、奋斗激情更加饱满，在具有许多新的历史特点的伟大斗争中，不断从胜利走向新的胜利！

以史为鉴、开创未来。中华民族正以不可阻挡的步伐迈向伟大复兴。

建设教育强国是中华民族伟大复兴的基础工程。高等教育是一个国家发展水平和发展潜力的重要标志。今天，党和国家事业发展对高等教育的需要，对科学知识和优秀人才的需要，比以往任何时候都更为迫切。作为北京市重要的高水平应用型人才培育基地，我们必须与时代同步伐，与人民共命运，关注与回答时代和实践提出的重大课题，进一步凝聚建设高水平应用型大学的磅礴力量，在今后的工作中，突出抓好以下三项工作：

一是要把学习习近平总书记"七一"重要讲话精神作为当前理论武装工作的重中之重，作为党史学习教育的核心内容，组织专题学习和研讨，吃透精神实质，把握核心要义。

习近平总书记"七一"重要讲话是百年大党的宣言书，是新征程的动员令。要把学习贯彻"七一"重要讲话精神作为党史学习教育的核心内容，各级党组织要通过中心组学习研讨、支部"三会一课"、组织学习培训等形式，精心安排部署，周密组织实施，引导广大党员、干部、群众深刻领会和把握讲话的精神实质、核心要义。要立足落实立德树人根本任务，把学习讲话精神转化为课程思政的重要元素、思政课程的重要内容，引导广大学生增强政治认同、思想认同、情感认同，增强做中国人的志气、骨气和底气，成为担当民族复兴大任的时代新人。

二是党员领导干部要带头开展好"我为群众办实事"实践活动。

"我为群众办实事"实践活动是党史学习教育的一个重要环节。在广泛调研征集实事基础上，校党委列出了十项重点任务清单，各二级党组织上报了145项实事，全校基层党支部上报了456项实事。这些实事清单在实施的规模和难度上有大有小，比如有的要通过浴室改造解决学生洗澡难的问题，有的是延长学生浴室开放时间实现学生每天洗澡的诉求。事情难度有大小，但是服务师生无小事。"我为群众办实事"最重要的是看到师生的诉求并及时回应，解决师生的合理诉求。而这考验的就是我们党员领导干部的政治能力和办学治校基本功。在此，我想再次突出强调一下党员领导干部的政治觉悟、大局意识。政治觉悟、大局意识对于我们联合大学来说尤为重要。我们学校校区分散，体制特殊，资源紧张，在这种情况下，更要站稳人民立场，始终把师生利益放在首位，把学校的发展放在首位，牢固树立"联大一家""联大一盘棋"的思想，校院之间既讲分工更要讲合作、讲配合，部门之间既要讲角色更要讲补位、讲协作，部门内部既要讲责任更要讲奉献，校院一体、部门协作、人员团结，心往一处想，劲往一处使，多做得人心、暖人心、稳人心的工作，更好地引领师生、服务师生。过去在战争年代，更多的是要牺牲生命，今天我们的付出只不过是多一点时间和精力，多一些奉献，少一些索取，有些时候只是牺牲一下个人好的感受而已。所以我们党员领导干部要向先辈们学习，发挥好先锋模范作用。

三是紧紧依靠广大师生员工推动学校各项任务落实落地。

当前，学校"十四五"规划已经确立了"努力在高水平应用型大学建设道路上走在前列"的总体目标。2021年已经过半，请大家认真思考，我们在"积极开展教育教学改革，努力提升学科专业建设水平，不断提高本科专业设置与学科建设匹配度，形成学科专业在国内的比较优势；紧密结合北京经济社会发展和人才培养需求，开展相关性理论探索和科技创新；大力开展实践教育，完善产学研用一体化协同育人机制；不断提高教师教学和创新能力，吸引优秀行业人才和社会资源参与学校办学，不断提高学校服务首都经济社会发展水平"等方面是否有措施、是否有行动、是否有成效。6月，生物化学工程学院建筑环境与能源应用工程专业实现了我校工程教育专业认证领域零的突破，下一个突破点在哪里？如何实现？我想要靠我们在座的各位，要紧紧依靠广大师生员工，拿出实招和硬招。我也期待学校各条战线上捷报频传。

梦无止境，扬帆再出发。过去100年，中国共产党向人民、向历史交出了一份优异的答卷。现在，中国共产党团结带领中国人民又踏上了实现第二个百年奋斗目标新的赶考之路。从2021年眺望未来，历史进程不可阻挡，光明前景升腾在世界东方。新的征程上，有以习近平同志为核心的党中央坚强领导，有习近平新时代中国特色社会主义思想科学指引，有全国各族人民的紧密团结，全面建成社会主义现代化强国的目标一定能够实现，中华民族伟大复兴的中国梦一定能够实现！有全校师生团结一心、顽强拼搏，建设高水平应用型大学的目标一定能够实现！

锤炼政治品格　练就过硬育人本领 [①]

2021 年 7 月 1 日，习近平总书记在庆祝中国共产党成立 100 周年大会上发表了重要讲话。习近平总书记"七一"重要讲话是新时代中国共产党人不忘初心、牢记使命的政治宣言，是我们党团结带领人民以史为鉴、开创未来的行动指南。学习贯彻习近平总书记"七一"重要讲话精神，是当前和今后一个时期的首要政治任务，大家要胸怀"两个大局"、心怀"国之大者"，在学习"七一"重要讲话中学出使命、学出自信、学出担当。

学习习近平总书记"七一"重要讲话精神，要与学习一系列重要讲话精神结合起来。近日，习近平总书记分别到西藏、河北等地考察，他在西藏考察时强调，要在锤炼党性上力行，用伟大建党精神滋养党性修养，坚定理想信念，胸怀"国之大者"，始终用党性原则修身律己，切实以坚强党性取信于民、引领群众。作为辅导员和班主任，要自觉加强自身的党性修养，坚定理想信念。要在为民服务上力行，要始终把人民放在心中最高位置，当好群众的知心人、贴心人和领路人，让人民群众的获得感更足，幸福感可持续。学生工作部门、辅导员和班主任要坚持以学生为中心，把学生放在最高位置，把服务学生的成长成才作为首要任务。要在推动发展上力行，着力破除工作和发展中的难题，要做到胸中有大势、心中有大局，围绕学校高水平应用型大学建设和学生的成长成才，在推动学校发展、服务学生发展的过程中实现自身发展。要积极关注国际国内大势，将

[①]　本文节选自北京联合大学党委书记楚国清在学校第 31 期辅导员（班主任）培训班上的讲话（2021 年 8 月）。

工作纳入全局中考量，干一行爱一行，提升工作的职业化、专业化水平，不断提高学生日常思想政治教育的针对性和实效性。

学习习近平总书记"七一"重要讲话精神，要从以下几个方面深入思考：

一要深刻认识百年党史的主题。习近平总书记在庆祝中国共产党成立100周年大会的重要讲话中强调："一百年来，中国共产党团结带领中国人民进行的一切奋斗、一切牺牲、一切创造，归结起来就是一个主题：实现中华民族伟大复兴。"习近平总书记的讲话贯穿历史、现在、未来，系统总结、全面阐述了我们党百年奋斗的鲜明主题，激荡起全党牢记初心使命、开创美好未来的奋进力量。我们要牢记百年党史的主题，牢记初心使命，牢记中华民族复兴的"国之大者"，在实现中华民族伟大复兴的历史进程中不断创造历史伟业。

二要深刻认识党团结带领人民不懈奋斗的光辉历程和伟大成就。习近平总书记以"四个伟大成就"精辟概括我们党团结带领全国人民，为实现中华民族伟大复兴付出的艰辛努力、走过的光辉历程、取得的卓越功绩：新民主主义革命的伟大成就在于"为实现中华民族伟大复兴创造了根本社会条件"；社会主义革命和建设的伟大成就在于"为实现中华民族伟大复兴奠定了根本政治前提和制度基础"；改革开放和社会主义现代化建设的伟大成就在于"为实现中华民族伟大复兴提供了充满新的活力的体制保证和快速发展的物质条件"；新时代中国特色社会主义的伟大成就在于"为实现中华民族伟大复兴提供了更为完善的制度保证、更为坚实的物质基础、更为主动的精神力量"。在新征程上，大家要挖掘伟大成就中蕴含的教育元素，转化为自己的语言，激励广大青年学生，肩负历史使命，坚定前进信心，踊跃投身全面建设社会主义现代化国家的伟大实践。

三要深刻认识中国共产党的坚强领导是实现国家富强、民族复兴、人民幸福的根本保证。习近平总书记指出，办好中国的事情，关键在党。中国共产党领导是中国特色社会主义最本质的特征，是中国特色社会主义制度的最大优势，是党和国家的根本所在、命脉所在，是全国各族人民的利益所系、命运所系。大家要进一步提升政治站位，始终胸怀"两个大局"，不断增强"四个意识"、坚定"四个自信"、做到"两个维护"，始终在思想上政治上行动上同以习近平同志为核心的党中央保持高度一致，特别是要不断增强做到"两个维护"的思想自觉、政治自觉、行动自觉，不能停留在口头上，要把"两个维护"落实在工作的具体行动中。

四要深刻认识人民对美好生活的向往是中国共产党的奋斗目标。习近平总书记指出，江山就是人民、人民就是江山，打江山、守江山，守的是人民的心。坚持人民至上的根本政治立场，秉持党的理想信念，把人民对美好生活的向往作为奋斗目标，坚持全心全意为人民服务的根本宗旨，尊重人民首创精神，始终保持与人民群众的血肉联系，实现好、维护好、发展好最广大人民的根本利益，团结带领中国人民不断为美好生活而奋斗。学生工作队伍要以学生为中心，服务于学生成长成才的需要。

五要深刻认识坚持马克思主义的指导地位是中国共产党的立党之本。习近平总书记强调，马克思主义是我们立党立国的根本指导思想，是我们党的灵魂和旗帜。中国共产党为什么能，中国特色社会主义为什么好，归根到底是因为马克思主义行。习近平新时代中国特色社会主义思想坚持马克思主义基本原理，根植于中国特色社会主义新的伟大实践，在指导实践、推动实践中展现出强大的真理力量，是马克思主义中国化的最新成果，是当代中国马克思主义、21世纪马克思主义，是全党全国人民为实现中华民族伟大复兴而奋斗的行动指南。当前和今后一个时期，要把学习贯彻习近平新时代中国特色社会主义思想作为首要任务，在学懂弄通做实上下功夫，用党的创新理论武装头脑、指导实践、推动工作。大家要学会在工作中运用辩证思维，明确应该做什么、怎么做，在工作的薄弱环节和弱项上找出自己的责任。

六要深刻认识中国特色社会主义是实现中华民族伟大复兴的正确道路。习近平总书记指出，走自己的路，是党的全部理论和实践立足点，更是党百年奋斗得出的历史结论。中国特色社会主义是党和人民历经千辛万苦、付出巨大代价取得的根本成就，是实现中华民族伟大复兴的正确道路。要教育引导广大青年学生从"中国之治"和"西方之乱"的鲜明对比中看清优劣、明辨是非，提振信心、凝聚共识，更加深刻地领悟中国共产党为什么能、马克思主义为什么行、中国特色社会主义为什么好，更加坚定中国特色社会主义道路自信、理论自信、制度自信、文化自信，增强对中国共产党领导和中国特色社会主义制度的政治认同、思想认同、情感认同。

七要深刻认识伟大建党精神的深刻内涵和时代价值。"七一"重要讲话中鲜明提出了坚持真理、坚守理想，践行初心、担当使命，不怕牺牲、英勇斗争，对党忠诚、不负人民的伟大建党精神，这是中国共产党的精神之源。要深入学习伟大建党精神的重大意义、丰富内涵，深刻领会一百年来中国共产党在长期奋斗中构建起的中国共产党人的精神谱系，锤炼出的鲜明政治品格，要大力弘扬光荣传统、赓续红色血脉，永远把伟大建党精神继承下去、发扬光大。

八要深刻认识以史为鉴、开创未来的根本要求。讲话围绕以史为鉴、开创未来，鲜明提出"九个必须"的根本要求。这"九个必须"揭示了过去我们为什么能够成功、未来我们怎样才能继续成功的深刻道理，必将激励全党在新征程上更加坚定、更加自觉地牢记初心使命、开创美好未来。"九个必须"凝聚着中国共产党的百年历史经验，科学回答了党和国家事业发展的领导核心、价值追求、理论指导、战略支撑、外部环境、力量来源等一系列重大问题。这正是我们要从百年历史的"教科书"中汲取的营养。

作为学生思想政治工作的重要力量，一定要坚持教育者先受教育，认真学习、深刻理解和把握习近平总书记"七一"重要讲话的精神实质、核心要义，把学习讲话精神与学生思想政治教育结合起来、与服务学生发展结合起来，把学习成果转化为促进学生成长成才的具体行动。根据当前国家和北京市的发展要求，学校进入了事业发展开创新局面、向高水平应用型大学目标迈进的关键时期。推进学校新发展阶段的高质量发展，必须要筑牢思想政治工作这条生命线，这也对辅导员和班主任队伍提出了新的更高的要求。

一、坚持锤炼政治品格，做学生思想的引领者

辅导员和班主任要加强自身学习，做好学生思想政治教育和价值引

领，引导学生不断增强"四个意识"、坚定"四个自信"、做到"两个维护"，这是我们做好其他工作的基础。

一要坚定理想信念，提高政治能力和思想境界。育人工作是事业，不能只当成谋生手段、无奈之举，大家要热爱这项崇高的工作。只有具备过硬的思想政治素质，才能做到对学生进行理想信念教育时底气十足，以自身的信仰影响学生的信仰，给他们系好人生的第一粒扣子。

二要以学习习近平总书记重要讲话精神为重点，加强党史学习教育。不断丰富学习内涵，通过组织党团日、班团会、主题研学培训等形式，精心安排部署，周密实施，深入推进"永远跟党走"主题教育活动，将我校师生服务保障庆祝中国共产党成立100周年重大活动的先进人物和事迹作为生动的教育资源，创新育人形式，拓宽育人渠道，深入开展思想政治教育。

三要用好红色资源，赓续红色血脉。习近平总书记强调，红色资源是我们党艰辛而辉煌奋斗历程的见证，是最宝贵的精神财富，要将红色资源融入学生思想政治教育工作中，加强革命传统教育、爱国主义教育、思想道德教育，将红色资源作为生动教材，讲好党的故事、革命的故事、英雄的故事，教育引导广大青年学生坚定理想信念，传承红色基因。

二、要坚持以学生为中心，教育引导学生健康成长

"好老师应该把自己的温暖和情感倾注到每一个学生身上"，这是习近平总书记的殷切嘱托，也是大家努力的方向。围绕学生、关注学生、服务学生是辅导员、班主任工作的基本要求，我们的全部工作都要以学生为中心，把学生真正放在心中，贴近学生，拉近与学生的情感和心理距离，营造"有事找老师"的氛围，切实把思想政治教育工作落实落小落细，真正成为学生成长成才的人生导师和健康生活的知心朋友。

一要注重研究学生特点，加强深度辅导。每一个学生都是不同的个体，首先要了解学生，认真做好谈心谈话和深度辅导，深入了解他们在思想、学习、工作、生活等方面的情况，分析其面临的主要问题和产生原因，针对不同学生的个性化特征，"一人一策"，有针对性地帮助学生处理

好思想认识、价值取向、学习生活、择业交友等方面的具体问题。深度辅导工作是学生思想政治工作的重要内容和基础性工作。今年，教工委明确要求将深度辅导工作开展情况作为党建先进校检查的重要指标，并与学校辅导员补贴挂钩，切实推动深度辅导覆盖全员、精准精细，不断提升工作的针对性和实效性。

二要加强对学生的心理健康教育和引导。身心健康是学生成长成才、全面发展的前提，尤其是大学生的心理状态尚未完全成熟，背负课程学习、就业升学、情感生活等各方面压力，会有各种困惑困扰。大家要提高认识，进一步提升心理辅导工作能力，真正做到及早预防、及时疏导、有效干预学生中可能出现的心理危机事件。特别是要强化与学生的情感联系，关心关注学生的思想动态，指导学生合理安排学习、生活，改善家庭、师生、同学关系；重点关注心理问题学生，加强与学生的接触，多组织和参与学生活动，及时了解他们的情况，杜绝校园内非正常死亡事件的发生。

三、要坚持专业化职业化，练就过硬育人本领

坚持落实好立德树人根本任务，围绕高水平应用型大学发展目标，提升专业化、职业化水平。

一要不断提升胜任本职工作的能力素质。加强思想政治教育学科、体系的理论和实践问题研究，遵循和把握思想政治工作规律、教书育人规律和学生成长规律，以扎实的学识支撑高水平学生工作，让学生能够亲其师信其道。要注意工作方法，针对不同的学生采取不同的方法。

二要勇于创新工作思路，不断提升学生工作艺术。因事而化、因时而进、因势而新，做与时俱进的教育者。辅导员、班主任要加强与思政课教师、专业课教师的沟通协调，推动日常思政与课程思政、思政课程同向同行；要善于深入挖掘学生思想政治教育的资源和素材，进行生动、鲜活的思想政治教育；要善于运用新媒体、自媒体等，不断拓展学生思想政治教育的空间和渠道，以学生喜闻乐见的形式，增强教育的针对性和实效性。

三要进一步锤炼师德师风。坚持言传和身教相统一，以德立身、以德

立学、以德施教，自觉坚持以学生为中心，实现个人发展、学生成长、联大发展的同频共振，努力在新发展阶段展现辅导员、班主任队伍的新担当、新作为。

学校将继续采取有力措施服务辅导员、班主任的工作和发展，切实保证大家工作有条件、干事有平台、待遇有保障、发展有空间，不断提升工作的幸福感和获得感。

希望大家珍惜这次培训机会，严格遵守培训纪律，理论联系实际，力求取得学习成效。大家要边学习、边思考、边研究，继续在严、细、实上下功夫，在基础工作上下功夫，以更饱满的热情投身到新学期的工作中，为培养堪当民族复兴重任的时代新人做出新的更大贡献！

提高政治站位 坚守初心使命 投身强国伟业 ①

五年来，全校各级团组织坚持用习近平新时代中国特色社会主义思想武装头脑、指导实践、推动工作，紧密团结广大青年学生，紧紧围绕落实立德树人根本任务，广开思路，搭建平台，创造性地开展各项工作，带领全校团员青年在服务保障党和国家重大活动中彰显责任担当，在践行"学以致用"的校训中争做先锋表率，在抗击新冠肺炎疫情、投身祖国建设中奉献青春，在促进学校改革发展、维护校园和谐稳定、丰富校园文化生活等诸多方面做了大量卓有成效的工作。五年来的实践表明，联大共青团政治坚定、务实进取、勇于创新，是校党委的得力政治助手，是全校团员青年的可靠组织支柱，是学校与青年学生联系沟通的牢固桥梁和坚实纽带。

2021年7月，学校五届党委第六次全体（扩大）会议审议通过了《北京联合大学"十四五"时期发展规划（2021—2025）》，描绘了学校未来五年的发展蓝图，展望了2035年发展远景目标，明确了学校今后的发展方向、路径和重点任务。当前，各单位、各部门正在积极落实，这对学校共青团工作也提出了新的要求，借此机会，我代表校党委对全校共青团组织、广大团干部和广大同学提几点希望。

一、各级团组织要提高政治站位，聚焦主责主业

（1）把握工作主线。深入学习贯彻习近平新时代中国特色社会主义思

---

① 本文节选自北京联合大学党委书记楚国清在共青团北京联合大学第六次代表大会开幕式上的讲话（2021年12月）。

想，特别是习近平总书记关于青年工作的重要思想，准确把握新形势下共青团工作的方向和着力点。深刻领会校党委的战略布局，紧紧围绕学校"十四五"规划提出的目标和任务，在工作大局中找准自身工作的切入点和结合点，积极行动，有所作为，把全校团员青年的积极性调动起来，把团员青年的生力军作用发挥出来。

（2）担起政治责任。青年一代健康成长，直接关系中国特色社会主义事业后继有人、兴旺发达。共青团工作首先要强化政治性，必须把培养德智体美劳全面发展的社会主义建设者和接班人作为根本任务。坚持立德树人，最大限度地团结凝聚青年，巩固和扩大党执政的青年群众基础。

（3）不断加强自身建设。要不断深化改革，去"四化"，强"三性"，坚持以政治建设为统领，加强共青团系统党的建设，增强"四个意识"，坚定"四个自信"，做到"两个维护"。不断扩大团的工作覆盖面，强化服务意识、提升服务能力，使团的工作更加贴近团员青年，更加融入大学生活，真正做到青年在哪里，共青团就在哪里。

二、全体团干部要坚守初心使命，锤炼过硬作风

（1）提高政治站位。团干部要做好青年群众工作，重要的是要做好思想政治工作。工作做得怎么样，根本上要从政治上看，团干部要不断提高政治判断力、政治领悟力、政治执行力；要深刻把握学校"十四五"规划总体发展思路给团工作带来的重大机遇，引导青年把握机遇，勇担使命，当好青年的引路人；要坚持以"三精三抓三树"为导向，提高团工作的针对性和实效性，在改进政治教育机制和组织运行机制、健全实践教育机制、创新组织动员方式上出实招、见实效。

（2）勇于自我加压。当前学校共青团工作面临着许多新的问题和挑战，有些是时代的共性问题，有些是联大的个性问题。好学生是在做难题中成长起来的，也是在解难题中证明自己的。同样，好干部也要在勇于迎难而上中锻炼自己，在善于攻坚克难中证明自己。全校专职团干部大多数很年轻，希望你们敢于挑急难险重的担子，敢于到条件艰苦和环境复杂的岗位上接受锻炼，脚踏实地、一步一个脚印，培养勤奋好学、吃苦耐劳的

精神，早日成为学校事业发展的中流砥柱。

（3）提高能力素养。我们的在校生大多是"00"后，"05"后也即将步入校园。团干部要与时俱进，研究青年学生的特点，要真正成为青年的领头羊，绝不做青年的尾巴。全校团干部要带头提升个人的能力水平，主动跟上时代步伐；要深入分析研究联大青年群体的特点，发现趋势性变化，为更好地开展工作提供可靠依据；要努力提升统筹协调能力，要善于当"项目经理"，及时优化布局，确保预期目标能够顺利完成，不断提高共青团工作的科学化、规范化水平。

三、广大团员青年要站稳人民立场，投身强国伟业

（1）坚定理想信念。理想指引人生方向，信念决定事业成败，一个人只要有了坚定的理想信念，就会产生坚不可摧的意志和决心。刚才，何侃侃同志在团代会报告里面说我们团员代表的平均年龄只有21.3岁，这是非常令人羡慕和充满朝气的年龄！年轻就有资本，年轻更应该扛起责任。党和国家对未来发展的一系列规划，都要靠大家去努力实现。历史的接力棒已经落在大家的手上，这必然要求大家把个人的理想追求融入党和国家事业发展之中，为党、为祖国、为人民多作贡献，要在实现中华民族伟大复兴的历史伟业中成就自我，实现自身的价值。

（2）练就过硬本领。作为应用型大学的学生，"学以致用"的校训不应该只成为一句口号，而要成为同学们成长成才的有效路径。党的十八大以来，我们国家取得了举世瞩目的成就，我们比历史上任何时候都更有信心、更有能力实现中华民族伟大复兴的目标。但是，我们还要清醒地看到，在一些领域还存在"卡脖子"的技术难题，有待于我们去突破。这就要求我们在校期间将信念付诸行动，刻苦学习，博学广闻，早日用所学所得报效祖国和人民。

（3）永葆奋斗精神。习近平总书记说"青春是用来奋斗的"。青年要有所作为，就必须保持永远奋斗的精气神。遇到困难，要迎难而上。遭遇挫折，要永不放弃，做到脚踏实地，知行合一，奋发进取。要把人生志向转化为奋斗动力，不怕苦、肯吃苦，要耐得住寂寞，经得住风雨，勇敢战

胜前进道路上的一切困难。

　　光荣的使命召唤青年，壮丽的事业需要青年，伟大的时代成就青年！希望大家把握好学校事业发展的大局，以饱满的政治热情和严肃负责的态度，认真履行职责，认真听取和审议大会工作报告，认真选举新一届共青团委员会。希望广大团员以此次团代会为新的起点，与祖国共奋进，与时代同步伐，与学校齐发展，为把我校建设成为高水平应用型大学而努力奋斗！

以教师党支部为依托　全面推进课程思政建设 ①

一、组织引领，构建课程思政新体系

立德树人是高校立身之本，是高校各级党组织的神圣使命和职责。学校党委坚决把课程思政作为落实立德树人根本任务的战略举措，把落实好课程思政纳入各级党组织主体责任，为教师党支部推进课程思政建设赋权赋能，实现推动建设有抓手、落实任务可操作、持续推进见成效。

1. 形成层层抓落实工作格局

建立《课程思政规范化建设基本标准》，制定各级党组织落实课程思政建设总体要求、工作目标、参考标准，明确教师党支部是课程思政建设的重要推动者和组织者；规定学校党委要做好顶层设计、推进实践探索、深化理论研究，学院党委要做好引领保障、健全落实机制、凝练特色经验。把教师党支部推进课程思政建设，纳入党建工作整体规划，纳入党支部考核评优体系。以党的坚强组织体系为保障，构建了以上率下、上下联动、层层推进的工作格局，推动教师党支部站到立德树人第一线。

2. 构建全方位硬核支撑体系

出台 12 个文件，形成学校课程思政建设路线图和时间表，建立支部书记、支委、党员教师、先进党支部操作指南，全面引领教师党支部推进课程思政建设。明确将课程思政建设作为健全"三全育人"体制机制的重要抓手，要求全校所有部门在所牵头制定的学校相关制度中明确树立鲜明

---

①　本文发表于《北京教育》2021 年 12 月期，作者楚国清。

育人导向，逐步将教师党支部推动课程思政建设成果纳入教学科研成果认定，有力保障教师党支部推进课程思政建设，充分激发教师党支部蓬勃生机与活力。

3. 营造课程思政浓郁氛围

召开 7 次推进会，举办 5 次成果展，在"七一"表彰大会、基层党组织书记培训班等开展宣讲和交流，不断把学校党委的新认识转化为广大党员教师和群众的统一共识和生动实践，不断把教师党支部课程思政实践创新转化为学校制度文件和经验成果，形成党委顶层设计与党支部实践创新的良性互动；全面营造了竞相开展课程思政建设，努力争创课程思政示范课堂、精品课程，奋力争做优秀教师的浓郁氛围。

二、过程指导，完善课程思政新机制

课程思政建设是一项系统性长期性工程，必须要加强过程指导、健全推进机制。学校党委形成"学校要有氛围、学院要有特色、专业要有特点、课程要有品牌、讲授要有风格、教师要有榜样、成果要有深化"的课程思政"七有"工作法，学校党委书记直接抓人才培养工作，统筹做好各学科专业、各类课程的课程思政建设，构建课程思政建设与教师党支部自身建设、专业建设一体化提升机制，教师党支部课程思政实践探索与成果固化一体化推进机制。

1. 落实"一把手抓一把手"

学校党委书记连续四年带头与党支部书记一对一访谈，聚焦课程思政建设重点、难点、前瞻性问题深入开展交流研讨，为教师党支部书记问诊把脉、提供方案，引导教师党支部书记带头开展课程思政建设、带头开展课程思政专题宣讲、带领党支部争创学校课程思政建设的先进党组织。

2. 把课程思政融入党支部工作日常

不断丰富推进载体。在党支部组织生活指导意见、"1+1"党支部共建项目、党支部活动立项、党建和思政工作科研立项中设立课程思政专项，引导教师党支部充分运用"三会一课"、主题党日等形式，开展课程思政探索和研究，80 余个课程思政实践项目获得学校立项支持，实现了教师党支部推进课程思政建设的常态化。

3. 把选树宣传榜样群作为有效激励

持续凝练推广先进经验，学校打造43个课程思政建设先进党支部，形成了以党支部经验介绍、党支部书记现场访谈、课程思政建设主题党日现场展示等全方位展示党支部推进课程思政的先进经验推广模式。10余个党支部现场展示课程思政建设经验，形成多项研究成果，实现了教师党支部推进课程思政建设的精品化。

三、基层首创，形成课程思政新模式

充分发挥教师党支部的主体作用，是推动立德树人根本任务落实落地的必然要求。学校党委引导教师党支部充分发挥首创精神，大胆创新、勇于实践，团结带领全体教师，沿着推进课程思政建设的既定线路，按照时间表形成全校课程思政建设的"全方位行动、持续性推进"，充分发挥所有课堂的育人主渠道作用。

1. 牢牢抓住党员教师这个中坚力量

党员教师是争做"'四有'好老师""四个引路人"的先锋，是课程思政建设的中坚力量。党支部将党员开展课程思政建设情况作为组织生活会的重要内容、民主评议党员和党内评优表彰的重要条件，把党员教师率先发动组织起来开展课程思政的探索，鼓励党员教师在课程思政示范课堂、精品课程、优秀教师评选中创先争优，鼓励党员教授在学校课程思政建设中挑大梁、优秀党员在师德师风建设上做表率，形成了课程思政建设的强大推动力。

2. 紧紧围绕"教育者先受教育"这个重点

全面推进课程思政建设，教师是关键。广大教师党支部坚持用习近平新时代中国特色社会主义思想武装头脑，从解决"首要问题"的根本举措的高度，引导广大教师深刻理解"课程思政是什么""课程思政为什么"的问题，有效解决了课程思政建设初期教师有想法没思路、想干却不知道如何切入的问题。把课程思政作为提升教师师德修养和执教能力的有效手段，与"不忘初心、牢记使命"主题教育、党史学习教育等党内集中教育相结合，切实增强教师为党育人、为国育才的使命感和紧迫感，不断提升课程思政建设的境界和情怀。

3. 牢牢把握思政教育元素的"挖掘"与"融入"两个关键

思政教育元素的"挖掘"与"融入"是形成课程思政内容体系、教学体系的关键。教师党支部牢牢把握这两个关键，形成了教师集体备课、支部共建推进、教授团队引领等好经验、好做法，培育了各学科专业推进课程思政建设的工作法，提升了广大教师课程思政的能力和艺术。全校78个教师党支部发挥主体作用，组织近千名教师党员积极参与，把支部自身建设与专业建设相融合，涌现出一大批优秀党支部建设案例，入选北京高校教师党支部工作法试点、《北京市委教育工委教职工党支部工作规范》等。

目前，全校已实现"门门有思政、课课有特色、人人重育人"，培育了一批课程思政优秀教师和课程思政特色精品课程，促进了教育教学改革，实现了基层党建工作与教学科研工作的双促进、双提高。通过实践，我们深刻体会到，党的领导是落实立德树人的根本保证，教师党支部是落实立德树人的"桥头堡"；我们深刻体会到，只有把党建与教育教学深度融合，才能充分激发基层党组织的生机活力，才能充分调动广大教师的主动性、创造性。

深入学习贯彻十九届六中全会精神　推动学校事业在新的起点上更好实现高质量内涵式发展 ①

　　深入学习贯彻党的十九届六中全会精神，推动全会精神深入人心，引导广大师生增强"四个意识"、坚定"四个自信"、做到"两个维护"，更好地用全会精神统一思想、凝聚共识、坚定信心、增强斗志，是当前和今后一个时期学校首要的重大政治任务。在六中全会结束后，校党委就对及时跟进学习全会精神进行了安排部署。本周三，学校处级以上领导干部学习贯彻党的十九届六中全会精神专题培训班正式开班，这是学校学习贯彻全会精神的重要安排。我主要就进一步学习宣传贯彻六中全会精神讲三个问题。

一、提高"政治三力"，深刻认识六中全会的重大意义

　　习近平总书记强调："必须增强政治意识，善于从政治上看问题，善于把握政治大局，不断提高政治判断力、政治领悟力、政治执行力。""政治三力"是我们深刻认识党的十九届六中全会重大意义的重要基点和最终落点。

　　从会议的召开时间看，十九届六中全会是在中国共产党百年华诞的重要历史节点和迈进新时代新征程的重大历史关头召开的一次十分重要的会议。习近平总书记强调："在党成立一百周年的重要历史时刻，在党和人

---

①　本文为北京联合大学党委书记楚国清为处级以上领导干部学习贯彻党的十九届六中全会精神讲授专题党课（2021 年 12 月）。

民胜利实现第一个百年奋斗目标、全面建成小康社会，正在向着全面建成社会主义现代化强国的第二个百年奋斗目标迈进的重大历史关头，全面总结党的百年奋斗重大成就和历史经验，对推动全党进一步统一思想、统一意志、统一行动，团结带领全国各族人民夺取新时代中国特色社会主义新的伟大胜利，具有重大现实意义和深远历史意义。"在这样一个特殊重要的时间坐标点上召开的这次承前启后、继往开来的重要会议，关乎中国未来的长远发展，必将载入中华民族伟大复兴的史册。

从会议的历史贡献看，全会审议通过《中共中央关于党的百年奋斗重大成就和历史经验的决议》(以下简称《决议》)，是此次全会最大的、富有特殊历史意义的政治贡献。习近平总书记强调："站在新的历史起点上，回顾过去，展望未来，全面总结党的百年奋斗重大成就和历史经验特别是改革开放40多年来的重大成就和历史经验，既有客观需要，也具备主观条件。""以一次中央全会全面总结党的百年奋斗重大成就和历史经验，是郑重的历史性、战略性决策。"当前，我们正面对着世纪疫情和百年变局交织的严峻形势，面对着开局"十四五"、开启新征程的繁重任务，迫切需要总结历史、把握规律、坚定信心、走向未来。全会审议通过《决议》，充分体现了党牢记初心使命、永葆生机活力的坚强意志和坚定决心，充分体现了党深刻把握历史发展规律、始终掌握党和国家事业发展的历史主动和使命担当，充分体现了党立足当下、着眼未来、注重总结和运用历史经验的高瞻远瞩和深谋远虑。这是党的百年历史上的第三个历史决议，是中国共产党又一份光辉的马克思主义纲领性文献，是新时代中国共产党人牢记初心使命、坚持和发展中国特色社会主义的政治宣言，是以史为鉴、开创未来、实现中华民族伟大复兴的行动指南，有利于教育引导全党进一步认清历史方位、把握历史规律，深刻认识中国共产党为什么能、马克思主义为什么行、中国特色社会主义为什么好，必将激励全党在新时代新征程上争取更大荣光。

从会议的重大决策看，全会作出了中国共产党第二十次全国代表大会将于2022年下半年在北京召开的重大决定。党的二十大是我们党在进入全面建设社会主义现代化国家、向第二个百年奋斗目标进军新征程的重要时刻召开的一次十分重要的代表大会，是党和国家政治生活中的一件大事。从党的三个历史决议作出的时间和形式看，分别是在党的七大、党的十二大和党的二十大之前以一次中央全会的形式审议通过的，这不是一种简单的巧合，而是有着深刻的策略考虑。第一个历史决议原本是准备提交党的七大讨论的，之所以后来改为提交党的六届七中全会，其原因正是毛泽东同志所讲的："这是一个政策性的问题，不是随便决定的，因为这样可以避免大会把重心放在历史问题上。"而第二个历史决议提交党的十二大之前的十一届六中全会讨论，也是基于同样的考虑。邓小平同志指出："总结过去是为了引导大家团结一致向前看。""力求在十二大前的中央全会上通过这个决议，对过去的问题有一个统一的认识，作一个结束。十二大就讲新话，讲向前看的话。"习近平总书记在关于第三个历史决议的说明中也明确强调，决议起草的总要求是"总结历史、把握规律、坚定信心、走向未来"，总体来说就是对过去的问题怎么看，今后怎么办。这次全会必将进一步增强全党在政治上、思想上、组织上的高度团结，凝聚全党思想和共识、统一全党意志和行动，为我们党开启新征程奠定更加扎实的思想基础和更为主动的精神力量，为党的二十大的胜利召开做好思想上和理论上的准备。最近，中共中央印发了《关于党的二十大代表选举工作的通知》，党的二十大的筹备工作已经有序启动。

二、纵观"三个决议"，精准把握六中全会决议的核心内容

毛泽东同志强调："如果不把党的历史搞清楚，不把党在历史上所走的路搞清楚，便不能把事情办得更好。"习近平总书记也强调："回顾历史不是为了从成功中寻求慰藉，更不是为了躺在功劳簿上、为回避今天面临的困难和问题寻找借口，而是为了总结历史经验、把握历史规律，增强开拓前进的勇气和力量。"因此，我们党每到重大历史关头，都会为解决历史重大问题、凝聚人心认真总结历史经验，作出历史决议。党的百年历史中，在十九届六中全会《决议》之前的两份历史决议，分别是1945年4月六届七中全会通过的《关于若干历史问题的决议》和1981年6月十一届六中全会通过的《关于建国以来党的若干历史问题的决议》。第三个历

史决议同党的前两个历史决议既一脉相承又与时俱进，要统观三个决议，精准把握十九届六中全会决议的核心内容。

第一个历史决议是1945年4月，党在争取抗战最后胜利的关头作出的。当时的历史背景是，自1931年初的六届四中全会之后，以王明为代表的"左"倾教条主义开始在党中央占据统治地位，导致中央苏区第五次反"围剿"失败，被迫长征；1935年1月召开的遵义会议，在生死存亡的关键时刻，恢复了毛泽东对红军的军事指挥权，确立了他在红军和党中央的领导地位，挽救了党、挽救了红军、挽救了中国革命。军事路线上犯了错误，战争结果可以直接体现，但要认识到政治路线、思想路线上的错误，则要艰难得多。从遵义会议到第一个历史决议的10年间，"左"倾错误一直反复地困扰党内。1937年11月，王明从莫斯科回到延安，但他这次不再是"左"的代表，而是带着右倾思想，主张"一切服从统一战线""一切经过统一战线"，对毛泽东形成了事实上的"孤立"。1938年3月，中共中央派遣任弼时去莫斯科向共产国际汇报，并任中共驻共产国际代表。共产国际执委会主席团肯定了中国共产党独立自主的路线，并"支持毛泽东同志为中共领导人"，强调"他是在实际斗争中锻炼出来的"。同年9月，党召开六届六中全会，进一步明确了毛泽东的领导地位，解决了党的统一领导问题，这次会议"是决定中国之命运的"。但是，这次全会虽然纠正了王明当时的右倾错误，但对六届四中全会至遵义会议的"左"倾错误，党内仍没有统一认识，1941年的皖南事变就是集中体现。此时，毛泽东意识到，"左"和右看似两个极端，但由"左"转到右，则说明"两极相通"，非"左"即右都根源于一个思想方法，即不了解中国具体实际或不能揭示中国革命客观规律的主观主义。为此，毛泽东主持汇编了《六大以来》并于1941年底印发；1942年和1943年，《六大以前》《两条路线》也相继出版。这些文献的出版，让全党特别是党的高级干部看清了过去的错误，更深刻地认识党的历史上的路线是非问题。1945年，党的六届七中全会通过了《关于若干历史问题的决议》，对建党以后的24年，特别是党的六届四中全会至遵义会议前这一段党的历史及其经验教训进行了总结，对若干重大历史问题作出了结论，使全党特别是党的高级干部对中国革命基本问题的认识达到了一致，增强了全党团结，为党的七大胜利召开创造了充分条件，为确立毛泽东思想在党内的指导思想地位提供了非常好的历史基础，有力促进了中国革命事业的发展。

第二个历史决议是 1981 年 6 月，党在改革开放大潮正起的时候作出的。当时的历史背景是，中国已进入改革开放和社会主义现代化建设新时期，面临着如何评价毛泽东同志和毛泽东思想，如何评价"文化大革命"，如何评价新中国成立以来中国共产党和中华人民共和国的历史等重大历史问题。不解决这些问题，改革开放和现代化建设就不可能顺利推进。而且，党的十一届三中全会后，随着拨乱反正的全面展开和深入进行，党内外的思想十分活跃。其间，有人曲解"解放思想"的口号，把党在社会主义革命和建设时期的错误加以极端夸大，企图否定党的领导，否定社会主义道路，一些人还恶意攻击毛泽东。为统一思想，在 1979 年春党中央召开的理论工作务虚会上，有人建议要像 1945 年党的六届七中全会作出《关于若干历史问题的决议》那样，作一个中华人民共和国成立以来若干历史问题的决议。同年 11 月，在邓小平同志亲自主持下，《决议》起草小组成立。邓小平同志就决议起草提出三点意见："第一，确立毛泽东同志的历史地位，坚持和发展毛泽东思想，这是最核心的一条。不仅今天，而且今后，我们都要高举毛泽东思想的旗帜。""毛泽东思想这个旗帜丢不得。丢掉了这个旗帜，实际上就否定了我们党的光辉历史。""如果不写或写不好这个部分，整个决议都不如不做。""第二，对建国三十年来历史上的大事，哪些是正确的，哪些是错误的，要进行实事求是的分析，包括一些负责同志的功过是非，要做出公正的评价。""第三，通过这个决议对过去的事情做个基本的总结。还是过去的话，这个总结宜粗不宜细。总结过去是为了引导大家团结一致向前看。争取在决议通过以后，党内、人民中间思想得到明确，认识得到一致，历史上重大问题的议论到此基本结束。"这三点建议，基本确定了第二个历史决议的内容框架。陈云同志对这份决议的完善提出了宝贵意见，认为决议要达到确立毛泽东的历史地位、坚持和发展毛泽东思想的目的，需要增加回顾新中国成立以前 28 年历史的段落。邓小平同志评价说："60 年一写，毛泽东同志的功绩、贡献就会概括得更全面，确立毛泽东同志的历史地位，坚持和发展毛泽东思想，也就有了全面的根据。""这是一个很重要的意见，现在前言有了。"1981年，党的十一届六中全会通过了《关于建国以来党的若干历史问题的决议》，回顾了新中国成立以前党的28年的历史，重点总结了中华人民共和国成立32年以来党的历史，总结了社会主义革命和建设的历史经验，对一些重大事件和重要人物作出了评价，特别是正确评价了毛泽东同志和毛泽东思想，分清了是非，纠正了"左"右两方面的错误观点，统一了全党思想，对推动党团结一致向前看、更好推进改革开放和社会主义现代化建设产生了重大影响。

现在，距离第一个历史决议制定已经过去了76年，距离第二个历史决议制定也过去了40年。40年来，党和国家事业大大向前发展了，党的理论和实践也大大向前发展了。如今，世界正经历着百年未有之大变局，中华民族伟大复兴正处于关键时期，已经进入了不可逆转的历史进程，党的第一个百年奋斗目标已经胜利实现，在中华大地上全面建成了小康社会，历史性地解决了绝对贫困问题，正在意气风发向着全面建成社会主义现代化强国的第二个百年奋斗目标迈进。站在"两个一百年"奋斗目标历史交汇点上，以习近平同志为核心的党中央高瞻远瞩、审时度势，将全面总结党的百年奋斗重大成就和历史经验作为全会的鲜明主题，这是当代中国共产党人的清醒坚定，是全会主题的必然选择，也是新的历史决议诞生的时代呼声。

习近平总书记指出："我们党已先后制定了两个历史决议。从建党到改革开放之初，党的历史上的重大是非问题，这两个历史决议基本都解决了，其基本论述和结论至今仍然适用。"这次全会决议要突出中国特色社会主义新时代这个重点，"重点总结新时代党和国家事业取得的历史性成就、发生的历史性变革和积累的新鲜经验"，体现党的十八大以来党中央对党的百年奋斗的新认识，这"有利于引导全党进一步坚定信心，聚焦我们正在做的事情，以更加昂扬的姿态迈进新征程、建功新时代"。

第三个历史决议，于2021年11月11日经党的十九届六中全会通过，于11月17日正式公开发布。全文约3.6万字，除序言和结束语之外，共有 7 个部分。

要深刻把握《决议》所聚焦的六个方面的问题：一是聚焦党领导人民进行革命、建设、改革的百年历程，全面总结党从胜利走向胜利的伟大历史进程、为国家和民族建立的伟大历史功绩；二是聚焦党坚持把马克思主义基本原理同中国具体实际相结合、同中华优秀传统文化相结合，不断推进马克思主义中国化的百年历程，深化对新时代党的创新理论的理解和掌握；三是聚焦党不断维护党的团结、维护党中央权威和集中统一领导的百年历程，深刻领悟加强党的政治建设这个马克思主义政党的鲜明特征和政治优势；四是聚焦党为中国人民谋幸福、为中华民族谋复兴的百年历程，深刻认识党同人民生死相依、休戚与共的血肉联系，更好地为人民谋幸福、依靠人民创造历史伟业；五是聚焦党加强自身建设、推进自我革命的百年历程，增强全面从严治党永远在路上的坚定和执着，确保党在新时代坚持和发展中国特色社会主义的历史进程中始终成为坚强领导核心；六是聚焦历史发展规律和大势，始终掌握新时代新征程党和国家事业发展的历史主动，增强锚定既定奋斗目标、意气风发走向未来的勇气和力量。这六个方面是《决议》的核心内容。

要深入领会《决议》总结的党百年奋斗的五条历史意义、十条宝贵历史经验、四个历史阶段、三次历史性飞跃、"两个确立"、一个根本问题和一个伟大号召。

《决议》指出，党的百年奋斗从根本上改变了中国人民的前途命运；开辟了实现中华民族伟大复兴的正确道路；展示了马克思主义的强大生命力；深刻影响了世界历史进程；锻造了走在时代前列的中国共产党。这五条历史意义全面、深刻、系统阐述了党对中国人民、对中华民族、对马克思主义、对人类进步事业、对马克思主义政党建设所作的历史性贡献，既立足中华大地，又放眼人类未来，体现了中国共产党和中国人民、中华民族的关系，体现了中国共产党和马克思主义、世界社会主义、人类社会发展的关系。《决议》还从坚持党的领导、坚持人民至上、坚持理论创新、坚持独立自主、坚持中国道路、坚持胸怀天下、坚持开拓创新、坚持敢于斗争、坚持统一战线、坚持自我革命等十个方面总结概括了党百年奋斗的历史经验。这"十个坚持"是系统完整、相互贯通的统一体，深刻揭示了党和人民事业不断成功的根本保证，揭示了党始终立于不败之地的力量源泉，揭示了党始终掌握历史主动的根本原因，揭示了党永葆先进性和纯洁性、始终走在时代前列的根本途径。这些宝贵经验是从我们党的历史中总结出来的，不是从天上掉下来的，不是从书本中抄下来的，不是从别的国家照搬过来的，而是100年来中国共产党团结带领人民，历经千辛万苦、付出巨大代价得来的。从习近平总书记"七一"重要讲话中的"九个必须"到《决议》中的"十个坚持"，进一步概括了中国共产党百年奋斗的成功密码。我们要深刻认识党的百年奋斗的历史意义和历史经验，作为正确判断形势、科学预见未来、把握历史主动的重要思想武器，作为想问题、作决策、办事情的重要遵循，作为加强党性修养的重要指引，在前进道路上始终充满自信。

要切实把握《决议》对党的百年奋斗征程的四个历史阶段的划分，把握每一个阶段党面临的主要任务、取得的伟大飞跃，以及党在每一个历史阶段向世界所做出的庄严宣告。党的百年历史四个阶段的划分是：新民主主义革命时期、社会主义革命和建设时期、改革开放和社会主义现代化建设时期、中国特色社会主义新时代。在新民主主义革命时期，党面临反对帝国主义、封建主义、官僚资本主义，争取民族独立、人民解放，为实现中华民族伟大复兴创造根本社会条件的主要任务，带领中国人民，浴血奋战、百折不挠，实现了中国从几千年封建专制政治向人民民主的伟大飞跃，创造了新民主主义革命的伟大成就、伟大胜利，向世界庄严宣告，中国人民从此站起来了，中华民族任人宰割、饱受欺凌的时代一去不复返了，中国发展从此开启了新纪元。在社会主义革命和建设时期，党面临实现从新民主主义到社会主义的转变、进行社会主义革命、推进社会主义建设、为实现中华民族伟大复兴奠定根本政治前提和制度基础的主要任务，带领中国人民，自力更生、发愤图强，实现了一穷二白、人口众多的东方大国大步迈进社会主义社会的伟大飞跃，创造了社会主义革命和建设的伟大成就，向世界庄严宣告，中国人民不但善于破坏一个旧世界也善于建设一个新世界，只有社会主义才能救中国，只有社会主义才能发展中国。在改革开放和社会主义现代化建设新时期，党面临继续探索中国建设社会主义的正确道路、解放和发展社会生产力、使人民摆脱贫困和尽快富裕起来、为实现中华民族伟大复兴提供充满新的活力的体制保证和快速发展的物质条件的主要任务，带领中国人民，解放思想、锐意进取，推进了中华民族从站起来到富起来的伟大飞跃，创造了改革开放和社会主义现代化建设的伟大成就，向世界庄严宣告，改革开放是决定当代中国前途命运的关键一招，中国特色社会主义道路是指引中国发展繁荣的正确道路，中国大踏步赶上了时代。在中国特色社会主义新时代，党面临实现第一个百年奋斗目标、开启实现第二个百年奋斗目标新征程、朝着实现中华民族伟大复兴的宏伟目标继续前进的主要任务，带领中国人民，自信自强、守正创新，迎来了从站起来、富起来到强起来的伟大飞跃，创造了新时代中国特色社会主义的伟大成就，向世界庄严宣告，实现中华民族伟大复兴进入了不可逆转的历史进程！这四个历史分期一脉相承、层层递进，同时一个主题贯穿始终、分外清晰，即中国共产党团结带领中国人民所进行的一切奋斗、一切牺牲、一切创造，都是为中国人民谋幸福、为中华民族谋复兴。

要精准把握《决议》关于马克思主义中国化的三次历史性飞跃。《决议》指出，在革命斗争中，以毛泽东同志为主要代表的中国共产党人，把马克思列宁主义基本原理同中国具体实际相结合，对经过艰苦探索、付出巨大牺牲积累的一系列独创性经验作了理论概括，开辟了农村包围城市、武装夺取政权的正确革命道路，创立了毛泽东思想，体现为实事求是、群众路线、独立自主三个基本方面，是马克思主义中国化的第一次历史性飞跃，为夺取新民主主义革命胜利指明了正确方向，为党和人民事业发展提供了科学指引。"文化大革命"结束以后，党领导和支持开展真理标准问题大讨论，从新的实践和时代特征出发坚持和发展马克思主义，以理论创新引领事业发展，先后创立了邓小平理论，成功开创了中国特色社会主义；形成了"三个代表"重要思想，成功把中国特色社会主义推向21世纪；形成了科学发展观，成功在新形势下坚持和发展了中国特色社会主义。党在理论上的创新发展，科学回答了建设中国特色社会主义的发展道路、发展阶段、根本任务、发展动力、发展战略、政治保证、祖国统一、外交和国际战略、领导力量和依靠力量等一系列基本问题，形成中国特色社会主义理论体系，实现了马克思主义中国化新的飞跃，不断推动开创改革开放和社会主义现代化建设新局面。党的十八大以来，中国特色社会主义进入新时代。以习近平同志为主要代表的中国共产党人，坚持把马克思主义基本原理同中国具体实际相结合、同中华优秀传统文化相结合，坚持毛泽东思想、邓小平理论、"三个代表"重要思想、科学发展观，深刻总结并充分运用党成立以来的历史经验，从新的实际出发，创立了习近平新时代中国特色社会主义思想，实现了马克思主义中国化新的飞跃。

习近平新时代中国特色社会主义思想是当代中国马克思主义、21 世纪马克思主义，是中华文化和中国精神的时代精华。《决议》立足新时代 9 年来党和国家事业在坚持党的全面领导、全面从严治党、经济建设、全面深化改革开放、政治建设、全面依法治国、文化建设、社会建设、生态文明建设、国防和军队建设、维护国家安全、坚持"一国两制"和推进祖国统一、外交工作等 13 个方面取得的历史性成就、发生的历史性变革，对习近平新时代中国特色社会主义思想的理论内涵在党的十九大的科学概括基础上进行了与时俱进的发展和完善。一方面，理论主题进一步丰富。党的十九大的概括是："新时代坚持和发展什么样的中国特色社会主义、怎样坚持和发展中国特色社会主义"。《决议》充分总结了党的十九大以来习近平总书记对关系新时代党和国家事业发展的一系列重大理论和实践问题的深邃思考和科学判断，将习近平新时代中国特色社会主义思想的理论主题进一步概括为：新时代坚持和发展什么样的中国特色社会主义、怎样坚持和发展中国特色社会主义，建设什么样的社会主义现代化强国、怎样建设社会主义现代化强国，建设什么样的长期执政的马克思主义政党、怎样建设长期执政的马克思主义政党。作为马克思主义中国化新的飞跃，习近平新时代中国特色社会主义思想的理论主题更加完备。另一方面，科学内涵进一步拓展。党的十九大的概括是"八个明确"和"十四个坚持"。《决议》在此基础上，充分吸收党的十九大以来习近平总书记提出的一系列原创性的治国理政新理念新思想新战略，将这一科学思想重新概括为"十个明确"。新增的两个"明确"是："明确必须坚持和完善社会主义基本经济制度，使市场在资源配置中起决定性作用，更好发挥政府作用，把握新发展阶段，贯彻创新、协调、绿色、开放、共享的新发展理念，加快构建以国内大循环为主体、国内国际双循环相互促进的新发展格局，推动高质量发展，统筹发展和安全"和"明确全面从严治党的战略方针，提出新时代党的建设总要求，全面推进党的政治建设、思想建设、组织建设、作风建设、纪律建设，把制度建设贯穿其中，深入推进反腐败斗争，落实管党治党政治责任，以伟大自我革命引领伟大社会革命"。原有的"八个明确"在表述上也有新的变化，例如，在"明确坚持和发展中国特色社会主义"这一条中，在总任务和分步走的基础上，增加了"以中国式现代化推进中华民族伟大复兴"，明确了基本路径；在"明确新时代我国社会主要矛盾"这一条中，增加了关于"发展全过程人民民主""全体人民共同富裕取得更为明显的实质性进展"等表述，目标性更强；在"明确中国特色大国外交"这一条中，增加了"服务民族复兴、促进人类进步"的表述，更好体现了我国外交的价值理念。此外，还有一个重要的调整，就是把"明确中国特色社会主义最本质的特征是中国共产党领导"这一条的位置，由"八个明确"中的最后一条，调整为"十个明确"中的第一条，并增加了"增强'四个意识'、坚定'四个自信'、做到'两个维护'"的表述。由此可见，从"八个明确"到"十个明确"，不是简单的数量变化，而是对习近平新时代中国特色社会主义思想这一科学理论的体系、结构和内容的优化完善，这是党对中国特色社会主义建设规律认识深化和理论创新的重大成果，反映了党对中国特色社会主义规律性认识的深化和升华，体现了与时俱进的马克思主义理论品格。

要切实把握《决议》关于的重大政治论断。《决议》指出，"党确立习近平同志党中央的核心、全党的核心地位，确立习近平新时代中国特色社会主义思想的指导地位，反映了全党全军全国各族人民的共同心愿，对新时代党和国家事业发展、对推进中华民族伟大复兴历史进程具有决定性意义。"坚强的领导核心和科学的理论指导，是关系党和国家前途命运、党和人民事业兴衰成败的根本性问题。党的十八大以来，党和国家事业取得历史性成就、发生历史性变革，根本在于有以习近平同志为核心的党中央掌舵领航，有习近平新时代中国特色社会主义思想指引航向。历史有力地证明，没有中国共产党就没有新中国，就没有中国特色社会主义，也就没有中华民族的伟大复兴；社会主义没有辜负中国，中国没有辜负社会主义。"两个确立"是历史和时代的选择，是党和国家的历史幸运、时代幸运，是深刻总结党的百年奋斗、党的十八大以来伟大实践得出的重大历史结论，体现了全党的共同意志、反映了人民的共同心声和共同愿望。我们要始终如一地坚持和捍卫"两个确立"，坚定做到"两个维护"，始终在政治立场、政治方向、政治原则、政治道路上同以习近平同志为核心的党中央保持高度一致。

要深度把握《决议》提出的一个根本问题和一个伟大号召。《决议》指出，"全党要牢记中国共产党是什么、要干什么这个根本问题，把握历史发展大势，坚定理想信念，牢记初心使命，始终谦虚谨慎、不骄不躁、艰苦奋斗，从伟大胜利中激发奋进力量，从弯路挫折中吸取历史教训，不为任何风险所惧，不为任何干扰所惑，决不在根本性问题上出现颠覆性错误，以咬定青山不放松的执着奋力实现既定目标，以行百里者半九十的清醒不懈推进中华民族伟大复兴"。号召全党全军全国各族人民，"勿忘昨天的苦难辉煌，无愧今天的使命担当，不负明天的伟大梦想，以史为鉴、开创未来，埋头苦干、勇毅前行，为实现第二个百年奋斗目标、实现中华民族伟大复兴的中国梦而不懈奋斗"。

"是什么"关系到党的性质宗旨，"要干什么"关系到党的使命任务，"是什么、要干什么"，是党的初心使命、性质宗旨、理想信念、奋斗目标的集中体现。中国共产党是什么？党章规定，中国共产党是中国工人阶级的先锋队，同时是中国人民和中华民族的先锋队，是中国特色社会主义事业的领导核心，代表中国先进生产力的发展要求，代表中国先进文化的前进方向，代表中国最广大人民的根本利益。党的最高理想和最终目标是实现共产主义。今年8月，中宣部发布文献《中国共产党的历史使命与行动价值》，从党是全心全意为人民服务的政党、是为实现理想不懈奋斗的政党、是具有强大领导力执政力的政党、是始终保持旺盛生机和活力的政党、是为人类和平与发展贡献力量的政党五个方面，回答了中国共产党是一个什么样的政党。中国共产党要干什么？习近平总书记在庆祝中国共产党成立100周年大会上的重要讲话中指出："中国共产党一经诞生，就把为中国人民谋幸福、为中华民族谋复兴确立为自己的初心使命。一百年来，中国共产党团结带领中国人民进行的一切奋斗、一切牺牲、一切创造，归结起来就是一个主题：实现中华民族伟大复兴。"党的十八大以来，习近平总书记反复强调"不忘初心、牢记使命"。"是什么、要干什么"，是一种对身份使命的深刻追寻。忘记了"是什么"，迟早会变质；忘记了"要干什么"，早晚会迷途。每一位共产党员要始终牢记"中国共产党是什么、要干什么这个根本问题"，积极响应党的伟大号召，自觉把不忘初心、牢记使命作为永恒的终身的课题常抓不懈，以党的创新理论滋养初心、引领使命，从党的非凡历史中追寻初心、激励使命，在严肃党内政治生活中锤炼初心、体悟使命，把初心和使命变成锐意进取、开拓创新的精气神和埋头苦干、真抓实干的原动力。

纵观三个历史决议，每一个历史决议，都铭刻下一个马克思主义政党的历史自觉，都记录下一个古老民族坚定不移奋进的身影。70多年前，《关于若干历史问题的决议》通过后，毛泽东同志发出号召："一切同志，要在这个历史决议案下团结起来，像决议案上说的团结得像一个和睦的家庭一样。"40年前，《关于建国以来党的若干历史问题的决议》通过后，邓小平同志深刻指出，决议"真正是达到了我们原来的要求。这对我们统一党内的思想，有很重要的作用"。今天，《中共中央关于党的百年奋斗重大成就和历史经验的决议》通过后，习近平同志无比豪迈地宣告，"今天，我们比历史上任何时期都更接近、更有信心和能力实现中华民族伟大复兴的目标。在新的起点上，全党必须保持战略定力、锚定战略目标，牢记'国之大者'，在实现中华民族伟大复兴的历史进程中跑好属于我们这代人的这一棒。"

三、聚焦根本任务，着力抓好六中全会精神的贯彻落实

我们学习十九届六中全会精神，关键是要坚持理论武装、指导实践、推动工作这一总的要求，既要着力全会精神讲深讲透、学懂弄通、入脑入心，又要确保全会精神落地生根、走深走实、见行见效，推动学校在办学40多年积累的坚实基础上，特别是在学校今年获评"北京市党的建设和思想政治工作先进普通高等学校"的基础上，全面贯彻党的教育方针，聚焦落实立德树人根本任务，紧紧围绕北京"四个中心"功能建设，锚定学校"十四五"时期工作目标和2035年远景目标，统筹好常态化疫情防控和教育教学工作，做好年底收尾和总结工作，提前谋划明年重点工作，更好实现高质量内涵式发展，更好服务和融入北京新发展格局，更加奋发有为地推动首都新发展。

1. 要坚持上下联动，切实抓好六中全会精神大学习

当前和今后一段时期，及时学习好、宣传好、贯彻好党的十九届六中全会精神是学校首要的重大政治任务，要精心组织学习培训，有效开展集中宣讲，深入开展宣传阐释，深化党史学习教育，统筹抓好当前工作，迅速形成学习宣传贯彻热潮。校院领导要率先垂范，主动面向师生开展宣讲。通过校领导带头宣讲、各单位组织内部宣讲等方式，形成分级分层分类宣讲格局，推动宣讲活动全面深入开展。各级党组织要将党的十九届六中全会精神列入校院党委理论学习中心组学习、教职工政治理论学习、党支部学习、干部培训以及师生骨干和党团校培训计划，列为专题必学内容，结合新教师研习营、新生入学教育、党员先锋工程、入党积极分子教育等工作融入师生思想政治教育；校党委组织部要把学习宣传贯彻全会精神与党员干部教育培训工作、与加强领导班子建设和党支部建设结合起来；校党委宣传部要扎实做好全会精神宣传工作，利用各种宣传阵地和载体，特别是用好新媒体、橱窗、宣传栏、电梯间等宣传阵地，开展形式多样的主题宣传活动，扩大覆盖面，增强实效性；校党委学生工作部、研究生工作部、校团委等部门要充分发挥自身优势，创新载体，突出以党史学习为重点的"四史"学习教育活动，在本专科生、研究生中认真组织主题

班团日和党日活动，开展知识竞赛、时事论坛、专家报告、征文演讲、社会实践等形式多样的学习实践活动，用好我校师生参加建党百年、北京2022年冬奥会和冬残奥会等重大活动的宝贵资源，深入学生中开展宣讲交流，实现全覆盖；各学院要采取有力措施，专题研究，在推动全会精神进校园、进班团组织、进学生宿舍、进教学科研团队、进校园网络上出实招，见实效，要发挥教师党支部作用，推动教师通过研讨会、交流会、集体备课等形式，将全会精神融入课程；马克思主义学院要发挥课堂主渠道作用，组织思想政治理论课教师深入学习把握全会精神重点内容，开展集体备课和教学研讨，在课程中及时融入、宣讲全会精神，深刻阐释其丰富内涵和核心要义，要充分发挥好重点马院的辐射作用，推动"大思政课"建设，持续探索红色资源融入思想政治理论课实践教学环节的改革创新。

2. 要坚持攻坚克难，推动党建思政工作再上新台阶

今年，在全校师生的共同努力下，我们获评了"北京市党的建设和思想政治工作先进普通高等学校"，这是学校在"十四五"开局之年的标志性成果，是40多年来几代联大人接力奋斗的结果，是我们肩负使命、继续奋斗的坚实基础和新的起点。我们要以行百里路半九十的清醒，深刻认识和反思学校在党建和思想政治工作方面存在的短板和不足，对照党建工作主体责任清单，对照巡视巡察发现的问题，对照党建先进校入校检查反馈的问题，坚持问题导向和成果导向，深入推进整改落实，推动学校党建和思想政治工作持续加强。要坚持以习近平总书记关于加强高校党建工作的重要论述为指导，把学习十九届六中全会精神与学习全国和北京市高校思政会精神、教育大会精神结合起来、贯通起来，牢记教育是国之大计、党之大计，牢记为党育人为国育才初心使命，牢记培养什么样的人、怎样培养人、为谁培养人这个教育的根本问题，用习近平新时代中国特色社会主义思想铸魂育人，把思想政治工作体系贯通人才培养体系，努力构建德智体美劳全面发展的教育体系，构建高质量的思想政治工作体系，形成更高水平的人才培养体系，努力培养德智体美劳全面发展的社会主义建设者和接班人，努力培养可堪民族复兴大任的时代新人，确保党的建设和党的事业后继有人、兴旺发达。要深入贯彻落实《中国共产党普通高等学校基层组织工作条例》，对标落实新版《北京普通高等学校党建和思想政治工作基本标准》，坚持抓基层、打基础，准确把握北京高校党建工作面临的新形势新要求，始终坚持社会主义办学方向，全面提高党建工作质量，不断增强思想政治工作，大力推进全面从严治党向纵深发展，扎实推动党建工作与事业发展深度融合，坚决维护学校安全稳定。要深度开展实施"以教师党支部为依托全面推进课程思政建设"党建思政特色项目，开好深化课程思政建设推进会，开好教师党支部推进课程思政建设现场交流会等。

3. 要坚持同心协力，全面推进高水平应用型大学建设

学校《"十四五"时期发展规划（2021—2025年）》已基本通过市教委审查。作为学校"十四五"规划体系重要组成部分的各专项规划和各学院规划，要抓紧时间对照学校总体规划进行完善，学校将在年底前召开专题会议逐一听取汇报，逐一审定规划文本。作为学校中层干部，要时刻把学校发展规划放在心里，牢记我们的定位是："坚持以人民为中心，全面贯彻党的教育方针，对标北京'四个中心'城市战略定位，建设高水平应用型大学"；牢记我们"十四五"时期的目标是："在首都教育实现高水平现代化的总体格局中，努力走在高水平应用型大学建设前列"；牢记我们将深入实施"学术立校、人才强校、开放兴校"三大战略，以实现高质量内涵式发展为主题、以落实立德树人根本任务为主线；牢记我们在规划中所确定的"努力实现高等教育国家级教学成果奖零突破""确保获批博士授权单位""科技成果转化取得重大突破，科研经费总量达到10亿元"等重要关键目标，同心协力，确保如期取得标志性成果。同时，要按照北京市教委关于启动市属高校章程修订工作的相关要求和部署，做好学校章程的修订工作，以此推进学校治理体系和治理能力现代化，为学校"十四五"规划的组织和实施提供坚强有力的制度保障。

十九届六中全会是在中国共产党百年华诞之际，在"两个一百年"历史交汇点上，召开的一次承上启下、继往开来的十分重要的会议，全会审议通过的决议是我们党的百年总结。以习近平新时代中国特色社会主义思想为指导，深入学习十九届六中全会精神，是我们增强"四个意识"、坚定"四个自信"、做到"两个维护"的需要，是我们牢记为党育人为国育才初心使命，落实抓好后继有人这个根本大计的需要，是我们坚持社会主义办学正确方向，建设高水平应用型大学，不断提高人才培养能力和质量的需要。让我们牢记党中央号召，坚决把思想和行动统一到党中央重大决策部署上来，弘扬伟大建党精神，传承"不负使命、勇于担当，自强不息、艰苦奋斗，改革创新、与时俱进"的联大品质，埋头苦干、勇毅前行，不断推动学校事业在新的起点上更好实现高质量内涵式发展，以优异成绩迎接党的二十大召开！

坚定理想信念　勇于担当使命 ①

　　中国共产党的领导是中国特色社会主义最本质的特征，是中国特色社会主义制度的最大优势。必须坚持党政军民学、东西南北中，党是领导一切的，党是最高政治领导力量。要健全"总揽全局、协调各方"的党的领导制度体系，把中国共产党的领导落实到国家治理各领域各层面各环节，坚决维护党中央的权威，落实党中央的各项决策部署。党的十九届四中全会明确提出："建立不忘初心、牢记使命的制度。"[1]要通过这一制度的实施，用共产主义远大理想和中国特色社会主义共同理想凝聚全党、团结人民，用习近平新时代中国特色社会主义思想武装全党、教育人民、指导工作，夯实党执政的思想基础，确保全党遵守党章，恪守党的性质和宗旨。要将不忘初心、牢记使命作为加强党的政治建设以及各项建设的永恒课题和全体党员、干部的终身课题，形成长效机制，不断锤炼党员、干部忠诚干净担当的政治品格。持续推进党的理论创新、实践创新、制度创新，全面贯彻党的基本理论、基本路线、基本方略，使党的一切工作顺应时代潮流、符合发展规律、体现人民愿望，确保党始终走在时代前列、得到广大人民衷心拥护。

一、系统深入学习，为勇担新时代历史使命奠定思想之"基"

　　中国共产党是一个高度重视学习和善于学习的政党，从思想上建党是中国共产党的优良传统和政治优势，也是重要的历史经验。全体党员要通

---

①　本文发表于《北京联合大学学报（人文社会科学版）》2020 年 1 月期，作者李学伟。

过读原著、学原文、悟原理，用马克思主义理论武装全党，为勇担新时代历史使命奠定思想之"基"。

1. 读原著

读原著是共产党人的必修课，目的是通过重温经典，追溯马克思主义政党保持先进性和纯洁性的理论源头，感悟马克思主义的真理力量，坚定共产主义信仰和中国特色社会主义信念，提高全党运用马克思主义基本原理解决当代中国实际问题的能力和水平。读原著能够让党员和干部知理论全貌、懂得联系实际。我们必须舍得花时间、下功夫去研读原著，努力把握著作的原貌和全貌。只有这样，才能弄通弄懂各个章节、体系之间的内在联系。读原著贵在重视这个"原"字，要认真研读第一手资料，在原著、原文中把握理论的真实内涵和思想精髓，以便运用理论内容精准导航工作实践。坚持读原著有利于培养良好的学风。关于学风问题，习近平总书记就给我们树立了好榜样。党员领导干部下足功夫、平心静气研读原著，有利于克服浮躁心态，使自己养成良好的读书习惯，使学习成为自己重要的生活方式之一。

精神要靠理论来滋养，信仰要靠理论来培育。对信仰的坚守、信念的执着，来自理论上的清醒与自觉。马克思主义经典著作为我们认识世界、改造世界提供了强大的思想武器，奠定了共产党人坚定理想信念、坚守精神家园的理论基础。实践证明，党员干部理论学得越深、信得越真，信念就越加坚定，信仰就更加笃定，就越能担当起新时代的历史使命。

2. 学原文

马克思主义理论精髓都在其原文之中。学习马克思主义原理、掌握马克思主义真谛，必须下功夫学原文。习近平新时代中国特色社会主义思想是马克思主义中国化的最新成果，是当代中国的马克思主义。这一光辉思想"必将深刻影响党的建设进程、中国特色社会主义进程、中华民族发展进程和人类社会发展进程，是中国共产党人新时代的精神支柱和力量源泉，是夺取新时代中国特色社会主义伟大胜利的光辉旗帜"[2]。作为高校的党员干部，要坚定理想信念，勇于担当使命，就必须学深悟透习近平新时代中国特色社会主义思想。习近平新时代中国特色社会主义思想是系统完整、逻辑严密的科学理论体系，集中反映了新一届中央领导集体的执政理念、信念意志和工作思路，有机结合了中国革命、建设和改革的历史逻辑、理论逻辑和实践逻辑，是一个全面、系统、协调的科学理论体系，有着深刻内涵和多重思想维度。要想把这个科学理论体系精髓内化为我们的思想路标、行动指南、做事动力，需要我们踏踏实实下功夫读原著、学原文，刻苦学习、深入研究、认真领悟，全面、系统、持续地研读领会，在每个专题都学深、学透、学懂的基础上，从整体角度综合把握各个领域、各个方面的重大思想理论观点，只有这样才能深刻理解习近平新时代中国特色社会主义思想的时代背景、鲜明主题和核心脉络，领会掌握贯穿其中的马克思主义立场观点方法，准确认识蕴含其中的治国理政新理念新思想新方略新要求，把握其重大理论意义和实践价值，真正提高我们的思想理论水平和政治决策能力。

3. 悟原理

理论学习要有收获，重点是要在刻苦学习原文的基础上注重悟原理，要深刻领悟、加深理解、学深悟透、融会贯通。既深入理解习近平新时代中国特色社会主义思想的新理念新观点新要求，又着力把握习近平新时代中国特色社会主义思想所体现的科学思想方法和工作方法，切实提高深入掌握、坚定执行党的思想路线和方针政策的水平，提高运用马克思主义世界观和方法论研究新情况、解决新问题的能力。要不断增强贯彻落实习近平新时代中国特色社会主义思想的自觉性主动性坚定性。要弘扬理论联系实际的马克思主义学风，坚持带着问题学、深入思考学、联系实际学，真正用心去体会、悉心去领悟、诚心去践行，不断提高自己发现问题、分析问题、解决问题的能力。特别是要紧密结合推进具有许多新的历史特点的伟大斗争，聚焦高等教育改革发展稳定重大问题、师生反映强烈的突出问题、党的建设面临的许多风险考验问题，深刻领会习近平新时代中国特色社会主义思想的内在精神，紧密结合自己的思想、工作实际，寻求急需解决问题的因应之策和破解之道。在实践中创造出更加优异的工作业绩。

二、坚定理想信念，为勇担新时代历史使命补足精神之"钙"

坚定理想信念，坚守共产党人的精神追求，始终是共产党人安身立命的根本。十月革命一声炮响，给中国送来了马克思列宁主义。信仰马列主义、传播马列主义，成为建党初期先进知识分子共同的信仰和追求。五四运动和马列主义的传播造就了一批年轻人，虽然后来这其中有叛变的、有落后的、有牺牲的，但能够坚定地坚持下来的都是被强大的信仰的力量所支撑着的，也正因为如此，中国共产党人才能够一代一代地前仆后继取得了辉煌的成就。习近平总书记指出："一切向前走，都不能忘记走过的路；走得再远、走到再光辉的未来，也不能忘记走过的过去，不能忘记为什么出发。"[3]

1. 坚定对马克思主义的信仰

19 世纪 40 年代，在批判地继承和吸收人类关于自然科学、思维科学、社会科学优秀成果的基础上，马克思、恩格斯创立了马克思主义。马克思主义是关于全世界无产阶级和全人类彻底解放的学说，是在实践中不断地被丰富、发展和完善的无产阶级思想的科学体系。

革命理想高于天。马克思主义理论和共产主义信仰以追求无产阶级乃至全人类的解放为己任，这种崇高的信仰赋予了中国共产党人强大的批判武器和坚定的革命意志，中国共产党人的理想信念是建立在对马克思主义的深刻理解之上，建立在对社会发展历史规律的深刻把握之上的。近代中国历史变迁深刻表明：只有在中国共产党的领导下，中国人民才能实现民族解放和国家独立，实现从站起来、富起来到强起来的伟大飞跃。而中国共产党能够担当这一历史使命的关键，正在于有了马克思主义的科学政治信仰和思想武器。正因为中国共产党人认真学习马克思主义，深刻理解马克思主义，深刻把握历史规律，把马克思主义普遍原理与中国实际相结合，坚定不移地立足于中国国情、中国实际，才不断地在实践中推进马克思主义的中国化，先后产生了毛泽东思想、邓小平理论、"三个代表"重要思想、科学发展观、习近平新时代中国特色社会主义思想，让马克思主义在中国发展的进程中带着中国的特点、中国的气质、中国的味道，为全党和全国人民提供了强大的理论武装。中国共产党人对马克思主义的扎实信仰、对社会主义和共产主义原理的执着守望与践行，是中国共产党人的伟大政治灵魂所在，是共产党人能够经受任何风险与考验的精神依靠和力量。回顾中国共产党近百年的历史，为了追求民族独立和人民解放，一代又一代共产党人呕心沥血、披荆斩棘，甚至不惜流血牺牲，靠的就是信仰的支撑，为的就是理想的实现。尽管他们深知，自己追求的理想并不会在自己的时代完整呈现，但他们抱着功成不必在我、功成必定有我的决心，坚信只要通过一代代共产党人秉持初心、传承理想、持续奋斗，崇高的理想必将会在一代代人的接力奋斗中实现。

2. 坚定对中国特色社会主义的信念

马克思主义是中国共产党人的信仰，因为它是与中华民族的命运血肉相连、息息相关的，因为需要在马克思主义基本原理指导下成功解决国家、民族的命运和前途问题即中国往何处去，中国共产党以马克思主义理论和信仰为光，照亮为中国找出路、为民族找前途的艰苦探索之路。党的十一届三中全会以来，几代中央领导集体领导全党和全国人民总结国内外社会主义建设的历史经验和教训，对"什么是社会主义、怎样建设社会主义"作出了自己的独特回答，逐步确立了建设中国特色社会主义的路线、方针、政策，创立了邓小平理论，开辟了建设中国特色社会主义的正确道路，开启了改革开放的伟大实践并不断深入。以江泽民同志为核心的党的第三代中央领导集体、以胡锦涛同志为总书记的党中央领导全国人民继往开来，推进社会主义现代化事业不断取得新的胜利。历史的接力棒传到了以习近平同志为核心的党中央手中，经过持续不懈的探索，创立了习近平新时代中国特色社会主义思想，从理论和实践的结合上系统回答了新时代坚持和发展什么样的中国特色社会主义、怎样坚持和发展中国特色社会主义，与时俱进地创新了党的指导思想。沿着中国特色社会主义道路迈向中华民族伟大复兴，是恢宏壮丽的崇高事业，需要一代又一代中国共产党人前赴后继，带领全国人民接续奋斗。作为高校的党员干部和师生，我们要承担起历史和人民赋予我们的发展高等教育的重任，我们一定要常学常新常深习近平新时代中国特色社会主义思想，念出真经、悟出真谛，在为中国高等教育事业的奉献和作为中体现出对中国特色社会主义的坚定信念。用"赶考"的精神撸起袖子加油干，兢兢业业、锐意进取，为实现中华民族伟大复兴的中国梦作出自己最大的贡献！

3. 坚定对实现中华民族伟大复兴中国梦的信心

中华民族伟大复兴中国梦是以习近平同志为核心的党中央提出的重大战略思想，是中国共产党和国家对美好未来发出的政治宣言。它着眼于坚持和发展中国特色社会主义，体现了中国共产党把中国特色社会主义推向新高度的使命追求。2012 年 11 月 29 日，习近平总书记在参观《复兴之路》展览时讲道，实现中华民族伟大复兴，就是中华民族近代以来最伟大的梦想。这个梦想，凝聚了几代中国人的夙愿，体现了中华民族和中国人民的整体利益，是每一个中华儿女的共同期盼。为民族谋复兴，就是要实现中国梦，这是中华民族的伟大抱负，更是在中国共产党带领下全体中华儿女始终不渝的历史使命。习近平总书记对中国梦战略思想作出过系统阐释。他指出，实现全面建成小康社会，建成富强、民主、文明、和谐的社会主义现代化国家的奋斗目标，实现中华民族伟大复兴的中国梦，就是要实现国家富强、民族振兴、人民幸福。既充分体现了今天中国人的理想，也深刻反映了我们先人们不懈追求进步的光荣传统。中国梦的基本内涵覆盖国家、民族、人民三个层面。从国家层面来看，中国梦是指强国梦。中国要成为成熟的现代化国家，到 2050 年建设成为社会主义现代化强国。从民族层面看，中国梦就是民族复兴梦。中华民族是一个经历过苦难和辉煌的民族，深知复兴的意义。从人民层面看，中国梦就是每个中国人的梦想集合，每一个中国人都享有创造精彩人生的机会、共同享有愿景成真的机会，同时，实现中国梦也需要每一个人充分发挥积极性、创造性。上述三个层面是把国家、民族和个人作为一个命运共同体，从而使国家利益、民族利益和每个人的具体利益都紧紧地联系在一起。习近平总书记在党的十九大报告中指出："我们比历史上任何时期都更接近、更有信心和能力实现中华民族伟大复兴的目标。"[4] 所以，从事立德树人工作的高校教师，更要坚定对实现中华民族伟大复兴中国梦的信心。

三、锤炼党性修养，为勇担新时代历史使命铸造行动之"魂"

习近平总书记在庆祝中国共产党成立95周年大会上明确提出中国共产党人"坚持不忘初心、继续前进"，就要坚持"四个自信"，即"中国特色社会主义道路自信、理论自信、制度自信、文化自信"。

1. 坚定"四个自信"

坚定中国特色社会主义道路自信，就是要深刻认识中国不可能走资本主义道路，中国必须走社会主义道路。中国特色社会主义道路是实现社会主义现代化的必由之路，是创造人民美好生活的必由之路。这是由近代以来中国社会所面临的国内外形势所决定的。中国共产党成立后，领导中国人民进行了新民主主义革命，建立了人民民主专政的新中国。随着新中国建立和社会主义改造的完成，中国走上社会主义道路，中国大地的面貌焕然一新，中国革命和社会主义建设的一系列光辉成就为当代中国奠定了根本政治前提和制度基础。为了探索建设社会主义的正确道路，以毛泽东同志为核心的党的第一代中央领导集体付出了艰辛的努力，提出了许多关于中国社会主义建设的重要观点和政策，尽管在此过程中出现了失误和曲折，付出了沉重的代价，但一路坎坷留下的是伟大功勋和宝贵经验，这是我们党独立自主探索适合中国国情的社会主义道路的重要成果。以党的十一届三中全会的胜利召开为标志，我们党展开了对建设社会主义的新探索。邓小平同志提出把马克思主义的普遍真理同我国的具体实际结合起来，走自己的道路，建设有中国特色的社会主义的重大命题，指明了改革开放新时期我们党理论和实践探索的主题和方向。40多年来，中国共产党领导人民在理论创新中不懈探索、稳步前行，中国特色社会主义道路越走越宽广，前途越来越明朗。这是我们坚定道路自信的深厚基础。

坚定中国特色社会主义理论自信，就是要深刻认识中国特色社会主义理论体系是马克思主义中国化的重要成果。在中国革命、建设、改革的长期实践中，中国共产党坚持把马克思主义普遍原理同中国具体实际相结合，在推进马克思主义中国化的历史进程中产生了毛泽东思想和中国特色社会主义理论体系两大理论成果，成为引领中国共产党和中国人民前行的精神旗帜和立党立国不可替代的指导思想。毛泽东思想系统回答了在一个半殖民地半封建的东方大国，如何进行新民主主义革命和社会主义革命的问题，并对建设什么样的社会主义、怎样建设社会主义进行了不懈探索。中国特色社会主义理论体系系统回答了在中国这样一个有十几亿人口的发展中大国建设什么样的社会主义、怎样建设社会主义，建设什么样的党、怎样建设党，实现什么样的发展、怎样发展等一系列重大问题，是对毛泽东思想的继承和创新发展。深刻理解这一体系，应当清楚地认识到这一理论体系具有鲜明的实践特色、理论特色、民族特色、时代特色，它是我们党改革开放以来坚持和发展马克思主义的科学典范，是对中国特色社会主义道路的理论化总结，是指引党和人民沿着中国特色社会主义道路实现中华民族伟大复兴的正确理论和行动指南。

坚定中国特色社会主义制度自信，就是要深刻认识中国特色社会主义制度是当代中国发展进步的根本制度保障，集中体现了中国特色社会主义的特点和优势。邓小平同志指出，"领导制度、组织制度问题更带有根本性、全局性、稳定性和长期性"[5]。制度问题事关党和国家的前途命运。制定和实行什么样的制度，不仅决定了党和国家是否拥有勃勃生机，也决定了人民当家作主权利能否真正实现，关系着中国特色社会主义事业的推进是否健康、有序。中国特色社会主义道路的平稳、事业的繁荣，中国特色社会主义理论体系的切实贯彻和落实，都取决于科学合理、行之有效的制度安排和设计。

坚定中国特色社会主义文化自信，就是要深刻认识到在长期的文明发展中孕育的中华优秀传统文化，在党和人民伟大斗争中孕育的革命文化和社会主义先进文化，积淀着中华民族最深层的精神追求，是中华民族独特的精神标识，成为激励全党全国各族人民奋勇前进的强大精神力量。作为中华民族数千年历史传承至今的中华优秀传统文化，承载了中华民族共同的精神记忆和中华文明特有的文化基因，是中华民族祖先智慧的精华传递，具有丰富茁壮的生命力和悠久绵长的文化影响力。革命文化和社会主义先进文化是中华民族文化创新的证明，是对中华优秀传统文化的合规律性创造，代表了当代中国文化发展的先进成就和最高成果，成为新时代文化自信的重要来源和根基。

2. 增强 "四个意识"

"四个意识" 指政治意识、大局意识、核心意识、看齐意识，党员干部只有增强 "四个意识"，才能自觉地在思想上政治上行动上与党中央保持高度一致，才能使我们党更加团结统一、坚强有力，始终成为中国特色社会主义事业的坚强领导核心。习近平总书记这一深刻论述，为各级党组织全面从严治党指明了方向，而且为党员干部素质修养、谋事创业提供了重要准则。强化政治意识即在思想和实践中强化政治立场，提高政治思想、政治观点的影响力，对政治现象保持鲜明态度，做出正确判断和评价。当前和今后一个时期，我国正处于全面建成小康社会决胜期、建设中国特色社会主义现代化强国的关键历史时期，迫切需要党员干部保持清醒的政治头脑、保持敏锐的洞察力和鉴别力，能够辨明正确的政治路线，始终坚守对马克思主义的信仰、对中国特色社会主义和共产主义的信念、对党和人民的绝对忠诚。

强化大局意识就是要始终做到正确认识大局、自觉服从大局、坚决维护大局，确保中央决策部署在各地区特别是教育系统得到全面贯彻、落地生根。不谋全局者不足以谋一域，不谋万世者不足以谋一时。习近平总书记强调："必须牢固树立高度自觉的大局意识，自觉从大局看问题，把工作放到大局中去思考、定位、摆布，做到正确认识大局、自觉服从大局、坚决维护大局。"[6] 高校党员干部要能够自觉站在党和国家大局上想问题、看问题，坚决贯彻落实中央决策部署，确保中央政令畅通。

核心意识即坚持中国共产党的领导，坚决听从党中央的决策部署，坚决维护习近平总书记的决策威信。强化核心意识就要始终做到坚决拥护核心、坚决听从核心、坚决维护核心，确保党的领导更加坚强有力。就中国特色社会主义事业而言，中国共产党是核心；就中国共产党而言，党中央是核心；就党中央而言，习近平总书记是领导核心。广大党员干部要始终在思想上政治上行动上同以习近平同志为核心的党中央保持高度一致，积极响应党中央的号召，坚决拥护并执行党中央的决定。

党员干部还要自觉增强看齐意识，始终做到经常看齐、主动看齐、全面看齐，确保党和国家的事业沿着正确方向阔步前进。要经常主动全面地用党的理论和路线方针政策核验、校准自己的实际行动，积极向党的十九大和十九届三中、四中全会精神看齐，向党中央改革发展稳定、内政外交国防、治党治国治军各项决策部署看齐，确保党和国家的事业沿着正确方向和道路前进。

3. 做到"两个维护"

加强党对坚持和完善中国特色社会主义制度、推进国家治理体系和治理能力现代化的领导，最根本的是坚决做到"两个维护"。"两个维护"是指坚决维护习近平总书记党中央的核心、全党的核心地位，坚决维护党中央权威和集中统一领导。当前，中国共产党是一个拥有9000多万名党员、460多万个基层党组织、在14亿人口大国长期执政的大党，必须用坚强的领导核心确保党的团结和集中统一，确保党中央的权威和集中统一领导。否则，大家各自为政、各行其是，党就会变成一盘散沙，什么事情都干不成。所以，高校各级党组织和广大党员干部要提高认识，从事关党和国家前途命运的战略高度出发，按照十九届四中全会的工作部署，完善坚定维护党中央权威和集中统一领导的各项制度，包括健全党中央对重大工作的领导体制，强化党中央决策议事协调机构职能作用，完善推动党中央重大决策落实机制，一丝不苟地执行向党中央请示报告制度，确保令行禁止、井然有序。健全维护党的集中统一的组织制度，形成党的中央组织、地方组织、基层组织上下贯通、执行有力的严密体系，实现党的组织和党的工作全覆盖，确保将"两个维护"落到实处，为新时代高校党员干部勇担历史使命铸造行动之"魂"。

四、落实立德树人，为勇担新时代历史使命把稳教育之"舵"

落实立德树人，为勇担新时代历史使命把稳教育之"舵"，高校党员干部需要明确社会主义高等学校的办学目标、办学的历史使命以及落实目标和使命的途径与方法。

1. 明确城市型、应用型大学的办学目标

学习掌握习近平新时代中国特色社会主义思想，就是要在其指引下培

养一批忠诚干净担当的党员干部，使他们努力践行共产党员的初心和使命，推动党的高等教育事业高质量快速发展。如北京联合大学"不忘初心 牢记使命"主题教育的初心和使命就是在于落实立德树人的根本任务、为北京建设"四个中心"服务，培养北京需要的、全国需要的高水平应用型人才。

落实习近平总书记强调的实干兴邦的精神，高校各级党组织和广大党员干部一定要实干兴校，绝不能空谈误校。习近平总书记对新时代中国教育的本质、战略、理想、发展动力、队伍保障、根本作用、根本目标、根本任务、根本保证等方面的重要论述，标志着我们党对教育发展规律的认识达到了新高度，为新时代我国教育改革发展提供了根本遵循，指引中国教育的前进方向，也为中国大学的办学治校提供了强大的思想武器，高校党员干部必须认真学习，坚决贯彻落实。

2. 增强为党育人、为国育才的历史使命

中国共产党的初心与使命是"为中国人民谋幸福、为中华民族谋复兴"，在教育领域具体表现为"为党育人、为国育才"。习近平总书记强调，古今中外，每个国家都是按照自己的政治要求来培养人的，这深刻揭示了"教育为政治服务"的本质。教育固有政治属性，古今中外，概莫能外。我国是中国共产党领导的社会主义国家，决定了中国特色社会主义教育的根本任务是培养社会主义建设者和接班人，培养拥护中国共产党领导和我国社会主义制度、立志为中国特色社会主义奋斗终生的优秀人才。一个没有先进科学技术的国家一打就垮，而一个没有合格建设者和可靠接班人的国家则不打自垮。从这个意义上说，教育是最大的国家安全。不论教育发展到什么阶段、发展到什么程度，为党育人的初心不能忘，为国育才的立场不能丢。如，建设城市型、应用型大学既是北京联合大学的办学目标也是其显著特点，要结合时代要求，服务地方需求，在应用型人才培养上办出特色、体现成效、争创一流。中国特色社会主义进入新时代，我们踏上了建设教育强国的新征程。必须坚持中国特色社会主义教育和扎根中华大地办大学的道路，把服务中华民族伟大复兴作为大学教育的使命之所在，不断书写中国特色社会主义教育事业的崭新篇章，为国家富强、民族复兴、人民幸福提供强有力的人才支撑。

3. 做到"课程思政"和"思政课程"同向同行

中国特色社会主义高等教育和学校办学的初心与使命要求把立德树人的成效作为检验高校一切工作的根本标准，用习近平新时代中国特色社会主义思想铸魂育人、加快构建高校思想政治工作体系，推动形成"三全育人"的工作格局。以北京联合大学为例，自2016年12月全国高校思想政治工作会议以来，学校积极落实立德树人根本任务，探索课程思政的联大实践。课程思政在培养社会主义建设者和接班人、培养担当民族复兴大任的时代新人方面起着极端重要的作用。北京联合大学的课程思政工作，经过近三年的探索与实践，初步形成了一定的示范效应，在制度和措施上都有创新，而且也形成了现在人人主动思考课程思政、主动参与课程思政的良好育人氛围，在全国高等教育领域产生了一定的影响力。通过开展全体教师参与的课程思政工作，北京联合大学立德树人氛围更加浓郁，"三全育人"工作格局加速形成，内涵式发展不断深化，全校师生精神面貌展示出新时代水准。"面对新时代高等教育对'所有课程都是育人的主渠道'的新定位，思政课程和包括思政课教师在内的所有学生思想政治教育专职人员，作为立德树人专门课程和专门队伍，要有更大责任的专业担当和更高水平的专业水准。"[7] 北京联合大学的思政课程通过不断深化问题导入式专题教学改革，开展北京教育资源融入思政课教学改革，探索分类教学改革，提升了思政课程的教学实效性，形成了思政课程和课程思政同向同行的良好育人局面，共同为学校的立德树人、培根铸魂作出贡献。

2018年，习近平总书记在北京大学师生座谈会上的讲话中强调：人无德不立，育人的根本在于立德，这是人才培养的辩证法。办学同样必须尊重这个规律，否则就办不好学。全国高校把思想政治理论课作为完成立德树人根本任务的关键课程，努力改革创新，把课程思政作为培根铸魂的重点工作，持续加力推进。要建立健全"不忘初心、牢记使命"的制度与机制，不断深化对习近平新时代中国特色社会主义思想的学习认识，不断深化对贯彻党的教育方针和立德树人根本任务的学习认识，不断深化对

"不忘初心、牢记使命"主题教育的学习认识，用思想推动行动，用行动创造业绩，促进中国高等教育不断取得新胜利。

参考文献

[1] 新华社：《中共中央关于坚持和完善中国特色社会主义制度 推进国家治理体系和治理能力现代化若干重大问题的决定》，《人民日报》2019 年 11 月 6 日。

[2] 李学伟：《落实习近平新时代中国特色社会主义思想要有新担当》，《北京联合大学学报（人文社会科学版）》2018 年第 1 期。

[3] 习近平：《在庆祝中国共产党成立 95 周年大会上的讲话》，《人民日报》2016 年 7 月 2 日。

[4] 本书编写组编：《中国共产党第十九次全国代表大会文件汇编》，人民出版社 2017 年版，第 12 页。

[5]《邓小平文选》第 2 卷，人民出版社 1994 年版，第 333 页。

[6] 习近平：《办公厅工作要做到"五个坚持"》，《秘书工作》2014 年第 6 期。

[7] 韩宪州：《深化"课程思政"建设需要着力把握的几个关键问题》，《北京联合大学学报（人文社会科学版）》2019 年第 2 期。

第五部分

学科与科技创新

强化学术立校战略　持续推动提升发展 [①]

一、学术立校，科教融合

1. "学术立校"的重要意义

"学术立校、人才强校、开放兴校"是我校第四次党代会确立的三大战略，三者一脉相承，其中，"学术立校"是第一位的，是基础和根本。一个高校必须有学术精神，没有学术精神的大学不能称其为大学。学术是立校的根本，人才是强校的保障，开放是兴校的手段。只有立足科学研究，提高学术水平，才能带动提高师资队伍建设水平，才能真正落实人才强校战略。只有我校的学术水平、人才培养质量等影响力提高了，国内外高校、社会各界才更愿意与联大开展多方面的合作，从而使开放兴校战略发挥重要作用。所以，坚持"学术立校"是学校释放潜力、提升发展的关键抓手。

2. 科教融合是推进城市型、应用型大学的必由之路

20世纪50年代，新中国高等教育体系创建初期，全面沿用了苏联的科学研究与高等教育相分离的体制。在这种体制下，教学是大学的唯一任务，科学研究由独立设置的科研院所承担。这种体制从建立开始就充满争议，并长期形成了学与前沿、学与用分离。1958年成立了中国科学技术大学，这所大学坚持科教融合的理念，试图改变"将教学置于高校、将科研置于科研院所"的分离模式。直到1985年前后，高校既是教育中心又

---

① 本文节选自北京联合大学时任校长李学伟在2017年科技工作座谈会上的讲话（2017年7月）。

是科研中心的定位才逐步明朗化。围绕"科教兴国"和高水平大学建设，国家先后启动了"211工程"和"985工程"，高校的科学研究得到了空前发展。2011年，胡锦涛同志在清华大学百年校庆大会上提出："全面提高高等教育质量，必须大力增强高校的科学研究能力。""以高水平科学研究支撑高质量高等教育。"这是"2011计划"项目高校建设的背景。2015年1月，时任教育部部长袁贵仁在全国教育工作会议上指出："要不断促进科教融合、协同创新、合作育人，使国家创新驱动战略在高校落地生根、开花结果。"

由此，"科教融合"成为我国高校办学新常态，成为把握新动向、顺应新时代的必由之路。教师只有注重科学学术研究，包括教育教学研究，不断提高自身的学术水平，才能促进科教融合，提高人才培养质量，真正落实我校"学以致用"的校训，实现我校建设城市型、应用型大学的战略发展目标。

3. 推进科教融合要继续探讨办学新理念

我国高等教育从科教并重转向科教融合是建设高等教育强国的必然选择。这是时代赋予我国大学的一个核心命题。马克思主义学院、公共外语教学部座谈会上，他们的班子不但不畏惧科研任务，还做出了详细规划。我们共同探讨了"学术立校、学术立教，科教融合、学德树人"的综合新理念。

2005年，温家宝总理在看望钱学森时，钱老感慨地说："这么多年培养的学生，还没有哪一个的学术成就，能够跟民国时期培养的大师相比。""为什么我们的学校总是培养不出杰出的人才？"钱学森认为："没有一所大学能够按照培养科学技术发明创造人才的模式去办学。"科教融合不仅是办学思想和办学理念的重要转变，也是解答"钱学森之问"的必然选择和突破口。

学术引领教学、学术培养人才的理念不仅被"985"和"211"高校认同，也被地方性高校接受。北京工商大学的孙宝国院士，致力于食用香料研究，获得了国家科技进步奖和国家技术发明奖，带领的团队也取得了丰硕的研究成果。2012年12月，北京工商大学的食品添加剂与安全专业成功申报了"服务国家特殊需求博士人才培养项目"。2014年9月，又成功申报了食品科学与工程学科的博士后科研流动站，带动了整个学校办学层次从本科生到博士后的全覆盖。对于我们市属地方院校来说，由学术引领人才培养，带动学校的提升发展，是必然的选择。

我们也在积极探索。我校机器人学院（试验区）在李德毅院士的带领下，坚持"以科学任务带动创新人才培养模式"，注重能力导向、科研训练、应用创新的递进式教学过程，进行了有益探索。学院启动的"小旋风"科技兴趣活动，遵循"科学任务带动人才培养，载体汇聚不同学科，创新驱动发展"的模式，以10种类型、交叉验证的专用低速智能电动车为开发平台，包括巡逻车、情侣车、高尔夫球车、救护车、接驳车、送货车、物流车、洒水车、消防车和无障碍车等，组建"小旋风"系列科技团队。通过贯穿大学四年教育教学全过程，开展科学任务导向的教学创新实践，培养新时代需要的智能化人才。学生可以跨专业、跨年级自由组合，激发创新灵感、能力互补、比学赶帮，形成多专业交叉融合解决科学问题的学习小组以及教学改革等特色。

二、提高标准，明确任务

2014年9月10日，习近平总书记在北京师范大学考察时强调："全国广大教师要做有理想信念、有道德情操、有扎实知识、有仁爱之心的'四有'好老师。"对于高校教师来说，具有扎实知识是教师的基础能力。我们要不断学习，持续深入地开展科学学术与教学研究。没有科学研究，就不能掌握学科前沿，也就不能适应培养创新型人才的教学需求。国际上通行的高校教师职责是：40%的时间用于教学、40%的时间用于科研，20%的时间用于社会合作服务。我校作为应用型大学，如果50%的时间用于教学，至少也应该有30%时间用于科学研究活动。如果没有符合北京行业社会发展的特色科研成果和学术成果，我们将如何服务北京发展？更不用说培养首都人民满意的应用型人才了。

应用型大学不是职业专科学校，科学研究一直以来就是大学的基本职能之一。这次教授的岗聘标准一降再降，但还有什么都没有的"三无"

教授，即无项目、无经费、无论文，需要寻找各种客观理由保留原岗位。校党委明确规定，这次岗聘只有党委认定的少数全职行政和党务干部岗位才能减免教学科研业务考核，其他均不行。一些教师觉得今年的科研压力加大了，其实不是我们定的考核指标高，而是过去根本就没有要求。我们要加强聘期考核，注重过程管理，考核结果是什么就到什么样的岗位上，这样才能对得起其他努力工作的广大教职工。过去，我们市属高校条件不错，且招生容易，放松了对教职工的考核要求，特别是个别政策中的"保护"理念，对学校的核心能力发展造成了极其不好的影响，也使教师放松了对科研学术水平提升的自我要求。这也是学校排名和声誉受到影响的隐性的根本因素。近几年，正是由于我校的科研水平逐渐提高，学校的排名也开始稳步提升。但与其他高校还有很大差距，尤其在科学研究方面，差距更大。如北京航空航天大学去年的专任教师年均科研经费达到 120 万元，我们不到 3.5 万元，相差 35 倍！普通"211"高校最低年师均科研经费 20 万元，我们只达到他们的 1/6。现在不是讨论要不要提高岗聘和考核标准的问题，而是必须提高标准和要求。争取经过几年的努力，提高我校的学术地位，提高我校教授的学术尊严，使我们的教师更加受人尊重。

"逆水行舟，不进则退。"我校的发展已经进入关键时期，正面临生死存亡的问题，要将约束激励考核机制作为不同层次教师的标准。联大的科研工作必须提高标准，避免做不做科研都一样的惯性思维，使广大教师失去积极性。我们教师的待遇不比有些"985"和"211"高校的教师低，但是我们的科研成果还有很大差距。我校申请博士点，教育部有 4 个基本数据要求：生均拨款 4 万元、生师比 16∶1、教师博士比 45% 以上、年师均科研经费 10 万元。我校仅符合生均拨款和生师比两项资源性指标，专任教师年均科研经费要提高 3 倍才满足最低要求，高水平的成果也比较缺乏。目前，我校面临生源快速下降和严重超编形成的资源浪费问题。我们只有背水一战，提高标准，严格要求自己，完善机制，自我加压，尽力向高水平高校看齐，才能在未来的高校发展中占有一席之地，为求生存而加快发展。

三、转变观念，强化组织

1. 完善机制，促进观念转变

党的十八大以来，习近平总书记提出"四个全面"战略布局，这是新形势下治国理政的总体框架。其中，"全面深化改革"要求从人民群众的根本利益出发，更加注重改革的整体性、系统性、协调性，让人民群众共享改革成果，让人民群众有更多的获得感。我们联大发展的关键在于建立和完善现代管理机制，形成有压力、有动力、有约束、有激励的工作氛围。建立适应市场发展、促进学校持续提升、满足教师个人发展要求的考核机制。使之成为符合学校发展定位和办学目标的指挥棒，促进学校内部治理结构更加科学，体制机制更具活力，有效地促进和激励教师不断提升自己、不断完善自己、不断成就自己，营造自我加压和加快发展的环境氛围。著名诗人臧克家曾经留下名句："老牛亦解韶光贵，不待扬鞭自奋蹄。"我们要通过建立激励机制，让教师达到"自奋蹄"的境界。

2. 落实任务，发挥带头示范作用

各位领导、各学术委员会委员要积极宣传落实学校的各项制度和指标，在本单位制定具体的实施办法，切实落实学校的科研任务和目标，把握职称评审条件和任职标准。同时，必须熟悉掌握学校的优势特色学科、专业情况，了解学校每个专业甚至每个教授的研究特长，组织本单位或者联合校内其他优势学科，组建学科攻坚团队，联合申报国家、各部委办局及各社会团体、企业等项目。2014年，国务院印发《关于深化中央财政科技计划（专项、基金等）管理改革的方案》（国发〔2014〕64号）。我们要了解和熟悉政策，抓住国家重大计划项目、国家重点研发计划以及国际合作项目的机遇，组织本单位优秀团队或者与"985""211"高校联合申报，利用政策推动我校的科技事业发展。今年，我校生物化学工程学院葛喜珍教授、校科学技术处杨鹏教授和应用文理学院孟斌教授等三个团队与其他机构联合成功申报科技部国家重点研发计划项目，实现了国家研究计划的突破。针对国家和北京市自然科学、社会科学基金等常规项目，各单位要提前安排、组织专家辅导、内部研讨、多次修改，提高申报书的数

量和质量，增加项目命中率。"十三五"期间，我校每年国家自然科学和社会科学基金课题获批数量要达到每年 30 项以上，如果组织有力，获批 50 项也是有可能的。

3. 加强组织，突出教师主体地位

要发挥我校城市型、应用型大学的特点和优势，走出去与相关企业、行业合作，也可以通过联系校友，广泛拓宽社会服务的渠道，组织优秀教师开展重大企业或者行业项目申报，鼓励和帮助教师利用自身优势服务社会，特别是服务京津冀地方经济发展，积极推广学校成果。这就是高校营销，也叫"科技营销"（Marketing of Science & Technology）。"好酒也怕巷子深"，酒推销的手段是"放出"酒香，"好"酒之客自然蜂拥而至。各位领导就是我校最好的"科技营销"推销员。

2011 年，我在《光明日报》发表了《在服务区域经济社会进程中实现大学担当》一文，提出"大学必须提升经济社会的责任担当能力""实现大学与区域经济发展的战略对接""对区域经济转型升级注入'源头活水'""大学必须构筑人才高地，参与区域经济建设与社会发展"等理念，与学校提出的服务区域经济发展、建设首都人民满意的城市型、应用型大学的思路不谋而合。前不久，朝阳区科委协同创新项目共计立项 31 项，我校获批 8 项，占立项总数的 1/4，特别是管理学院，获批了 4 个项目，获批经费 140 万元。其中，"智能机器人产业创业创新公共服务平台"建设项目，就是充分利用了管理学院的学科优势和智能机器人产业研究的优势，开展跨学科融合申报社会服务项目的典型例子。此次机构调整，我们将原"科研处"拓展为"科学技术处"，并专门设立了重大项目和基地管理科，就是要推进跨学科、跨学院、跨学校的合作课题申报。

国家开展"双一流"建设，推出 2017 年"111 计划"，旨在推进中国高等学校建设世界一流大学的进程。这将使一批重点高校的发展迈上新的台阶，同时也会使部分地方普通院校面临被边缘化。时代和学校的发展要求我们转变观念，提高对自己的要求，在现代管理机制的驱动下，使组织和个人能够自发地开展学术研究，让每个教师能够从学校的"规定科研"转变为"自觉科研"，把科研当成一种习惯，享受学术带给我们的快乐。当我们联大人把自己的成就与发展深深融入学校发展中时，联大将无忧矣。

探索新格局有效路径　提升事业发展核心能力[①]

一、回顾 2020，检视"十三五"

1. 2020 年学科与科技发展亮点

2020 年，学校持续抓好科技工作，课题经费双过亿；克服疫情不利影响，全年完成 R&D 统计经费 1.9 亿元，科研合同经费完成 1.5 亿元，到账经费完成 1.4 亿元，均突破亿元大关，较 2019 年增长约 10%；高级别课题申报及立项数均有所提高，全年组织申报省部级及以上纵向项目共计410 项，北京社科基金项目（其中重大项目 3 项）获批总数位居市属高校第二，重大项目获批数量则居首位；围绕"智慧北京""人文北京""健康北京"三个学科群，组建交叉学科团队，搭建高水平科研平台，推动多学科交叉融合的应用基础性、引领技术及前瞻性科学研究。

学科与研究生工作再上新台阶。2020 年，新增政治学（学硕）、机械、电子信息、艺术、国际商务、生物与医药、土木水利 7 个硕士学位点，已通过北京市学位办评审进入公示；研究生招生数量再创新高，目前全日制在校研究生数量为 791 人，比 2019 年增加 35.91%，研究生科研成果奖励 A 类论文持续增加，人才培养水平显著提升；考古学、计算机科学与技术、软件工程、食品科学与工程、工商管理、金融 6 个学科参评第五轮学科评估和专业学位水平评估，这对我校申报 2023 年博士授权单位具

① 本文节选自北京联合大学时任校长李学伟在校五届党委第五次全体（扩大）会上的报告（2021 年 3 月）。

有重要作用。

2. 检视"十三五"

学校"十三五"任务已经收官，"城市型、应用型"办学定位和目标得到较好落实，学校主动适应北京发展的功能定位，服务京津冀，特别是服务北京城市发展和市民需求的能力和水平持续提升，科技工作突飞猛进，学科与研究生工作迈向新台阶。

"十三五"期间，集中力量提升科技创新能力，科研竞争性经费达到 5.1 亿元，其中横向经费 3.5 亿元，创历史新高，比"十二五"时期增长 145%；科研项目数量大幅增长，科研项目立项总数 2763 项，比"十二五"时期增长 37.4%；新增省部级以上科研项目 327 项，其中，国家级科研项目共计 100 项，国家级、省部级重大重点项目 28 项；新增 4 个省部级科研平台，北京学研究基地入选首批中国智库索引来源智库。

授权一级硕士学位点（含专业授权类别）增至 19 个，覆盖我校全部 10 个专业门类和 13 个全日制本科学院，学科布局基本完成；在北京市教委支持下，获批北京学和工商管理 2 个北京高校高精尖学科，与中国人民大学共建工商管理学科，与首都师范大学、北京工商大学建立联合培养博士项目；在校生数量实现突破，在校研究生数量近 800 人，发展国际化人才培养，食品科学与工程、考古学、金融学已经建成国内外联合培养硕士项目。

"十三五"规划中的各项任务总体执行状况良好，但也有部分指标执行困难，主要是人才培养、师资队伍建设、科学研究、国际化建设等方面。从原因上看，既有外部因素的不确定性，也有内部因素的影响。

（1）外部因素。与制定"十三五"规划时相比，外界环境已经发生了很大变化。特别是党的十九大、全国教育大会等重要会议相继召开，许多新思想、新理念、新观点，对新时代高等教育提出了新期待、新目标、新要求，首都功能定位有了新的调整，从某种意义上来讲，"十三五"规划是在当时的环境和背景下制定的，形势较快的变化和当前新时代的新要求使我们在执行"十三五"过程中也遇到了一些客观上的困难。

（2）内部因素。"综合性"的融合发展优势没有充分发挥，学科建设的牵引统领功能不够突出，学科和专业布局有待进一步优化，师资队伍支撑力度有待进一步提升，人才培养能力有待进一步增强，高水平研究成果转化有待进一步提高，应用型标志性成果有待进一步突破，社会服务、文化传承创新、国际交流合作、资源配置等方面还有不少短板，内部治理体系和管理机制仍需进一步完善。

二、新发展阶段联大发展面临要破解的瓶颈

1. 学校进入新发展阶段

（1）新发展阶段北京在奋斗征程上走在全国前列。习近平总书记强调，有条件的地方可以率先探索构建新发展格局的有效路径，作为首都，北京必须率先探索有效路径，积极融入新发展格局。蔡奇书记指出，党中央已从战略上布好局，我们北京必须要在紧要处落好子，首先就是建设国际科技创新中心，这是真正引领北京经济、技术和社会高质量安全发展的"牛鼻子"，其他"四子"包括，"两区"建设、数字经济、以供给侧结构性改革引领和创造新需求、京津冀协同发展等。在陈吉宁市长的政府工作报告提出的 10 项重点任务中，第一项也是强化北京国际科技创新工作，建设北京国际科技创新中心，关键点在核心技术攻关方向、科学技术大平台、企业创新主体作用以及约束激励的体制机制突破。北京以首都发展为统领，不断优化提升首都功能，将"四个中心""四个服务"所蕴含的巨大能量充分释放，实现符合首都城市战略定位的高质量发展，努力建设好伟大社会主义祖国的首都、迈向中华民族伟大复兴的大国首都、国际一流的和谐宜居之都。

（2）学校当前面临的新形势。在新发展阶段，学校事业发展面临新的形势，北京进入建设国际一流的和谐宜居之都的关键期，将更加突出创新发展，积极培育新产业新业态新模式，巩固高精尖结构，全面推动高质量发展。高等教育已经进入普及化阶段，北京市当前正在推动《首都教育现代化 2035》的实施、市属高校分类发展和绩效考核以及新时代教育评价改革总体方案的落实等。应用型大学发展竞争日趋激烈，北京已经有近半数应用型大学实现博士办学层次突破，学校保持在应用型高等教育领域优

势和影响力的压力加大，这些新的形势，给我们带来了压力，但同时也是发展的动力，这为学校高水平应用型大学建设创造了重大机遇和发展空间。

（3）学校进入新发展阶段。2021年是"十四五"开局之年，也是建党100周年，根据当前国家和北京市的发展要求，学校在办应用型大学之路上也进入了新的发展阶段。有了"十三五"时期学校发展的良好基础，在新发展阶段，贯彻新发展理念，要准确把握北京新形势、新特征，制定新目标，创造条件，把握机遇，破解难题，迈上新台阶，实现新跨越，建设学校"十四五"时期新发展格局。2021年及"十四五"今后一段时间，要持续在提高教育教学和人才培养质量上发力，形成具有"北京味道"的高水平人才培养体系，完善符合学校特点的教育教学管理机制；全面提升科技创新能力，紧盯科研经费，坚持到2023年师均不低于10万元的要求不放松；做大国际化专业办学，在国际项目和机构办学基础上，大力拓展专业国际化办学；学科与研究生管理水平不断提升，学科方向不断凝练聚焦，做大做强重点学科群，统筹做好研究生教育管理；持续深化城教融合发展，完善校内管理机制，以高水平科技成果与人才培养提高服务北京的能力。

2. 联大发展的瓶颈

（1）学校发展机制体制的瓶颈。结合十九届四中、五中全会的要求，我们要在学校管理机制和制度建设方面下功夫。实际上，联大客观存在的多校区办学、多法人体制，这本身就是发展受制约或者说存在发展瓶颈的重要原因。在当前多校区办学、体制受限的情况下，学校整体办学效率还不够高，我们应在"有压力、有动力、有约束、有激励"的考核管理机制上做文章，研究细化措施，注重效率和公平，考虑收益和成本，尽最大努力提高全体教职工干事创业的活力。

（2）应用型大学核心能力的瓶颈。主要是围绕高水平应用型大学建设的各项指标，反映学校办学实力和水平等能力还不足，支撑学校发展和社会声誉的核心能力还不够，教师实力还不足。比如国家级教学成果奖、科技创新与成果转化、重大应用型科研项目、科研经费、国际化专业办学的实力不足等，都还有很大发展空间，这些都影响着学校核心能力的提升和社会影响的扩大。

（3）服务北京能力的瓶颈。主要是围绕北京"四个中心"的定位，从教育教学、人才培养、科技服务、国际交流等方面来说，作为办学实体，各学院对标服务北京，参差不齐，实力和影响还不够，具备服务北京能力的科技创新实力和科技团队还有很多欠缺，与政府、企业行业的融合度还不够。

（4）适应型人才培养体系的瓶颈。根据学校多校区的办学特点和市场对应用性人才的需要，"随行就市"的学科专业体系还不健全。学校当前近64个专业，各专业如何办，专业如何精，课程如何调，在基础专业、特色专业和新兴专业的统筹方面考虑还欠缺。这方面干部和教师的认识层面还没系统到位，动态调整的机制还没有完全建立。

（5）教师队伍水平的瓶颈。针对建设博士学位点的指标要求，有针对性地加强教师队伍建设和培养，教师在科研、教学及执教能力方面与高水平应用型大学的要求还有差距。

3."十四五"时期在学科建设水平上的突破

制约学校发展的关键在于学校的学科水平，聚焦应用型大学，以应用为本，把解决当前北京经济社会发展遇到的关键问题作为重点方向，比如，围绕解决智慧北京相关问题，通过多领域综合交叉高精尖学科建设，组织教师团队，推动区域产业创新发展和人才培养，通过助力北京高精尖产业发展的成果，服务北京"四个中心"建设与发展，在学科能力和水平上，实现新的突破。

在获得博士授权点上取得突破。北京市属高校竞争日益激烈，2020年12月北京市学位办公布博士授权点公示名单，联大未名列其中，现在来看，我们还有点差距。联大要建设高水平应用型大学，博士授权点就是体现高水平的标志，必须要突破。未来5年学校要大力推动博士点建设，举全校之力，以此推动提升应用型大学的办学实力和水平，力争在2023年取得博士授权点的突破。

教学科研成果要实现新突破。在国家级教育教学、科技成果奖上，我校的基础还相对比较薄弱，未来 5 年应加大力度，整合资源，形成综合平台合力。科研经费力争在未来 5 年突破 10 亿元的目标，在国家级重点实验室、重大教学科研项目和成果上有新进展，在科技创新成果的转化上应有新突破，从而促进人才培养和教育教学质量提升。

这些突破不是一蹴而就的，都是难啃的硬骨头，这需要我们有勇闯"深水区"的决心，决胜"攻坚期"的信心。我们要以十九届五中全会精神为指导，在"十四五"新阶段，用新发展理念，特别是创新发展这一"龙头"理念，形成新格局下的学校发展有效路径。

三、整合建设"三个北京"学科群，提升核心能力

1. 以科技创新为动力，提升学科能力水平

蔡奇书记强调，北京在"十四五"时期率先实现现代化进程中，突出创新、协调、绿色、开放、共享的新发展理念，创新是根本，科技智力之强就是华山一条路。北京把创新作为龙头的发展理念建设国际创新中心，提升其发展水平和影响力。随着数字经济等新一轮科技革命和产业变革深入发展，北京将更加突出创新发展，积极培育新产业、新业态、新模式，加快建设国际科技创新中心。我们要深刻把握首都新发展的全部要义，紧紧围绕新发展阶段北京创新发展的新要求，创新发展尤其是科学技术理论原始创新、引领国内外市场发展技术创新、原型系统集成创新等关键抓手，是核心能力与发展水平的体现，更是推动引领其他领域发展的外在动力。学科建设正是科技创新重要平台，在学科建设中讲创新、求创新、争创新，在学科建设上做文章，在科技创新上下功夫，在创新发展中求成果，提升学校学科的能力水平。

2. 以"三个北京"为抓手，建设新阶段学科集群

新发展阶段，学校结合学科布局及综合性大学特征，以学科建设特别是高精尖学科为龙头，探索围绕北京智慧城市建设中的大数据管理与应用、人居环境与膳食营养服务体系、城市文化感知与文化传承等全方位领域中的实践应用问题，形成"智慧北京、人文北京、健康北京"三个学科集群，实现高水平应用型大学内涵式发展和核心能力提升。"智慧北

京"学科集群主要围绕北京智慧城市建设中数字经济的大数据全域集及目标谱系的关键技术理论的研究与应用，目前已经凝聚了 6 个研究方向，涉及 7 个学院和部门的软件与信息工程、人工智能（AI）、管理、交通、旅游、基础等多学科交叉的近百名教师参加的研究团队；"人文北京"学科集群主要是围绕城市文化感知与文化传承等关键问题，涉及 4 个学院的北京学、艺术、管理、信息等学科建立交叉研究团队；"健康北京"学科集群主要是围绕绿色生活方式及人居环境与膳食营养服务体系的关键技术及问题的研究与应用，涉及 4 个学院的环境、医药、食品、心理、管理等学科建立交叉研究团队。这些学科集群重点是围绕北京经济社会前沿领域、关键技术问题，汇聚科研队伍，开展联合攻关，进行多学科交叉融合的基础性、前瞻性科学研究。在 2021 年北京市政府报告中，陈吉宁市长也提出了建设智慧北京重大课题，主要围绕数字化引领高精尖发展、自动驾驶、文旅康养医疗、智慧城市、智慧社区、文化遗产保护、终身教育等，学校要围绕北京市需要的重大应用科学问题，组织重大课题立项，建立交叉学科群组，专项研究，出一批重大成果，促进原始创新，推动科研平台和科研团队建设，为北京高精尖产业发展和"四个中心"建设提供有力支撑，极大促进学校核心能力提升。前期我们已经针对北京市政府关心的围绕"智慧北京"梳理了智慧北京全域目标谱系及大数据管理、基于大数据的自动驾驶关键技术、智慧社区及民生系统应用研究、北京文化议程修缮保护、高技能人才培养培养模式与实践等 11 项课题，进行了讨论研究，下一步主管校领导将带头推动，各个业务学院都要围绕北京发展规划及 2021 年重点任务，主动对接，争取科研与技术的项目源。

3. 强化学科水平，提升专业适应能力

强化提升学科水平，不是学科重要而专业不重要，或者加强学科建设而削弱专业建设的意思，学科水平提升将极大促进教师科研能动性和提升科研能力水平。我们要根据关于北京经济"高精尖"发展新要求，围绕学校发展目标及优势学科方向，充分发挥综合性大学多学科优势，聚焦应用型重大科技项目的突破，形成学科交叉、跨学科、跨学院的研究团队，形成一批科技创新成果，可以说，就是以学科建设为龙头，合力提升专业建

设质量和教育教学质量，以科技创新成果支撑教学质量提升及方法改革，形成学科建设的合力。学校要围绕 3 个北京学科集群，将学科、团队、平台一体化建设，如我们现有的平台有高铁经济研究院、城市服务大数据中心、北京市信息服务重点实验室等，要以"智慧北京"学科集群，整合相关科研平台，发挥重大综合科研平台在学科集群的创新作用。有研究显示，交叉学科建设被视为"双一流"建设的新增长点，从诺贝尔奖结果来看，最近 25 年交叉研究获得诺贝尔奖的比例已经近一半（49.07%）。提升专业适应能力是根据教育市场的综合需求和招生指标的变化，适应性、动态性地调整专业的招生和人才培养模式，根据"随行就市"的原则，围绕北京重大需求调整优化与北京新发展格局相适应的专业布局，动态调整专业，建立适应型专业体系（传统专业、品牌专业、新兴专业），优化教育资源的合理分配，可能打破教师隶属于学院的樊篱，部分教师可能进入学科。为了适应这种动态调整，就需要我们教师在学科、专业方向和课程群的建设上，更加明确科研方向，具备适应性全域开课的能力和适应性专业课程体系融合的能力。

4. 注重人才培养和科技创新，提升服务北京的水平

要明确认识新时代专业培养的目标，把专业人才培养融入国家战略、北京发展、产业变革之中，要突出办学的"北京味道"。密切把握北京经济社会发展方向，各专业可以进行"专业 +"特色创新，主动适应北京产业创新和跨界（学科）融合，基于学校多学科特点开展专业群建设，培育专业特色发展方向；工学类专业瞄准北京高新技术产业发展，形成有一定影响的学科专业群；经济管理类专业面向北京经济和现代服务业发展，做强专业特色，加快发展步伐；艺术、文史类专业聚焦北京市区域特点和文化传统，加强专业融合，增强核心竞争力；师范教育类专业面向北京市学前和小学教育学段，加快建设步伐，形成行业影响力。紧紧围绕北京经济社会发展的人才需求，主动与北京经济社会发展需求和产业布局相适应，形成具有"北京味道"的人才培养体系。同时依托我校现有优势、特色学科和科研机构，坚持"需求导向，应用研究，学科交叉，创新融合"的创新链条，以"智慧北京、人文北京、健康北京"的科学任务和创新应用为

牵引，主动适应产业创新和跨界融合，围绕北京科技创新需求，探索和深化新型产学研合作，推动形成政产学研用多元主体参与的应用型科技协同创新机制，促进具有实质性、高水平、可持续的科技合作和校市合作，有效提升科技创新服务北京的能力和协同创新水平。如北京学学科向首都高端文化智库方向发展，在高目标、大课题、标志性成果等方面体现出高、精、尖的水平，北京"三山五园""一城三带"历史文化资源研究、中轴线保护研究、大运河文化研究等，受到市领导的高度肯定，这在服务北京方面具有示范性。

习近平总书记通过 2021 年新年贺词向全国人民发出了"动员令"，站在"两个一百年"的历史交汇点，做好 2021 年工作，完成第一个"100年工作目标"。全面建设社会主义现代化国家新征程即将开启，意义重大，任务艰巨，征途漫漫，唯有奋斗。服务北京、建设高水平应用型大学是我们的使命，我校处在重要的转折点和机遇期，不进则退，我们必须增强改革发展的自觉性、主动性、创造性，按照市委市政府在新发展阶段的要求和部署，围绕北京城市发展战略，将服务北京新需求作为联大提升办学水平的重要动力，建设高水平应用型大学。为"十四五"开好局，向高水平应用型大学目标迈进，以优异的成绩庆祝建党 100 周年。

落实"十四五"规划学科建设与科技工作目标 [①]

　　2021 年是学校"十四五"开局之年，我校取得党建先进校历史性新佳绩，形成了浓厚的立德树人氛围；"十四五"规划编制完成，开启了学校建设高水平应用大学的新征程，广大师生员工对学校的发展充满了新期待。我们总结上半年工作，部署下半年工作任务，落实"十四五"规划和 2021 年学校工作要点，在校党委领导下，抓重点，重落实，实现新突破，确保为"十四五"开好局。

一、2021 年上半年学科建设与科技工作发展亮点

1. 科技能力持续提升

　　科研经费到账约 6000 万元，目前获批的国家级、省部级各类项目近 35 项。为"北京高端智库"建设提供智力支持，设立《北京全国文化中心建设研究院》等 8 个校级科研机构。出台《北京联合大学促进科技成果转化管理办法》，科技成果转化质量有了明显提升，单项转化金额实现了 100 万元的突破。陈悦新教授团队获批国家社科基金重大委托项目 1 项，韩强教授团队获得北京市第十六届哲学社会科学优秀成果二等奖 1 项。

2. 学科建设与研究生培养工作再上新台阶

　　学校高度重视申博工作，成立申博专班，推动相关具体工作落实；燕山大学大力支持，我校 12 名骨干教师通过燕山大学博导认定，为申博创

[①] 本文节选自北京联合大学时任校长李学伟在 2021 年秋季学期中层干部会上的讲话（2021 年 9 月）。

造条件；完善学校学科规划布局，完成新增 6 个硕士点上报公示（政治学、电子信息、国际商务、土木水利、艺术、生物医药）；2021 年报考我校硕士研究生的人数为 2039 人，比去年增长 19%，19 个硕士学位点共招生 400 人，录取率为 100%。其中第一志愿录取人数为 248 人（含推免生），第一志愿录取率为 62%。2021 年较 2019 年招生数量增长 42.9%，研究生招生数和在校生数（979 人）再创新高。

二、"十四五"规划学科建设与科技工作目标

我在今年 3 月五届五次全委扩大会上讲了"十四五"发展的几个突破，其中三个是关于学科建设和科技工作的。一是在学科建设水平上取得突破。制约学校发展的关键在于应用型大学的学科水平，如何聚集"三个北京"学科群，通过多领域综合交叉高精尖学科建设，推动区域产业创新发展、高水平师资建设、高水平人才培养，以实现新的突破。二是在获得博士学位授权点上取得突破。联大要建设高水平应用型大学，取得博士授权点就是体现高水平的标志，必须要突破，以此推动提升应用型大学的办学实力和水平。三是在教学科研成果上要实现新突破。在国家级教育教学、科技成果奖上，我校的基础还相对薄弱，须整合资源，形成综合平台合力，争取在重大成果上有新进展，以实现新突破。

要实现这些突破是要下功夫研究的，也需要根据学校发展的形势变化，统筹谋划，结合多校区办学实际，用好各方资源，使学校办学利益取得最大化。在"三个突破"的方面要加大投入力度，特别是在人、财、物上，给予积极支持，争取最大成效。

三、落实"十四五"规划学科建设与科技工作目标

"十四五"期间，学校发展既面临重大机遇，也面临前所未有的压力和挑战，存在师资结构、高层次人才不足、学科点布局不均衡、管理机制等具体问题，各单位要充分认清发展形势，牢牢把握"十四五"战略机遇，站在全局的高度思考问题、谋划工作，全校上下要齐心协力、勇于担当，胆子再大一点、步子再快一点、态度再坚决一点，加大落实力度，用

改革和机制推动学校事业不断向前发展，努力开创事业发展新局面。在学科建设与科技工作方面，2021 年下半年要重点推进以下几项任务。

1. 紧抓科技工作不放松

科技创新是引领发展的第一动力，我们要转变理念和价值追求，引导调整评价导向，强调科技创新成果的实际贡献和质量。强调科技工作的重要性与教学工作不但不矛盾，而且是提升人才培养核心能力、提高专业教学水平的关键。通过科技团队，以解决科学问题为目标，协同作战攻关，形成一批高水平应用型科技成果，用好项目、基地、人才这三要素，紧抓科技经费不放松，切实提高学校科技能力，引领学校事业发展。"十四五"期间我们定的科研经费的目标是 10 个亿，平均每年科研经费的任务就是 2 个亿。今年初的工作要点早已下达给各学院，今年刚开始少点，是 1.5 个亿，下半年我们要力保今年任务如期完成，这个师均 10 万元的科研经费指标是 2023 年申博必选项指标，没有商量的余地。

下半年还将择时召开学科建设与科技工作大会，主要任务是，落实"十四五"规划，进一步落实学科发展规划，梳理学科与专业之间的关系，启动学科评估工作，做好科技工作顶层谋划，提升科技创新能力，重点就科研项目管理、科研经费管理和科技成果管理等进行研究部署，出台相关管理文件，进一步完善"放管服"的服务内涵，落实"十四五"科技专项规划的具体指标。特别是几个重要指标，如实现教育部或国家级科研平台零突破，力争实现省部级自然科学类科研成果奖零突破，科技成果转化金额累计达到 1 个亿等。国家已经明确科研经费的 60% 可用于人力资源，这是重大的改革信号，也是真正解决科研经费管理"两难"现象、提高科技人员积极性与潜力的关键。

要组织、争取重大项目，提升服务北京能力，就必须随时关注北京引领市场技术需求与变化。近日，北京已公布了"十四五"高精尖产业与技术发展规划，作为市属高水平应用型大学，我们需要认真研究分析，结合我们的优势，组织争取各方面支持。规划中，涉及的领域和我们 2/3 的学院有关，例如，人工智能、大数据平台、智慧北京、产业互联网平台、智能汽车技术、健康与智慧服务、城市轨道交通、智能器件与风险防控、城市运营管理，等等。都要专题研讨布置。

2. 统筹学科平台团队一体化建设

"十四五"规划提出坚持以学科建设为龙头，提升立德树人核心能力，就是以学科发展带动平台团队等领域建设发展。学校坚持以学科群为关键抓手，重点瞄准"三个北京"研究方向，打破学科壁垒，组建跨学科、跨学院团队，整合建设高水平科研平台，有效推进高精尖学科建设，实现高水平、多学科支撑专业教学，学科平台团队一体化建设和发展，其实质就是在最大程度上整合"人、财、物"等方面的优势资源，集中力量为学科建设服务，促进重点学科、特色学科又好又快发展。例如，以智慧城市关键技术研究为例，建立了基于计算机科学、软件工程、数学、工商管理、信息科学、交通工程等多个学科，涉及学校七个学院的学科群攻关团队，解决全域大数据关键技术的应用问题，促进了智慧北京建设及相关高精尖产业的发展。

高水平应用型大学学科建设的使命就是要提升学校整体人才培养、科学研究、服务北京经济社会的能力。学校"十四五"时期设立的学科突破目标，是高水平应用型大学标志，平台建设是关键抓手。在市高精尖发展规划中，提到支持多个平台建设，其中，超大规模人工智能模型训练平台，就和我校实验楼上的多个小平台相关。我们必须敢于整合建设，大胆创新机制，使学科团队平台一体化建设有所突破，为争取真正国家级、准国家级平台奠定基础。

3. 以学科评估为契机，提升研究生培养质量

学科评估是我国备受关注且具有重要影响力的教育评价，对高校学科建设发挥着重要的"指挥棒"作用，有利于推进学科建设战略谋划和系统布局、优化学科资源配置、深化内涵建设、促进学科建设水平不断提升。第五轮学科评估沿用了"人才培养质量"、"师资队伍与资源"、"科学研究水平"与"社会服务与学科声誉"等4个一级指标，12个二级指标，25个三级指标，突出了人才培养质量的核心地位，凸显了学科建设支撑人才培养的重要作用，把提升人才培养质量作为办学的核心，推进高水平人才培养体系建设，构筑良好的学科生态和人才培养环境。

当前学校共计有 19 个硕士点，近期，我们又获批了 5 个硕士点（刚刚通过公示）。通过第五轮学科评估，进一步规范学校硕士点建设，找差距、找短板，补不足。从评估中人才培养指标"排位"提升和下设指标数量大幅增加来看，把人才培养放到了首位，这抓住了大学发展的"牛鼻子"，确立了思政教育、在校培养质量和毕业后发展质量等全链条的育人质量评价机制，把促进学生成长成才的过程、结果及其教育增值作为日常抓硕士点建设的重点，全方位提升研究生培养质量。

"十四五"开局至关重要，第一步要迈出新气象，迈出新成效。我们要站在服务北京、推进学校事业高质量发展的高度，站在为广大师生谋事创业的高度，按照时间节点和任务分工，明确责任，狠抓工作落实。尽管会有压力有困难，但我相信，在学校党委坚强领导下，广大教职工齐心协力，必定能迈上新的台阶。

第六部分

服务北京与社会

落实习近平新时代中国特色社会主义思想要有新担当 [①]

习近平新时代中国特色社会主义思想是党的十九大的灵魂，当前我们的主要任务是学习好、宣传好、贯彻好习近平新时代中国特色社会主义思想，准确深刻把握其核心精神、实质内容和根本要求，为深入学习和理解打下扎实的基础。我们要用系统科学的思维方法去学习，创新认知方法，用系统思想、系统原理和系统方法去观察和研究中国特色社会主义这个复杂的系统，认知中国特色社会主义理论体系，领悟习近平新时代中国特色社会主义思想。把学习党的十九大精神与工作实际密切结合起来，与面临和需要解决的实际问题和难题结合起来，深入思考，谋划好今后一段时间的工作。作为北京高校党员干部，必须以习近平新时代中国特色社会主义思想为指导，贯彻落实好习近平总书记两次视察北京时的指示精神，理论联系实际，撸起袖子加油干，解决实际中的问题，破解发展中的难题，使习近平新时代中国特色社会主义思想在京华大地形成生动实践，更加奋发有为地推动首都新发展。为建设好世界一流的和谐宜居之都，市属高校要在新时代有新作为，更要有新的责任担当。

一、学习并把握党的十九大报告的精髓要义

对党的十九大精神的学习、宣传和贯彻，关键要学习好、宣传好、贯彻好习近平新时代中国特色社会主义思想，首要的是准确把握党的十九大报告的精髓要义。党的十八大以来的五年，以习近平同志为核心的党中央

---

① 本文发表于《北京联合大学学报（人文社会科学）》2018 年 1 月期，作者李学伟。

举旗定向、运筹帷幄，以巨大的政治勇气和强烈的责任担当，解决了许多长期想解决而没有解决的难题，办成了许多过去想办而没有办成的大事，党和国家事业发生了历史性变革。这些变革是历史性的、深层次的、根本性的，变革力度之大、范围之广、效果之显著、影响之深远，在党的历史上、在中华人民共和国的发展史上、在中华民族的发展史上都具有开创性的意义。

1. 领会不忘初心、牢记使命的核心主题

党的十九大报告开篇就强调了大会主题是"不忘初心，牢记使命，高举中国特色社会主义伟大旗帜，决胜全面建成小康社会，夺取新时代中国特色社会主义伟大胜利，为实现中华民族伟大复兴的中国梦不懈奋斗"。主题就是报告的核心，也是旗帜，旗帜代表方向，旗帜引领方向，方向决定道路，道路决定命运。旗帜代表形象，旗帜凝聚力量，一个政党、一个国家、一个民族只有树立起正确的旗帜，全党和全国人民才能在旗帜引领下大步前进。以习近平同志为核心的党中央举旗定向、运筹帷幄，坚定不移地全面从严治党，把政治建党摆在首位，不断提高党的执政能力和领导水平，确保实现党的十九大确立的奋斗目标。我们要进行伟大斗争、建设伟大工程、推进伟大事业、实现伟大梦想，最核心、最关键的是坚定中国共产党的领导，坚定不移地高举中国特色社会主义伟大旗帜。

2. 领会中国特色社会主义新时代的发展自信

以习近平同志为核心的党中央高瞻远瞩、继往开来，根据当前国内外经济社会形势，结合自己的思考，以重大判断给出历史方位：中国特色社会主义进入了新时代。从此开启新征程，续写新篇章，党和国家的发展有了新起点、新目标、新使命，形成了中国特色社会主义新体系，进行了新实践，有了清晰和自觉的新认知，形成了习近平新时代中国特色社会主义思想，领航党和国家发展布局，彰显我国发展自信。中国特色社会主义道路是我们的党和人民历尽千辛万苦、付出巨大代价探索出来的。我们的党坚持解放思想、实事求是、与时俱进、求真务实，坚持辩证唯物主义和历史唯物主义，紧密结合新的时代条件和实际要求，以全新的视野深化对人类社会发展规律的认识，进行艰辛探索，取得了重大创新成果，形成了习

近平新时代中国特色社会主义思想，这也是马克思主义中国化的最新成果，闪耀着马克思主义真理的光辉。我们要更加自觉地坚定道路自信、理论自信、制度自信、文化自信，建设富强民主文明和谐美丽的社会主义现代化强国。正如习近平总书记所指出的："保持政治定力，坚持实干兴邦，始终坚持和发展中国特色社会主义"，"全党要坚定信心、奋发有为，让中国特色社会主义展现出更加强大的生命力。"[1]

3. 领会当前社会主要矛盾变化的重大政治判断

党的十九大报告指出："我国社会主要矛盾已转化为人民日益增长的美好生活需要和不平衡不充分的发展之间的矛盾。"[1]社会主要矛盾的变化，构成了我们进入新时代的基本依据和基本动力，明确了党和国家事业所处的历史方位，为我们谋划新时代发展提供了基点。我们要准确把握好、深刻理解好"新矛盾"这个重大政治判断，立足北京发展的阶段性特征，立足北京高等教育领域，解决新矛盾，推进新发展，这对国家乃至北京的影响是深远的，对当前教育领域的影响是空前的，具有划时代意义。我们要以勤政务实的态度，抓铁有痕，踏石留印，做好自己当前的工作，谋划未来几年的工作。正如习近平总书记在党的十九大报告中所要求的："以永不懈怠的精神状态和一往无前的奋斗姿态，继续朝着实现中华民族伟大复兴的宏伟目标奋勇前进。"[1]

4. 领会建设社会主义现代化强国的新目标

新的奋斗目标顺应了实践发展要求，明确了新时代的实践主题，向全党发出了踏上全面建设社会主义现代化国家新征程的动员令。党的十九大报告指出："实现中华民族伟大复兴是近代以来中华民族最伟大的梦想。中国共产党一经成立，就把实现共产主义作为党的最高理想和最终目标，义无反顾肩负起实现中华民族伟大复兴的历史使命。"[1]党的十九大报告综合分析国际国内形势和我国发展形势，提出从 2020 年到 21 世纪中叶可以分两个阶段来安排：第一个阶段，在全面建成小康社会的基础上，再奋斗 15 年，基本实现社会主义现代化；第二个阶段，在基本实现现代化的基础上，再奋斗 15 年，把我国建成富强民主文明和谐美丽的社会主义现代化强国。我国各项文明将全面提升，实现国家治理体系和治理能力现代化，成为综合国力和国际影响力领先的国家，我国人民将享有更加幸福安康的生活，中华民族将以更加昂扬的姿态屹立于世界民族之林，奋力谱写社会主义现代化新征程的壮丽篇章。[1]

5. 践行习近平新时代中国特色社会主义思想

习近平新时代中国特色社会主义思想是马克思主义中国化的最新成果，实现了马克思主义基本原理同中国实际相结合进程中的又一次飞跃，必将深刻影响党的建设进程、中国特色社会主义进程、中华民族发展进程和人类社会发展进程，是中国共产党人新时代的精神支柱和力量源泉，是夺取新时代中国特色社会主义伟大胜利的光辉旗帜。践行习近平新时代中国特色社会主义思想同当前进行伟大斗争、建设伟大工程、推进伟大事业、实现伟大梦想的实践贯通起来，同党的十九大作出的各项战略部署贯通起来，深刻认识党的十九大关于党和国家事业各项战略部署的整体性、关联性、协同性，全面做好党和国家的各项工作。党的十九大确定的目标任务有近期的，有中期的，也有长期的，要分清轻重缓急，有计划、有秩序地加以推进。践行习近平新时代中国特色社会主义思想，要在做实上下功夫，空谈误国、实干兴邦，一分部署、九分落实，要拿出实实在在的举措，一个时间节点一个时间节点地往前推进，以"钉钉子"精神全面抓好落实。领导干部要带好头，真抓实干，埋头苦干，把工作抓紧抓实、抓出成效。要充分研究面临的任务，制定工作方案，列出任务表、时间表和路线图，提出明确要求，结合自身实际，把党中央提出的战略部署自觉地转化为本地区、本领域、本部门的工作任务。

二、为建设北京成世界一流的和谐宜居之都而担当

党的十八大以来，习近平总书记多次对北京工作作出重要指示，特别是两次亲临北京视察并发表重要讲话，系统阐述了关于首都发展的方向性和根本性问题，提出要把北京建设成为国际一流的和谐宜居之都，这是以习近平同志为核心的党中央，把握时代潮流、统揽发展全局，对北京发展提出的新要求、新期望。我们必须深入学习研究习近平总书记视察北京时的讲话精神，特别是关于北京未来建设发展的指示要求，领会推进北京发

展和管理工作的要求，也是学习习近平新时代中国特色社会主义思想的重要组成部分。强化首都"四个中心"核心功能，调整疏解非首都核心功能，将做好"四个服务"贯穿于首都现代化建设的全过程，这是首都发展的全部要义所在。准确把握首都发展所处的历史方位，弘扬中华文明与引领时代潮流，努力把北京建成天蓝水清、社会和谐、人民幸福的和谐宜居之都。践行习近平新时代中国特色社会主义思想在北京落地生根，进一步形成生动的实践与成果，努力把北京建设成为国际一流的和谐宜居之都。

北京联合大学在北京市委市政府领导下，经过近 40 年的建设，已经发展成为拥有 10 个学科门类、近 70 个专业的市属唯一综合性大学。学校当前提出的办学定位为："以本科教育为主体的市属综合性普通高等院校，立足北京、服务京津冀、辐射全国、放眼世界，着力培养适应国民经济和社会发展需要的高素质应用型人才"，办学目标是："建设高水平、有特色、首都人民满意的城市型、应用型大学。"学校目前拥有 5 个国家级特色专业建设点、8 个北京市级特色专业建设点，拥有 9 个国家级、市级科研平台和 2 个院士工作站。在智慧旅游、智慧城市、食品安全监测、文化遗产保护、机器人与智能驾驶、特殊教育、学前与小学教育以及健康与环境领域等具有优势和特色。北京联合大学按照北京市委、市政府的要求和部署，结合北京"四个中心"核心功能定位，优化调整学科和专业结构，加大创新教育力度，服务首都经济社会发展，体现了作为北京市属高校的责任担当。

1. 推进以科技创新为核心的全面创新，培养高水平应用型人才

北京作为科技创新中心，就要具备支撑和引领经济社会发展的创新能力，市属高校应深刻认识并准确把握国内科技创新的新趋势和经济发展新常态的新要求，围绕北京全局和长远发展目标，系统谋划创新发展新路径，全面提升科技创新能力，引领学科建设和人才培养，提升社会服务水平。

北京联合大学坚持"应用为本、学以致用"的人才培养理念，以创新能力和创业能力培养为核心，以改革人才培养模式和课程体系为重点，以完善条件和政策保障为支撑，将创新创业融入学校应用型人才培养全过程，走内涵式发展道路，全面提高学校的学生创新创业能力和人才培养质量。学校聚集校内外创新创业教育要素与资源，营造有利于创新人才成长的生态环境，构建以学生为中心的实践教学体系，有效增强学生的创新精神、创新意识和创新能力，培养具有北京联合大学特色的应用型人才。学校以"德毅实验班"、机器人学院试验区为依托，以科研任务带动学生创新创业能力培养，以载体汇聚学科，以科研反哺教学，以高水平的科研引领跨学科、复合型创新人才的培养。学校发挥其国家级、市级教学和科研平台作用，通过高水平交叉学科创新团队申报省部级重大科研项目，建设专业教学科研团队，提升学科专业建设水平，重点在首都经济社会发展需要领域，如食品健康、城市文化、大数据、人工智能、智慧旅游、田园综合体等方面，为北京加快培育现代服务业、发展新型产业、构建高精尖经济结构提供高等教育智力支持，输送更多专业对口、实践能力突出的高水平应用型人才。

2. 坚持教育对外开放，国际交流合作日益紧密

北京市委书记蔡奇同志指出："加强国际交往中心建设，是落实首都城市战略定位的必然要求，是履行好'四个服务'的职责所在。我们必须超前谋划国际交往中心功能建设，更好服务党和国家发展大局。"[2] 北京联合大学作为市属综合性大学，要切实担当起高校的责任，发挥高等教育对外窗口的作用，肩负起培养优秀人才、促进人文交流、服务北京城市发展的重要使命。"开放兴校"是北京联合大学的三大发展战略之一，积极推进国际化办学，着力营造国际学习氛围，培养国际意识，拓宽国际视野，提高跨文化沟通能力，增强国际竞争力。学校顺应中华文化推广和高水平有特色应用型大学建设的需要，大力推进与国际及境外应用型大学联盟的办学进程，特别是与"一带一路"沿线国家的合作，切实提升教育对外开放的层次和水平，先后与俄罗斯、波兰等国家的大学及教育机构联合进行人才培养和文化交流。学校积极推进国际化专班和双语公选课建设，打造与国际接轨的国际化教学特区，形成具有特色的开放式、国际化的教育教学体系，成为北京"一带一路"人才培养的基地之一，为首都经济社会发展培养了具有国际视野和跨文化交际能力的应用型人才，促进城市

型、应用型大学建设，服务于北京国际交往中心建设。

3. 发挥首都文化智库作用，切实服务社会需要

北京是世界著名的历史文化名城，拥有深厚的历史文化积淀，承担着传承与创新传统文化的历史重任。北京要建设全国文化中心，就必须在弘扬北京精神、继承和弘扬北京历史文化方面有所作为，通过传统文化内容创新、形式创新、科技创新等，实现传统文化创造性的发展，让传统文化在新时代焕发出新的活力。

北京联合大学积极发挥自身的优势和特色，搭建首都文化领域教学和科研平台，发挥文化智库作用，切实服务于地方社会发展。学校积极探索区校协同智库建设，探索智库运行机制，打造智库平台。通过"三山五园"研究院、北京学研究所等，进行西山文化带系列调研、丛书编纂、智库建设等，开展学术研讨，进一步提升学术影响力。学校开展首都文化课程建设，推动成果服务社会，为首都高等教育人才培养提供智力支持。学校打造文化智库实验室，组织出版北京学系列丛书，开展北京运河文化调研，为市政协文史委相关建议案提供了研究基础。通过外引内联，深度融入北京，高度接轨国际，在高水平成果产出和深度服务首都发展等方面有新突破，提升了服务社会能力，成为高水平有特色的首都文化智库。

4. 依托优势学科，助力北京经济发展

北京作为历史最悠久的高等教育中心，其丰富的高等教育资源、人才济济的高等教育机构、发达的高等教育服务业都已经成为北京城市环境的重要组成部分，是北京城市竞争力的核心因素，是市民最为关心的福祉之一。北京联合大学依托旅游专业学科的引领优势，提高服务旅游行业成效，主动融入国家和首都经济社会战略，探索服务京津冀旅游协同发展及冬奥会服务路径，提升参与政策建议的能力，积极参与相关研究，在智慧旅游、旅游规划设计、旅游供给侧结构性改革、遗产旅游、旅游标准化、学术评价等方面形成了一批标志性成果，助力北京经济社会发展。

学校充分发挥高校学科专业优势和智力资源的优势，依托和服务旅游行业的产学研融合特色，积极参与北京市属高校"引智帮扶"工程，参与社会主义新农村建设以及旅游精准扶贫帮扶项目，在统筹镇村发展、带动

周边经济增长、改善农村人居环境、提高农民收入和生活水平等方面作出了贡献。先后承担门头沟区清水镇、昌平区羊台子村、怀柔区水长城等众多旅游规划设计项目。学校组建专业支撑团队多举措助力申办 2022 年冬奥会，得到国际奥委会评估团以及北京市委领导、冬奥申办委员会领导的充分肯定。今后学校将通过与河北崇礼合作开展旅游规划，开展冬奥会志愿者培训等，发挥自身优势，为 2022 年冬奥会的成功举办贡献力量，充分发挥学校城市型、应用型大学定位功能，积极主动投入首都发展建设中，成为首都经济社会发展的重要动力。

5. 完善现代大学制度，为北京建设和谐宜居之都而有所作为

习近平总书记两次视察北京并发表重要讲话，明确北京为"四个中心"的战略定位，提出建设国际一流的和谐宜居之都的战略目标，全面部署京津冀协同发展战略，为我们指明了前进方向，具有重大的里程碑意义。当前是北京深入落实新时代首都城市战略定位、建设国际一流和谐宜居之都的关键时期，应全面准确地认识高等教育在北京市现代化建设中的地位，在坚持和强化首都核心功能的进程中更好地发挥高等教育的作用。党的十九大报告指出，建设教育强国是中华民族伟大复兴的基础工程，必须把教育事业放在优先位置，深化教育改革，加快教育现代化，办好人民满意的教育。[1]

北京联合大学作为市属高校，顺应北京"四个中心"战略定位和京津冀协同发展战略大势，着力培养适应国民经济和社会发展需要的高素质应用型人才，我们必须有所作为，不断践行习近平新时代中国特色社会主义思想，积极推进内涵建设，以立德树人和提高教育质量为核心，把"课程思政"贯穿在教育教学的全过程，坚持继承发展和改革创新，实现高等教育内涵式发展。学校为适应市场需求，使办学更具活力，进行全面深化综合改革，形成应用型大学适应型教育教学理念与符合学校定位、具有鲜明特色的适应型学科专业体系。持续推进理念和方法的创新，贯穿"学术立教"的教育教学指导思想，用学术的思维开展适应型教育教学理念和方法研究，创新形成应用型大学教育教学的方法论。不断完善现代大学制度，健全现代大学治理结构体系，以学术管理体制机制改革为突破口，统筹推进管理机构改革和专业学科调整等各项配套改革，完善教授治学、民主管理的体制机制，进一步构建起与学校实际相适应的统一领导、多元治理、协调发展的内部治理结构，形成有压力、有动力、有约束、有激励的发展环境。北京联合大学在城市型、应用型大学建设上不断进行理论研究和实践探索，近年来其影响力和社会关注度持续提升，着实为北京高等教育谋发展，为北京建设和谐宜居之都作出了新的贡献。

在新的时代背景下，以习近平同志为核心的党中央紧密结合新的时代条件和实践要求，进行艰辛理论探索，取得重大理论创新成果，形成了科学完备、内涵丰富的习近平新时代中国特色社会主义思想。我们要更加紧密地团结在以习近平同志为核心的党中央周围，勇于担当，有所作为，为北京建设添砖加瓦。北京联合大学在北京市委、市政府领导下，坚决践行习近平新时代中国特色社会主义思想，在办学中体现"北京味儿"特色，形成应用型大学的理论、制度和措施体系，大幅提升社会影响力，为办好首都人民满意的城市型、应用型大学勇往直前，向双一流大学的应用型目标迈进。学校近三万师生员工有信心、有决心，也有能力，锐意进取，奋力谱写高等教育的北京华丽篇章。

参考文献

[1] 习近平：《决胜全面建成小康社会　夺取新时代中国特色社会主义伟大胜利——在中国共产党第十九次全国代表大会上的报告》，人民网，http://politics.people.com.cn/2017/1027/cl001-29613459.html。

[2] 徐飞鹏、武红利：《蔡奇到怀柔区调研时强调超前谋划国际交往中心功能建设》，《北京日报》2017 年 8 月 7 日。

优化学科专业体系　提升服务北京能力 [①]

2019 年是学校扎实推进城市型、应用型大学建设的关键之年，也是加快落实"十三五"规划的攻坚之年。办学 40 余年，学校培养了 20 余万名毕业生，为国家及北京市经济社会发展提供了重要人才支撑，为北京市在全国率先实现高等教育大众化和普及化做出了重要贡献。

面对新时代，我们面临发展新形势、新任务，在开启新的征程中，我们必须首先面对新的挑战。习近平总书记多次发表关于教育的重要论述，全国、北京市教育大会先后召开，为新时代中国高等教育的大发展翻开了新的一页。今年初，北京市决定暂时不再考虑北京联合大学"一址办学"的问题，但是学校依然要坚决落实"疏解整治促提升"的专项任务。按照市委、市政府的要求我们将进一步压缩办学规模，走内涵式发展道路，更好地服务北京"四个中心"城市功能定位，提升服务北京、服务市民的能力。面对新形势、新任务、新要求，我们要认识到学校已经进入了新的转折期，进入了改革的深水区，进入了发展的攻坚期和关键期。北京的功能定位在变，经济与社会的人才需求在变，国内外高等教育形势在变，新时代科学技术与学科在变。面对挑战，我们必须主动思考一些问题，学科专业体系如何发展，如何优化？学校发展动力从哪里来，如何完善办学体制机制？如何提升服务北京的能力？等等，这些都是我们面临的棘手和紧迫的问题。

[①] 本文节选自北京联合大学时任校长李学伟在学校 2019 年暑期工作会上的讲话（2019 年 8 月）。

一、优化学科专业体系

办学 41 年来，学校从量到质的发展得到社会认可。我们现有本科专业 64 个，隶属于经济学、法学、教育学、文学、历史学、理学、工学、管理学、艺术学、医学等 10 大学科门类，其中，有 15 个专业进入全国排名前 20%。学校现有 9 个学术型硕士学位授权学科点和 11 个专业型硕士学位授权类别。拥有省部级科研平台 10 个，拥有李德毅、周成虎 2 个院士工作站及 2 个共建博士后科研工作站。这是我们经过多年奋斗而积攒下来的家底。

从社会评价对学校排名来看，我们在 2009 年以前常被排到第 498 名左右，在"校友会排行榜"上，2010 年排第 434 名，跃升至 2014 年的第 349 名，再到 2017 年排第 307 名，2018 年，有的将我校排在第 245 名，无论如何看待排名，这些都是对我们莫大的鞭策，我们的发展也得到了社会的认可。2019 年，我们招生分数排在全国第 170 名，等等。而我们截至 7 月 31 日的就业数据（除了统称的就业外），各学院本专科签约率，最高的 81% 左右，低的 32% 左右，平均 64% 左右；研究生高的 89% 左右，低的 20% 左右，平均 42% 左右，这也从一个侧面反映出学校的发展遇到了瓶颈，综合影响力和办学层次上很难有大的突破。逆水行舟，不进则退。我们必须变被动为主动，认真思考并全校上下研讨一系列的改革与发展问题，那就是广大教职工特别是部分教师转变观念是前提，优化专业学科结构是关键抓手，拓展教师学术视野和提升育人能力是根本，适应北京经济社会发展对人才培养的要求是目标。

1. 生源整体呈现递减趋势

先看一下我校老生常谈的问题。近 10 年来，北京的高考报名人数持续下降，2008 年为 11.8 万人，到 2014 年，降到 7 万人，2015—2018 年降到了 7 万人以下，但在 6 万人以上，2019 年是 5.9 万人。我校在校生规模逐年递减，1996 年，在校生仅为 9000 余人，随着高考制度的改革，学校不断扩大招生规模，2006 年学校发展到了 2.9 万余人的规模。但由于北京市适龄人口数量的下降等原因，学校在校生规模开始逐年递减，2016 年缩减为近 2.3 万人，在校生的人数落差很大。到了 2018 年，学校在校生规模为 1.9 万人左右，较最高峰时减少了近 1/3。

2. 教育教学资源分布不均衡

因多校区办学、办学历史等原因，我校教育教学资源分布不均衡。学校现有 64 个专业分布在 15 所学院，1.9 万名学生和 2800 多名教职工分布在 8 个校区。从具体数据分析中，我们发现：专任教师队伍的分布呈现严重不均衡性，生师比在 20 以上的专业有 18 个，分布在 10 个学院，占全部专业的 30%；生师比在 10 以下的专业有 9 个，分布在 7 个学院，占到全部专业的 14%。目前，文理、师范、生化、艺术、管理这 5 个学院，生师比高、低都存在，不均衡性更加突出。

我们学科和平台建设也存在差异性和不平衡性，有 5 个学院（师范、商务、管理、城轨、国交）没有省部级及以上科研平台，占到 40%。科研平台需要紧贴时代和社会发展需要，形成结构布局合理、应用型特色明显、多学科支撑的体系，目前尚有较大差距，因而对专业人才培养支撑不足。应突出优势特色学科，对比较优势不明显的、不能紧跟科技与产业发展要求专业需要的转型或减停。目前，我们必须做的就是按北京市的发展需求和要求，对专业"瘦身"，即专业体系的优化整合。这必然涉及部分教师长期从事一个专业的教学工作的惯性，但我们没有选择，必须转变观念，迎难而上，及时拓展自身的学术或学科视野，提升专业的育人水平。

3. 合理的规模和结构

在校生逐年减少，教育教学资源分布不均衡，成为制约我们建设高水平、有特色的城市型、应用型大学的主要因素。特别是从学科专业的发展来看，我们的专业数量庞大，教师相对分散，部分学科缺少领军带头人，部分专业教师没有课上等。未来，随着疏解任务的进一步落实，学校在校生的预期理论规模将减少至 1.6 万人左右，综合当量在 1.8 万人左右。按照优秀生师比 16∶1，合格生师比 18∶1 的要求，我校专业教师应在 1000 人左右、整体教职工在 1800 人左右。学生规模平均一个学院 1200 人到 1350 人，每年平均招生 300 人左右，这样 64 个专业如何分配？按此规模，学校专业数量减少 20 个都没问题，到底多少个专业适合我校今后的发展，我个人认为不会超过 50 个，除了基础和必须的专业学科外，稳定在 35—40 个可能比较适合。我们目前教师数量近 1600 人，全体职工 2800 人左右，如果严格按照学生数拨款，所有经费会变得异常紧张。况且，当前我国经济形势也处于调整期，北京暂时按照人头拨款的机制还能持续多久，也需要我们认真对待。当前的严峻形势已经到了转折的边缘，如果不思考如何来主动应对，有一天学校的生存危机就会出现在我们面前。

面对这样的挑战，我们不得不改革，国内外高校一直在优化整合与改革发展。近年来，随着高等教育的发展，国内外高校都在大量整合学科专业，有的国内高校专业减少到了 1/4 左右，有的国外高校甚至调整到了原来的 1/3，调整之后的大学轻装上阵，更加适应市场需求的变化，并为发展学科、提升水平提供了必要的保障。参考国内外大学的经验，比如美国克拉克大学、瓦格纳学院，不同学科的教师共同参与实践问题课程，共同研究并制定跨专业课程和教学活动。2019 年，浙江大学硕士研究生招收人数减少了 400 多人，而北京大学招生人数减少了 300 多人，近期，浙江大学、山东大学和中山大学等知名高校专业减少了 30 ~ 40 个，中山大学更是从 130 个减少到了 70 多个，这说明中国的名校不再追求办学规模，而开始重视学生的培育质量，世界名校加州理工大学，所有在校学生一共才 2000 多人，所有专业不超过 30 个，而中国好多巨无霸高校一届本科生就接上万人。2019 年浙江大学主动撤销专业学科，和自己的高校定位有关联，保持学科精度，也是冲击清华北大地位的战略部署。对于我们来讲，进一步优化学科专业结构，整合学科专业数量，是学校发展的必然选择。我们改革的方向就是专业"瘦身"，丰厚学科，提升教师学术视野，提高支撑专业的教学水平，建立适应型学科专业结构与完善强有力的人才培养体系。

二、完善约束激励机制

培养应用型人才是学校多年来坚持的人才培养目标，要将我校培养"信念坚定、知行合一，基础知识扎实、实践能力强，具有较强的社会责任感、创新创业精神和可持续发展能力的高素质应用型人才"目标落在实处，必须密切结合 OBE 的理念，不断强化师资队伍建设、提升教育教学质量和办学治校能力。办好北京人民满意的高水平城市型、应用型大学，我们必须在优化学科专业结构，完善人才培养体系方面下功夫，这离不开学科团队、科研平台以及办学机制体制（约束激励机制）的保障。

1. 要坚持"随行就市"原则

教育部高教司司长吴岩在 6 月 20 日的全国大会上指出，习近平总书记最关心的头等大事就是高等学校的专业结构优化调整问题，这关系到人才培养质量、服务社会水平和引领经济科技发展的问题。专业调整必须坚持需求、标准和特色等基本导向。这是我们提出的"随行就市"，构建适应型专业学科体系的重要遵循。

要坚持"随行就市"原则。随着经济社会的快速发展，知识在更新，当前的科技革命、产业调整、供给侧改革、北京市功能定位与需求：经济社会与市场对人才的需求甚至中美贸易战等，都在不断变化。这要求学校的专业学科结构有快速的适应性，必须结合新时代学科、技术、经济市场前沿需求，不断完善专业课程体系、提高人才培养水平。高等教育的"随行就市"，还要符合人才成长规律，打破固化的人才培养模式，不断地适应社会需求的变化。"随行就市"，不只是片面地强调变化和调整，一是在稳定的特色型专业和扎实的学科基础上优化形成适应型的专业，形成适应型专业创新课程体系；二是需要我们建立具有较强的交叉融合能力、学术视野宽且适应能力强的教师队伍，在相近专业里具有较强适应能力，可以根据需求微调，开设更多相近专业都能上的课程；三是根据专业培养目标与需求，不断强化学科团队、科学研究以及建立科研机构，形成支撑多学科的科技与学术团队、平台和研究院所中心等，强有力地支撑专业的人才培养水平。

2. 提升专业建设核心能力

提升专业建设的核心能力，就是要围绕适应型学科专业体系建设，围绕国家、北京区域重大需求，立足办学定位，依托学科支撑，完善、形成紧密对接行业产业链、创新链的专业人才培养方案和创新的课程体系。

专业减少、优化整合不是难事。近期我校新增减了不少专业，其建设的核心就是专业培养方案和课程体系。各个学院要思考讨论，到底专业如何优化整合，这需要转变观念和统一思想。例如，当前在信息技术飞速发展的 5G 时代、互联网、物联网 +AI 背景下的新工科、新文科、新商科，包括新医科、新农科等，如何创新课程设置，目前，没有统一的课程与培养标准；怎么进行课程设置，必须结合前沿和经济技术与市场的需求。另外，大数据发展迅速，并带动了相关产业发展，人才需求也很大，很多高校设置大数据专业，这个专业课程创新，其实质就是强化算法和信息技术的前沿课程和创新的教学方法与实践。这需要我们广大教师跟上时代的学科和前沿技术步伐，拓展学术视野。也是我常和大家说的，学校核心能力建设，即师资队伍建设的关键内涵。

一是要明确认识新时代专业培养的目标，把专业人才培养融入国家战略、区域发展、产业变革之中，有的专业突出办学的"北京味道"。各专业可进行"专业 +"特色创新，鼓励各专业主动适应产业创新和跨界（学科）融合，基于学校多学科特点开展专业群建设，培育专业特色发展方向。

二是完善好 OBE 理念下教学大纲和课程体系。为达成高素质应用型人才的培养目标，在专业全域视野下，课程体系根据职业能力主线将每门课程纳入课程体系的总体视野中，注重课程的关联性，重视学科的要求，整合、开发课程资源，构建由课程体系到课程模块再到每门课程的能力素质，形成逐层落实的完整实现体系。

三是教师具备全域（相近专业）开课能力。在专业全域视野下，教师应该有较强的适应性和创作性，应具备开出多门课的能力，淘汰"水课"，努力提升打造"金课"，根据实际需求，动态调整。保障教学质量，创新教学方法，因课制宜积极探索启发式、讨论式、参与式、案例式、翻转课堂等教学方式，激发学生积极投入学习的兴趣。

对于我校多校区办学的特点来讲，适应型专业体系的建设，尤其是专业核心能力，离不开完整的课程体系、丰富的教学资源、先进的教学方法和完善的质量保障，更需要教师具有全域（相关学科及其相近专业）开课与上课能力，教务、人事、财务等部门要研究这项工作，需要创新思维和深入研讨，包括教师全校上课与教师归属于管理考核的灵活性机制等。

3.注重培育教师学术与教学能力

教师是适应型学科专业体系建设的关键与核心。

最近，教师发展中心有一份关于我校教师教学发展的需求调研报告，总结得不错。报告总结了我校教师普遍反映的问题主要有两类：①在教学能力方面：第一是先进教育理念和学习掌握不足。这个问题希望教师发展中心重点研究培训内容。第二是现代教育技术应用能力有待提升。这个问题请教务、国资和财务部门研究有针对性的建议。第三是教师教学学术能力亟待提升，还有部分教师认为学校重科研、轻教学。我强调的科研，主要是通过科研学术研究，开拓教师的学科与学术前沿视野，这是支撑新时代专业教学水平的前提，必须转变这个观念，一个教授若没有学科的学术视野，引领高水平的应用教学能力不可能高，关于发表高水平论文方面，科技、学报等部门要学习人大商学院的做法，积极为教师创造条件和空间。第四是跨学科、跨专业发展能力以及教师团队建设需要充分重视。这个问题，希望科技、教务、学科管理部门与学院经常研究，上学期我们开过两天半的学术会，就是解决这方面的问题。②在职业发展方面，部分教师觉得教学负担过重；学历提升和职称晋升有压力；教师职业发展和心理问题需要研究，等等。这方面问题，除了教师教学发展中心需要研究外，人事等相关部门也需要思考。大学的根本任务就是人才培养，这是教师的神圣职责，我们要重视和研究，为教师创造一切可行的条件，克服心理压力，转变观念，变压力为追求优秀的"四有"好老师的动力。和优秀的大学比，我们还有很大差距。认识到这一点，通过我们努力，这些困难都能够克服。

（1）教师科研学术能力的提升。教师科研学术能力是教师能力和专业教学水平的重要方面，学校发展依靠高水平应用型教师队伍，提高学科学术水平是关键抓手，科研团队和科研项目是发展学科的载体。一方面要强化研究机构与团队建设，重视科研学术工作，两年多来，通过建立"有压力、有动力、有约束、有激励"的考核管理机制，科研经费、国家与省部级项目的申报等工作取得了显著成效，营造了上下抓科研学术的环境和氛围，也大力提升了教师科研的兴趣和能力、水平。关于科研经费，国务院学位办最基本要求是师均 10 万元（"211"、"985" 高校一般是四五十万元），近几年，有一年上不去，我校 2023 年成为高水平应用大学的标志（博士点突破）就要泡汤，因此，这是个硬任务。另一方面要强化学科建设，明确学科方向，组织跨学科的学术团队，这是提升教师学科学术前沿，拓展视野的重要工作，我们开过两次学术会议，很多学院与教师都很积极，突破学术研究，积极争取到大的科研项目，是提升教师学术水平和服务社会、国家行业的重要体现。科技处和研究生处做了一些工作，但还要深入下去，这是核心能力建设的重要抓手。这两年，大力抓平台建设，注重培育学科发展是非常重要的，北京学和工商管理学科被批准为北京高精尖学科，将大大促进相关专业和学院教师水平的提升与发展。学校会大力支持，包括有明确突破学术方向的学科都会支持。只有强化科研学术研究，产生出高水平的科技成果，才能提升我校的社会服务能力。服务地方经济社会和企业行业的需求特别是北京的需求，我们必须找准定位和目标谱系，联合攻关，打造应用型团队，才能够解决区域行业立地顶天的应用问题，才能有机会引领应用型市场或行业的发展。学校做了许多有益的尝试，效果不错，这需要我们各个学院主动研究思考。

（2）教师教学能力的提升。一是要提升教学内容的质量，瞄准一流"金课"建设目标，提升学生学习课程的"获得感"。注重培养学生解决复杂问题的综合能力和创新思维。把学术新动态、研究新成果和实践新经验融入课堂教学，学习结果具有探究性和个性化。二是要更新教学方式方法，以信息技术为支撑载体，以创新教学方法为主要途径，构建线上线下相结合的混合教学模式，通过教学改革促进学生学习革命，积极引导学生自我管理、主动学习，激发求知欲望，提高学习效率，提升自主学习能力。三是要创新课程考核方式，加强学习过程管理，加大过程考核成绩在课程总成绩中的比重，健全和完善知识、能力、素质考核并重的多元化学业考核评价体系，明确各项考核的评价标准，完善学生学习过程监测、评估与反馈机制。四是要有教学学术研究，就是针对不同课程、不同专业群体，研究教学规律、学生学习习惯，形成有效教学方法，这对我们应用型高校非常重要。请教务和学校教指委深入研究，这些工作看似艰难和繁杂，但如果我们勇于担当，创新出新的习惯和模式，一切难题均能迎刃而解。

4. 不断完善办学体制机制

优化专业学科必然涉及专业结构与少部分专业布点问题、校区分散与教师区域上课问题、部分院系微调问题特别是教师新专业与原有专业的惯性和学院归属管理问题等。这些问题都是改革发展的必然问题，通过考核管理机制，教师全校上课、待遇设计等逐步解决。

第一是"强化学科建设，瘦身专业结构"，根据我校未来规模，专业到底控制到多少个，采取什么结构，请教务处、研究生处、科技处等处室与学院思考研讨，这是本次会议研讨的重点内容之一。关于加强学科建设、主要学科与科研学术团队建设，学院可以强化科研院、所和中心建设。举个例子，6月出国考察的几个应用型国外大学，无一不是学院专业精、科研学术机构多的模式。伊斯坦布尔的布里吉（BILGI）大学，规模和我校差不多，其仅有11个本科学院和3个高职学院，而涵盖学科的研究中心、学术研究机构就有25个。众多的研究团队、学科支撑相关专业教学。这是解决我校教师专业不均衡问题的有效做法。有几个学院已经做了研究中心和院所的建设工作，但还要深入下去，这是提高教师学科水平，提升专业教学能力的重要渠道。

第二是今年学校即将开始学分制改革，建立以选课制为基础，以绩点制、导师制为核心的学分制管理体系，构建涵盖注册、排课、选课、上课、实践、考核、重修等各主要教学环节在内的与学分制相适应的现代教学管理模式。学分制更加注重因材施教，将会适当减少必修学分和课内学时、增加选修学分和课外学时，以满足学生自主学习和个性化发展的需求。未来将逐步实现由学科团队支撑的课程设置，教师小组共同讲授一门或相关的专业课程，这就需要教师具有全域开课与上课的能力。

第三是根据学分制改革要求，教师要有全校教师的概念，要打破传统学院区域上课思维，跨学院上课，这和基础课教师全校上课一样。我们校区分散，上课当然需要全域化。我们进一步优化学校的管理机制和课程教学质量保障机制，在完善"研、创、教""评、馈、育""考、奖、聘"三环叠加的教育教学监督管理体系的同时，建立具有灵活性的教师考核管理激励机制和全域运行保障机制，建设"学科有归属，学院有区域，专业无界限"的综合教师管理考核激励机制以及全校学分制和质量保障机制、全域运行保障机制等。

第四是根据专业优化整合的需要，适时微调学院的机构和建制。

三、服务北京社会需求

近年来，学校主动适应北京发展的功能定位，在人才培养与科研工作整体上取得了长足进步和发展，特别是科研项目从课题数量、课题类型、经费总量等方面均出现可喜变化，教师参与科研的人数明显增加，竞争性项目与经费突飞猛进；教师科研成果产生的专利、软件著作权数量显著增加，高水平学术论文呈上升态势，获得多项省部级以上科研成果奖，在服务北京经济发展方面已初显成效。我们的研究方向主要集中在旅游服务、北京学、基于大数据应用、计算机科学与工程、环境科学与工程、生物、法学等领域；服务区域主要集中在北京市海淀区、朝阳区、西城区和东城区等，许多成果被领导批示或应用。目前，我们与国家铁路局、中国铁总、中国残疾人联合会、北京市教委、北京市文化和旅游局、北京市人民政府台湾事务办公室、朝阳区科学技术和信息化局等多家单位存在密切的科研合作关系。

我们看一下即将出台的北京市属高校绩效考核指标体系：党建8分、特色5分、管理11分，这是引领性指标，联合大学没问题，有些方面处于领先地位，特别是我们的党建与思想政治工作，例如，韩宪洲书记牵头的课程思政研究无论在理论还是实践方面，成果与影响都很显著；人才培养27分、学术研究16分、社会服务15分、国际合作8分，这66分学校核心能力方面指标，我们许多方面做得也不错，但看细分的指标，我们尚有较大差距，今后学校事业经费拨款将密切与指标得分挂钩，需要我们充分重视，相关部门要仔细研究。另外，按照市委、市政府关于疏解促提升的要求和部署，我校处在重要的转折点和机遇期，不进则退，必须增强改革发展的自觉性、主动性、创造性，将服务新时代北京新需求作为联大提升办学水平的根本动力。

1. 通过高精尖学科建设，提升整体学科建设水平

2019 年 5 月，我校北京学和工商管理学科获批成为北京高校高精尖学科。高精尖学科，不仅有助于将我校的科学研究特色推上新台阶，而且也有效地提升了学校的社会声誉。以北京学为例，北京学高精尖学科基于地理学、中国史、考古学、设计学等学科合作申报，建设了一批科研平台、人才平台、教育平台和智库平台，并努力向首都高端文化智库方向发展，在高目标、大课题、标志性成果等方面体现出高、精、尖的水平。北京"三山五园""一城三带"历史文化资源研究、中轴线保护研究等，受到市领导的高度肯定，这在服务北京方面具有示范性。

高精尖学科的建设要从北京经济社会发展的需求入手，进一步加强学科的融合发展，不断增强应用基础研究和成果转化应用。同时，创新综合性学科建设路径和建立高效的运行机制，为高精尖学科建设提供了有效保障。对于工商管理学科来讲，高精尖学科的建设有效地带动了相关学科和专业群的发展，涉及四个学院，并为其他学科发展提供了引领和示范作用。其他学科要充分组织起来，发挥广大教师的作用，特别是涉及生师比不均衡学科专业教师，这有助于学校更好地履行城市型、应用型大学的学科建设使命，提升学校整体人才培养、科学研究、服务北京经济社会的能力。

2. 注重科技创新团队建设，服务区域行业经济社会发展

近年来多次获得北京市教委"北京市属高校高水平教师团队建设支持计划高水平创新团队建设"项目资助。2017—2019 年，《复杂和不确定性驾驶环境认知》获得资助 600 万元；2014—2016 年，《智能驾驶技术》获得资助 900 万元；2013—2016 年，《图像理解与可视化应用》获得资助 900 万元；另外，我校参与的高铁经济学、高铁网络与旅游经济学研究，在行业社会产生积极影响。高水平科技创新团队的组建进一步促进了我校应用型成果的研究和创新型应用型人才的培养。

多年来，学校以学科建设为龙头，积极构建服务北京的应用型科研创

新体系。今年，学校科技处、研究生处组织凝练了学科与科技服务突破的"十大"方向，虽然还不够成熟没有公布，但极大提高了学科建设积极性，一些学院表示要积极参加，在服务北京和行业、经济社会需求方面，今后要分批组织所有学科组建科技创新团队，成立多样化的学科组织，在组织层面打破学科壁垒，建立学院内、学校内跨学科的学术机构。在此基础上，整合建设高水平科研平台，有利于学校开展重大项目攻关，有利于产出标志性应用性成果，更有利于搭建创新型、应用型人才的培养平台，开创高水平、多学科支撑专业教学的局面。

3. 积极拓展校企、国际合作，形成协同创新的新局面

校企融合、国际合作是面向人才需求的重要措施，也是顶层的设计融合，需要制度、业务、发展、模式等维度的相互融合互动，从而实现资源的共商、共建、共享，最终实现学校发展与北京区域产业相结合、与国际发展需求相结合，把专业建在产业链和需求链上。应用型大学的发展要强化联合、协作和共享，形成共同发展的合力，要充分发挥产业、行业等需求侧的推动作用，搭建更加广泛的校企合作平台，不断拓展校企合作、产教融合的深度和广度。为更好地服务北京区域创新体系建设，发挥区域与高校发展合作联盟，同企业和科研院所以及国际高校、企业签订战略合作协议，构建战略合作伙伴关系，通过多种形式开展全面合作，共同推进我校产学研的合作与发展，以科学任务带动人才培养，形成专业、产业相互促进、共同发展，实现多赢。

优化学科专业结构，注重与北京行业、产业、企业的联系和对接，围绕解决北京重大关键问题，依托重点研究基地，优化资源配置，提高科技创新与服务能力，针对人工智能科学与技术、计算机科学与技术、生物医药、高铁旅游经济、北京学等相关领域的技术商业化应用前景，在研项目进行技术分析与布局分析，提升研发价值，增强科学技术研发和科研成果转化率，积极打造具有北京特色和全国影响的新型智库，提高服务区域决策的能力，更好、更有针对性、有特色地服务北京经济社会的发展需求。

2019年是学校内涵发展、特色发展的关键之年，是我们的转折点，更是我们发展的机遇之年。我们要充分认识到"服务北京、服务市民"是新时代学校生存和发展的根本动力。我们要持续深入推进优化学科专业体系，充分发挥学校优势特色，凝心聚力，完善学校办学的体制机制，建立全域一体化办学理念，不断提升应用型人才培养的质量，提升服务北京的能力，完善服务北京的"联大谱系图"，不断提升企业服务、科技服务、智库服务、校企合作、国际合作等方面的能力和水平。面对各种各样的困难，我们坚信，在习近平新时代中国特色社会主义思想和关于教育重要论述精神的指引下，按照北京市委市政府要求，在学校党委坚强领导下，全体师生员工有决心、有信心，使北京联合大学改革发展的生动实践在京华大地生根开花。

担当时代应用型高校使命　服务北京城市战略定位[①]

一、因北京需求而生，伴北京需求而兴，"办学为民，应用为本"是北京联合大学的根和魂

　　1978 年，为解决当时广大青年和学生的上学需求，满足北京经济社会发展的迫切需要，北京市委、市政府委托清华大学、北京大学等高校创办了 36 所分校。1985 年，为加强对大学分校的统一规划和管理，提高教育质量和办学效益，北京市人民政府报经教育部批准，成立北京联合大学。

　　建校至今，学校走出了一条极不平凡的创业发展之路。40 多年来，学校不负使命、勇于担当，自强不息、艰苦奋斗，改革创新、与时俱进，为着"同一个联大，同一个梦想"奋力前行、接续奋斗，实现了从多法人、分散式办学到基本建立较为完善的举校体制的跨越，为实现内涵式发展创造了有利条件，提供了坚强保障。学校现有 10 个学科门类，形成了以本科教育为主，研究生、高职、继续教育和留学生教育协调发展的办学格局；有 67 个专业，其中 3 个专业入选国家级一流本科专业建设点，5 个专业为北京市一流专业，20 个专业进入全国排名前 20%；有硕士授权学科点 19 个，市重点建设学科 6 个，北京高校高精尖学科 2 个；有省部级科研平台 10 个，院士工作站 2 个、共建博士后科研工作站 2 个；有国

　本文节选自《世界教育信息》郭伟、张力玮采访北京联合大学时任校长李学伟的整理稿（2020 年 9 月）。

家级教学平台 5 个，市级教学平台 10 个。在 2019 年大学录取分数排名中，学校居第 170 位，具有较强的办学竞争力和良好的社会声誉。

"办学为民，应用为本"是联合大学的根和魂，是联大人在因北京需求而生，伴北京需求而兴的办学实践中，对学校发展做出的正确历史选择，是学校最具活力的生命基因，也是学校最鲜明的特色和治学理念。

40 多年来，学校坚持"教育要为人民服务"的方针，努力办出一所让北京人民满意的高等学校；坚持突出办学的"北京味道"，支撑和服务于北京市经济建设与社会进步；坚持为北京市广大民众服务，为推进北京市高等教育大众化和普及化做出积极贡献；形成了依托行业办学传统，着力产教融合的应用型人才培养特色。

第一，关注产业发展，凝聚学院特色，创新产教育人模式。适应高新技术产业需求，改造传统学科主导型学院为产业主导型学院，并与优势企业合作，探索产教融合应用型人才培养模式，例如，城市轨道交通与物流学院等与世界一流企业合作取得了较好的效果。

第二，统筹校企资源，聚焦实践育人，共建产教合作平台。产教融合共建实验室和实践教学中心，将行业企业资源高效转化为人才培养资源，实现学校教育资源与行业企业资源有机融合，例如，与北京市先进企业共建实习平台，发挥了重要作用。

第三，服务区域发展，倡导应用科研，促进教师实践创新。鼓励教师产教合作开展应用科研，提升教师应用科研与实践育人的能力；约束激励并重，提升教师行业企业实践和服务的能力。

二、将应用型人才培养作为建设教育强国重要着力点，努力打造高水平应用型人才培养基地

《教育部关于"十三五"时期高等学校设置工作的意见》明确提出，"应用型高等学校主要从事服务经济社会发展的本科以上层次应用型人才培养，并从事社会发展与科技应用等方面的研究"。可见"应用"是应用型大学的核心内涵，是区别于其他类型大学的根本特征；"应用型"是高等教育的一种类型，不代表办学层次的高低。为此，应用型人才培养，一

是要坚持学以致用，要既注重专业理论的学习，又注重应用能力和理想道德的学习；要学了能用，学了会用，学用一体，学用相长。二是要坚持"教以致用"，要创新应用型人才培养模式。三是要建设"立地顶天"的致用文化，将学校发展融入国家战略和北京经济社会发展需求，将"致用"理念融入教育教学全过程。

北京联合大学是在我国高等教育分类发展尚未明确的情况下，较早提出应用型大学理念，并矢志不渝在探索中发展、在守正中创新的高校之一。学校将人才培养定位为应用型，这是由于以下几个方面原因：一是由学校的生命基因决定的。1987 年，首任校长谭元堃提出，学校"要从过去大学分校时期大学能办什么办什么，转变到北京需要什么办什么。着重发展应用学科，培养应用人才"。这一办学思想在日后的办学过程中渐趋成熟和完善。二是由学校的办学使命决定的。作为市属高校，扎根京华大地办学，服务地方社会经济发展，突出办学"北京味道"，满足社会的多元化人才需求是学校使命所在。三是由新时代高等教育分类发展要求决定的。大力推动高校分类发展和特色发展是新时代高等教育的重要战略方向和战略任务。应用型人才培养定位，顺应高等教育形势要求，契合高等教育发展规律，符合学校办学实际。

建校 40 多年来，学校矢志不渝地坚守应用型发展道路，与时俱进地创新应用型发展模式，不遗余力地推进应用型大学建设，业已发展成为北京市重点建设的应用型人才培养基地。关于培养应用型人才，学校重点围绕以下几个方面来开展工作。

一是适应北京发展，构建适应性学科专业体系。根据市场前沿、经济社会需求、学校优势特色，"随行就市"调整融合专业，构建了紧密对接产（行）业链、创新链，与社会发展需求相适应、与学校空间环境条件相吻合、规模适度、结构合理、特色鲜明的适应性学科专业发展体系。

二是加强分类指导，探索多样化应用型人才培养模式。设立校级实验班和改革特区，探索应用型拔尖创新人才培养模式；以 AACSB 认证为契机，探索应用型国际商务人才培养模式；深化产教融合，探索产教融合人才培养模式；等等。

三是坚持立德树人，全力提升应用型人才培养能力。坚持"学生中心、成果导向、持续改进"理念，把课程思政作为落实立德树人根本任务的根本举措，重构应用型人才培养方案，并以质量标准建设为关键，以提升教师执教能力为重点，以教学方法改革为手段，全力提升应用型人才培养能力。

四是坚持产教融合，搭建长效合作育人平台。发起成立中东欧"16+1"旅游院校联盟，与国家博物馆、首都博物馆等共建国家综合文科实验教学示范中心，与中国中铁股份有限公司建立合作伙伴关系，与首旅集团共建国家级大学生校外实践教育基地，等等。

五是通过内培外引，打造高水平应用型师资队伍。坚持"引、培、用"三管齐下，着力健全有压力、有动力、有约束、有激励的管理机制，努力打造一支重师德、有引领、高素质、精业务、懂育人的应用型师资队伍。2019 年在全国首个普通本科院校教师教学发展指数中排名第 144 位，位列前 10%。

三、将课程作为关乎培养什么样人的战略大问题，努力打造"金课"，淘汰"水课"

2018 年，教育部提出"消灭水课、打造金课"，得到高校乃至社会一边倒的叫好。因为这是提高高校人才培养质量的撒手锏，是实现学生更好发展的金钥匙，是推动中国高等教育内涵式发展的根本着力点。高教司司长吴岩曾对课程作出过四个基本判断：第一，课程是教育最微观、最普通的问题，但它要解决的却是教育中最根本的问题——培养人。第二，课程是中国大学普遍存在的短板、瓶颈、软肋，是一个关键问题。第三，课程是体现"以学生发展为中心"理念的"最后一公里"。第四，课程正是落实"立德树人"根本任务的具体化、可操作化和目标化。我非常认同这四个判断，它说出了课程在高校人才培养中的基础性地位，说出了中国高校课程的基本状态和严峻形势，也说出了我们建设一流本科的着力点和发力点。所以，消灭"水课"、打造"金课"，不仅迫切而且意义重大。

北京联合大学坚定不移地以人才培养为中心，以课程思政为抓手，把立德树人成效作为检验学校一切工作的根本标准，努力建设适应新时代要求的一流本科应用型课程。具体行动有：第一，落实成果导向理念，坚决杜绝因人设课。遵循 OBE 理念的反向设计原则设计培养方案，确保课程设置围绕毕业要求展开。第二，推进科研反哺教学，提高课程的创新性。第三，以学生为中心，探索教学方法改革。比如加大教改立项和成果奖励力度，举办各类教学比赛，引进推广"云班课""雨课堂"等，激励教师改革课堂教学，推进课堂革命。第四，改革考核方式，提高课程挑战度。

疫情期间大规模网络教学是对教育信息化的一次全面检验，是对教学秩序和教学质量的重大挑战。为确保线上教学有序开展，学校提前一个月开始做网络教学准备工作，遴选 7 个网络教学平台系统供师生使用；陆续推出辅助网上教学的软件和培训课程，组建若干技术咨询群，为教师提供在线技术支持和服务；制订网络学习指南，深入学生 QQ 群、微信群为学生提供各种线上学习咨询服务。

质量监控是线上教学的难点。学校充分运用教学大数据监测平台实时监测教学质量并及时反馈；定期开展教师线上教学和学生学习情况问卷调查，结合云数据，对网络教学情况予以分类解析，给教师适时调整教学内容、方法及授课模式提供参考。此外，学校还开展网络教学优秀案例征集活动，加强教师间的交流与互动，共同推动网络教学质量不断提升。调查显示，89.92% 的学生对网络学习效果表示满意。

四、将创新创业教育作为大学实现未来发展新的动力引擎，大力加强创新创业教育

深化高校创新创业教育改革，是国家实施创新驱动发展战略、促进经济提质增效升级的迫切需要，也是推进高等教育综合改革、促进高校毕业生更高质量创业就业的重要举措。各高校均将创新创业教育改革作为重要任务摆在了突出位置。北京联合大学也不例外，而且它将创新创业教育作为学校实现未来发展新的动力引擎，大力加强，持续推进，打造出一批具有全国影响力的创业典型，在北京乃至全国产生了较好的影响。2014 年，

我校 2011 届毕业生韩磊作为全国唯一的大学生创业代表，参加了李克强总理主持召开的教科文卫体人士和基层群众代表对政府工作报告的意见和建议座谈会。2001 届毕业生苏菂创办了中国著名创业孵化器车库咖啡。2018 年，学校被教育部评为"全国创新创业教育典型经验高校"，学校创业孵化基地被评为"北京地区高校大学生创业园高校分园"。2019 年，在北京地区高校大学生优秀创业团队评选活动中，学校获评"最佳组织奖"。北京联合大学创新创业教育主要采取了以下几方面的措施。

一是加强领导，明确培养目标，厘清工作机制，做好顶层设计。学校成立创新创业教育工作领导小组，由校长任组长。各学院成立创新创业教育工作办公室，由院长任主任，形成各部门齐抓共管、联动协调，校院密切配合的工作格局。进一步明确培养目标，修订培养方案，促进创新创业教育与专业教育有机融合，并构建了"教学体系—管理体系—保障体系"三轮驱动的创新创业教育工作机制。

二是打造课程，优化教学管理，点面结合开展创新创业教育。将创新创业课程融入专业培养，并按照"通识教育、专业教育、实践教育"三类，精心打造创新创业课程体系。同时全面优化教学管理，优化学制学分管理。

三是加大投入，强化保障，夯实创新创业教育基础。设立专项创业资助金，对获奖团队进行帮扶。组建开展创新创业教育研究与教学的专家型教师、开展创新创业教育教学的专业型教师、开展创业指导服务的实践型教师等三支队伍。完善双创工作条件，实现机构、人员、场地、经费四个到位。

四是建设平台，强化实训，提升学生创新创业能力。建设创新创业模拟基地、实训基地、实战基地等三类基地，从创业模拟、实训、实践提供全程保障。有校外人才培养基地 85 个，实验场所 373 个，大学生校外创业实训基地 2 家。建有各级各类创业孵化基地 19 个。

五、抓住中国工程教育发展机遇，以工程教育专业认证引领工程教育专业改革发展

中国高等工程教育规模位居世界第一，工科本科专业占全国本科专业点总数的 1/3，工程教育在校本科生和研究生数量中也占在校生规模的1/3。随着经济社会的巨大变革和高等教育事业的跨越式发展，我国工程教育取得了长足的进步。2005 年，开始开展工程教育专业认证试点，初步与国际标准接轨。2010 年，"卓越计划"正式启动。2013 年，顺利加入《华盛顿协议》，被接纳为预备成员。2016 年，国际工程联盟大会《华盛顿协议》全会全票通过了中国的转正申请，中国成为第 18 个《华盛顿协议》正式成员，标志着我国工程教育质量得到国际认可，工程教育国际化迈出重要步伐。2017 年，新工科建设启动。这些工作对推动我国从工程教育大国走向工程教育强国具有重要意义。

当前我国工程教育的发展进入内涵式发展的新阶段。在保持工程教育规模的前提下，既要遵照国际标准，还要适应国情，打造具有中国特色的工程教育体系。这方面我们做了很多工作，比如说建立了中国特色"五位一体"的评估制度，发布了《普通高等学校本科专业类教学质量国家标准》，大力推进新工科教育和"双万计划"等，极大地推动了我国工程教育质量的提升，也为建设具有中国特色工程教育体系打下了良好基础。

北京联合大学现有工科专业 20 多个，占学校专业总数的 40%，学生数量占学校学生总数的约 1/3。作为北京卓越联盟成员校，学校一直十分重视工程教育的开展，具体体现在如下几个方面：一是最早从 2010 年开始就在全校本科培养方案中推进工程教育认证理念，借鉴工程教育认证思想，改革人才培养方案，加强专业内涵建设。二是学校持续加大对工科类人才培养的投入，扎实推进新工科建设。有 2 个项目入选教育部新工科研究与实践项目；组织召开全国地方应用型院校新工科校企协同育人交流会暨人工智能人才培养高峰论坛，发起地方应用型院校"联合扬帆"倡议书，协同探索多样化的举措和方案加快建设和发展新工科。三是打破按学科配置学院专业的传统，面向行业需求，成立产业主导型学院，努力培养

能更好服务区域经济发展的新工科人才。四是在全校范围内推进工程教育认证工作，目前已在多个专业做出了有益的探索。未来，希望我校的工程教育能紧紧围绕北京"四个中心"建设和国际一流的和谐宜居之都建设，打造"随行就市"的新工科专业结构，构建"融合创新"的工程教育新模式，切实提升工程教育服务北京经济社会发展的能力。

六、实施"开放兴校"战略，积极推进国际化办学，充分发挥高等教育对外窗口作用

高等教育国际化是全球化背景下教育发展的必然趋势。作为高校，走国际化发展之路，既是适应高等教育国际化大趋势的需要，也是实现自身可持续发展的需要。对于北京高校，国际化具有尤为突出的意义。《首都教育现代化 2035》提出，到 2035 年，使北京成为全球主要留学中心和世界杰出青年向往的留学目的地，为初步建成国际一流的和谐宜居之都提供重要支撑。北京市委书记蔡奇同志也曾指出："加强国际交往中心建设，是落实首都城市战略定位的必然要求，是履行好'四个服务'的职责所在。"北京联合大学作为规模最大的北京市属综合性大学，坚持把开放兴校作为学校一项重大发展战略，积极推进国际化办学，发挥高等教育对外窗口的作用，努力担当起高校的责任。在推进学校国际化过程中我们主要做了以下几个方面的工作。

一是开展国际合作办学，提升国际化办学水平。与美洲、欧洲、大洋洲、亚洲的 40 多个国家和地区的 230 余所院校建立校际合作交流关系。与俄罗斯乌拉尔国立交通大学合作举办轨道交通信号与控制专业中外合作办学项目。与俄罗斯交通大学合作举办"北京联合大学俄交大联合交通学院"。有教育部批准备案的"俄罗斯研究中心"。与英国威尔士三一圣大卫大学举办孔子学院，与黑山下戈里察大学举办独立旅游孔子课堂。

二是加强境外学生交流，实施国际化应用型人才培养。设置学生出国（境）专项奖学金，争取北京市政府菁英奖学金，鼓励学生积极参与各类出国（境）交流项目，每年选派赴国（境）外学习交流学生达 1000 余名。国际化教育还吸引了来自全球 50 多个国家和地区的学生，每年有来自英

国、俄罗斯、美国等国家的约 1000 人次留学生在我校学习。美国外交官汉语培训项目也在我校开展。

三是搭建国际交流合作平台，提升师资队伍国际化素养。设置经费，鼓励教师出国开展科研合作、访学、参加国际会议等，造就一批高水平国际化教学、科研骨干队伍。围绕北京"四个中心"建设等，组织、举办高端论坛和会议，助力国家外交和首都建设发展，提升学校国际化水平。如"中俄交通大学校长论坛"、第三届"17+1"中国—中东欧国家旅游院校联盟年会等。聘请外国专家开展专业课教学及学术讲座，助力学校教学科研水平提升。

四是开展国际化教学资源建设，助力国际化人才培养。积极引进国外合作院校先进教育资源和教育教学经验，并通过开设全英文授课专业，开展双语、全英语及非通用语种教学，开设第二外语选修课等，让学生接受先进的国际化教育。设有北京市"一带一路"国家人才培养基地，招收来自俄罗斯、泰国、黑山、波兰等国家的 100 余名留学生前来学习，近百名教育工作者来校开展教学科研交流与合作。

七、关注区域发展新样态，精心谋划，超前布局，力争早日建成高水平、有特色、北京人民满意的城市型、应用型大学

2017 年《北京城市总体规划（2016—2035 年）》发布，明确了北京"四个中心"的城市战略定位。2019 年《首都教育现代化 2035》颁布并指出，"首都教育举足轻重，至关重要，贯穿于首都城市战略定位之中"，"是提高'四个服务'水平不可或缺的重要力量"。北京联合大学作为市属高校，我们必须准确把握首都发展所处的历史方位，牢牢抓住全面提高人才培养能力这个核心点和立德树人根本任务，围绕北京城市战略定位，密切关注区域发展新样态，将做好"四个服务"落实到学校城市型、应用型大学建设的全过程，将服务新时代北京新需求作为学校提升办学水平的根本动力，精心谋划，超前布局。"十四五"期间，学校将着力抓好以下几个方面的工作。

一是坚定不移地走应用型大学办学道路，不断提升学校核心能力。坚

决贯彻北京高等教育分类发展政策，着力落实新时代首都教育现代化建设确立的重大战略方向和任务，深入推进"城教融合"，以城教融合为统领，以校地融合、产教融合、科教融合、学专融合、心智融合为着力点，构建城教融合的体制机制，完善城教融合的实施路径，与政府、企业在人才培养、科学研究、社会服务等方面进行全方位融合，推动学校扎根京华大地实现内涵式发展，办好北京人民满意的城市型、应用型大学。

二是深化课程思政，落实立德树人根本任务，切实提高应用型人才培养能力。学校将继续深化课程思政建设，推动专业思政建设，推进学科思政、专业思政和课程思政的一体化建设，以此拓展专业建设内涵，完善人才培养体系，提升人才培养能力和水平，不断提升服务北京、服务市民的能力。

三是推进学科、专业、平台、团队一体化建设，以高精尖学科建设引领学校专业发展。坚持根据北京经济"高精尖"发展新要求，围绕学校发展目标及优势学科方向，加强学科的融合发展，形成学科建设合力。坚持"随行就市"调整专业的招生和人才培养工作，推进专业资源合理配置，提高学术创新、人才培养的活力与效益。坚持以高精尖学科建设为引领，推动跨学科交叉发展，整合建设一批高水平科研平台、人才平台、教育平台和智库平台，带动相关学科和专业群发展。

四是积极推进国际化，努力开创教育对外开放新局面。学校将继续完善国际化人才培养体系，深入推进专业国际认证；继续深度融入"一带一路"建设，努力建设好"一带一路"国家人才培养基地；继续加强教育领域中外人文交流，不断推进孔子学院建设；努力做好北京联合大学俄交大联合交通学院建设，全面提升中外合作办学水平；着力提升教育国际竞争力，努力打造"留学联大"品牌；广泛参与全球教育治理，积极举办高水平国际教育论坛和国际教育会议。

五是完善制度体系建设，推进应用型大学治理体系和治理能力现代化。学校将认真贯彻落实十九届四中全会精神，全面梳理内部制度体系，坚持和巩固有效管用的制度，破除和清理不合时宜的制度，健全和完善符合实际的制度，加快构建改革发展急需的制度，努力构建系统完整、有效的应用型大学现代制度体系，推进应用型大学治理体系和治理能力现代化。

新时代，北京联合大学将不忘初心、牢记使命，围绕北京"四个中心"功能定位和国际一流和谐宜居之都建设目标，以立德树人为根本任务，继续实施学术立校、人才强校、开放兴校战略，坚持内涵发展、特色发展、差异化发展和创新发展，争取到 2035 年，"在五十年办学实践的基础上，继续奋进，把我校建设成为国内一流、社会高度认可的城市型、应用型大学"，为建设国际一流的和谐宜居之都提供人才保障和智力支持！

第七部分

"立德树人"及其成效

大力提升新时代高校立德树人成效 ^①

从党的十八大提出"把立德树人作为教育的根本任务"[1] 27，到党的十九大强调"落实立德树人根本任务"[2] 32，立德树人被历史性地写入党的全国代表大会报告，成为新时代我国高等教育发展的鲜明特征和主题。这既定位了新时代高等教育领域综合改革的新方向新要求，也明确了新时代高校办学治校的新使命新任务。习近平总书记立足中华民族伟大复兴战略全局和世界百年未有之大变局，围绕新时代高校立德树人提出了许多新思想新观点新论断，深刻回答了立什么德、树什么人，何以立德、何以树人等重大理论和实践问题，为新时代高校深入贯彻习近平总书记关于教育的重要论述，落实好立德树人根本任务，提升立德树人成效指明了方向，提供了遵循。

一、秉承立德树人成效是检验学校一切工作的根本标准

习近平总书记强调，"要把立德树人的成效作为检验学校一切工作的根本标准"[3]。这一回归教育本真的重要论断，为新时代高校全面贯彻党的教育方针，办学治校、教书育人，建设一流中国特色社会主义大学提供了鲜明价值导向和根本评判标准。必须从党和国家层面、高等教育层面、学生成长层面等多个维度，分析把握立德树人成效的深刻内涵，为新时代高校更好地落实立德树人根本任务，提供更为精准的指导和遵循。

---

① 本文发表于《北京联合大学学报（人文社会科学）》2021 年 7 月期，作者楚国清。

1.立德树人成效事关党和国家的伟大事业

从党和国家层面看，高校立德树人成效的最大体现就是服务好坚持和发展中国特色社会主义伟大事业。习近平总书记指出，"古今中外，每个国家都是按照自己的政治要求来培养人的"，"教育必须培养社会发展所需要的人"[3]。在建党之初，我们党就确立了马克思主义在教育领域的指导地位。建党百年来，中国高校立德树人卓有成效，在中国革命、建设、改革的各个历史时期都发挥了重要作用。在新时代，"我国高等教育发展方向要同我国发展的现实目标和未来方向紧密联系在一起，为人民服务，为中国共产党治国理政服务，为巩固和发展中国特色社会主义制度服务，为改革开放和社会主义现代化建设服务"[4]376-377。这"四个服务"为高校立德树人提出了具体要求，新时代高校要深刻把握"国之大者"，毫不动摇地坚持办学正确政治方向，立足新发展阶段、贯彻新发展理念、服务构建新发展格局，加强党对学校工作的全面领导，全面贯彻党的教育方针，用习近平新时代中国特色社会主义思想铸魂育人，着力健全立德树人落实机制，提升立德树人成效，围绕防范化解意识形态领域重大风险进行具有许多新的历史特点的伟大斗争，用高质量立德树人成效服务党和国家的伟大事业高质量发展。

2.立德树人成效事关高校立身之本

从高等教育层面看，高校立德树人成效的最根本体现就是培养出社会主义建设者和接班人。习近平总书记指出，"我国社会主义教育就是要培养社会主义建设者和接班人"[3]。在这一重要论断中，"社会主义"是定语，是对高校立德树人"培养什么人"的本质规定，关系党的事业后继有人，关系国家前途命运。我国高校是在马克思主义指导下建立起来的，是党领导下的中国特色社会主义高校，只有坚持立足我国独特的历史、独特的文化和独特的国情，在培养社会主义建设者和接班人上有作为、有成效，培养出一流人才，才能够办好中国特色、世界一流的中国特色社会主义大学。新时代高校要始终践行为党育人、为国育才的初心使命，努力提升立德树人成效，确保始终成为培养社会主义建设者和接班人的坚强阵地，为实现第二个百年奋斗目标和中华民族伟大复兴的中国梦，源源不断地培养"拥护中国共产党领导和我国社会主义制度、立志为中国特色社会主义事业奋斗终身的有用人才"[2]647，而"绝不能培养社会主义破坏者和掘墓人，绝不能培养出一些'长着中国脸，不是中国心，没有中国情，缺少中国味'的人"[2]647，以确保中华民族千秋伟业薪火相传、生生不息。

3. 立德树人成效事关学生成长成才

从学生成长层面看，高校立德树人成效的最直接体现就是教育引导学生扣好人生的"第一粒扣子"，树立正确的世界观、人生观、价值观，成为德才兼备、又红又专、全面发展的大学生。习近平总书记指出，"青年是祖国的未来、民族的希望，也是我们党的未来和希望"[5]358。从在五四运动中作为一支富有朝气的有生力量登上中国历史舞台开始，青年学生便在党的领导和教育下，听党话、跟党走，积极投身我国革命、建设和改革事业，发挥了生力军作用。在新时代，党和人民对当代大学生充分信任，寄予厚望，评价他们"朝气蓬勃、好学上进、视野宽广、开放自信，是可爱、可信、可为的一代"[6]9。同时，大学生正处在价值观形成的关键期，最需要精心引导和栽培，"该培土时就要培土，该浇水时就要浇水，该施肥时就要施肥，该打药时就要打药，该整枝时就要整枝"[7]。习近平总书记指出："现在这一代年轻人，也在变化之中，他们的心态、思想也在改变。"[8]新时代高校要深刻把握思想政治工作规律、教书育人规律和学生成长规律，不断加强和改进新形势下思想政治工作，提高学生思想水平、政治觉悟、道德品质、文化素养，提升立德树人成效，教育引导学生立大志、明大德、成大才、担大任，增强"四个意识"，坚定"四个自信"，做到"两个维护"，努力在全面建设社会主义现代化强国新征程上建功立业。

二、遵循习近平总书记关于立德树人重要论述核心要求

立德树人的重要论述是习近平总书记关于教育的重要论述的重要方面，是新时代高校学习贯彻习近平新时代中国特色社会主义思想的重要内容。新时代高校在落实立德树人根本任务的具体实践中，必须立足党和国家事业发展全局，着眼中华民族千秋伟业，深刻把握习近平总书记关于立德树人重要论述的核心要求，坚持问题导向和目标导向相统一，把牢方

向、围绕中心、夯实基础，不断提升立德树人成效。

1. 坚持办学正确政治方向

方向问题是一个根本性问题。坚持什么样的办学方向，关系教育事业兴衰成败和社会主义现代化建设全局，关系中华民族伟大复兴战略全局。如果在办学方向上走偏了，背离了党的教育方针，人才培养就会误入歧途，办学治校就会犯颠覆性、历史性的错误。党的十八大以来，习近平总书记在关于立德树人的重要论述中，旗帜鲜明地阐释了高校的社会主义办学方向问题，强调"我国高等教育肩负着培养德智体美劳全面发展的社会主义事业建设者和接班人的重大任务，必须坚持正确政治方向"[4]377，"我国是中国共产党领导的社会主义国家，这就决定了我们的教育必须把培养社会主义建设者和接班人作为根本任务"[9]，"办好我们的高校，必须坚持以马克思主义为指导，全面贯彻党的教育方针"[4]377，等等。在2018年全国教育大会上，习近平总书记用"九个坚持"总结了党的十八大以来我国教育改革发展的一系列新理念新思想新观点，形成了新时代中国特色社会主义教育理论体系，其中，"坚持社会主义办学方向"是重要方面。新时代高校提升立德树人成效，必须把坚持社会主义方向放在首位，站稳政治立场，把牢政治方向，将社会主义核心价值体系融入学校教育全过程，切实答好"培养什么样的人、如何培养人以及为谁培养人"这张考卷。

2. 坚持育人和育才相统一的人才培养辩证法

综观近千年的世界现代大学发展史可以发现，人才培养作为大学的主要任务和功能从未改变、从未动摇。教育部党组书记、部长陈宝生认为，"从历史、现实和未来看，人才培养是大学的本质职能"[10]。高校必须把人才培养中心地位落到实处。党的十八大以来，习近平总书记在关于立德树人的重要论述中，对高校人才培养作出了一系列重要论断，强调"'才者，德之资也；德者，才之帅也。'人才培养一定是育人和育才相统一的过程，而育人是本。人无德不立，育人的根本在于立德"[3]。"办好我国高校，办出世界一流大学，必须牢牢抓住全面提高人才培养能力这个核心点，并以此来带动高校其他工作。"[4]377 "学生在大学里学什么、能学到什么、学得怎么样，同大学人才培养体系密切相关。"[3]等等。新时代高校提升立德树人成效，必须把建设高水平人才培养体系作为核心，坚守为党育人为国育才初心使命，紧紧围绕人才培养这一中心工作，遵循人才培养辩证法和人才成长根本规律，把思想政治工作体系贯通人才培养体系，做到以树人为核心，以立德为根本，努力造就又红又专、德才兼备的优秀人才。

3. 坚持把立德树人贯穿学校建设和管理各领域、各方面、各环节

立德树人是高校立身之本，落实立德树人根本任务是学校各领域、各方面、各环节的共同任务。只有不断完善协同育人机制，推动在思想上行动上形成协同育人自觉，汇聚协同育人合力，才能真正地把立德树人根本任务落细落小落实。党的十八大以来，习近平总书记对如何落实立德树人根本任务提出了许多具体要求，强调要"把立德树人作为中心环节"[4]376"要把立德树人内化到大学建设和管理各领域、各方面、各环节"[3]"要把立德树人融入思想道德教育、文化知识教育、社会实践教育各环节""学科体系、教学体系、教材体系、管理体系要围绕这个目标来设计，教师要围绕这个目标来教，学生要围绕这个目标来学。凡是不利于实现这个目标的做法都要坚决改过来"[9]等。新时代高校提升立德树人成效，必须把立德树人的贯穿融入作为基本要求，坚持以文化人、以德育人，激活学生、教师、课程、学科等育人关键要素，着力构建全员全程全方位的育人大格局，夯实工作基础，明确各单位、各部门落实立德树人根本任务的责任要求、工作载体、协同机制等，逐步形成自觉立德树人的育人文化。

三、统筹把握提升新时代高校立德树人成效的关键举措

提升立德树人成效是一项复杂的系统工程。新时代高校必须坚持以习近平新时代中国特色社会主义思想为指导，以习近平总书记关于教育的重要论述为遵循，统筹加强党的政治建设、健全立德树人落实机制、推进思政课改革创新、全面深化课程思政建设、加强"体美劳"教育、提升教师队伍素质等关键举措，推动立德树人形成新的生动实践，不断提升立德树

人成效，推动高校教育高质量发展。

1. 大力加强党的政治建设

这是新时代高校提升立德树人成效的根本保证。我们的高校是党领导下的高校，必须深入贯彻新时代党的建设总要求，把党的政治建设摆在首位，以党的政治建设为统领，不断提高党的建设质量，"推动高校党的建设与高等教育事业发展深度融合，以高质量的党建引领推动高校为党育人为国育才、实现高质量发展"[11]2。一是要着力坚持和完善党委领导下的校长负责制，加强党委对学校工作的全面领导，切实承担起管党治党、办学治校主体责任，履行好把方向、管大局、作决策、抓班子、带队伍、保落实的重要职责，为坚持社会主义办学方向提供根本保证。二是要着力在学懂弄通做实习近平新时代中国特色社会主义思想上下功夫，特别是要深入学习贯彻习近平总书记关于教育和立德树人的重要论述，把握核心要义和实践要求，坚定政治信仰，强化政治认同，扎实推动习近平新时代中国特色社会主义思想落地生根、开花结果，坚定"四个自信"，增强"四个意识"，做到"两个维护"。三是要着力抓好干部队伍建设这个"关键少数"，坚持把政治素质作为第一素质，把立德树人作为党员干部的重要职责要求，立足新时代坚持和发展中国特色社会主义这个最大的政治，不断提高广大干部的政治判断力、政治领悟力、政治执行力，确保党的教育方针政策得到有效贯彻和落实。

2. 健全立德树人落实机制

这是新时代高校提升立德树人成效的制度保障。立德树人落实机制是连接立德树人根本任务与具体育人实践的桥梁和通道，属于重要的制度范畴。长期以来，立德树人始终都是我国教育制度设计的重要内容，在新时代，立德树人已经上升为党和国家的顶层战略，是我国各级各类学校的共同使命。但是，现在高校还存在一些影响立德树人落实的现实问题。例如，重教书、轻育人，重科研、轻教学的老大难问题没有得到根本解决，教授为本科生上课的要求被变通执行，学术不端的问题屡禁不止，热衷校外走穴的现象仍未杜绝；官僚主义、形式主义的东西时常出现，师生"急难愁盼"问题诉求无门的现象时有发生，师生关系疏离、错位、扭曲等问题仍待解决，等等。所有这些问题，说到底，就是立德树人的要求没有完全落实到体制机制上，立德树人的指挥棒地位还没有真正确立起来。必须健全立德树人落实机制，推动立德树人形成新的生动实践，提升育人成效。一是要建立立德树人组织领导机制。2021年印发的《中国共产党普通高等学校基层组织工作条例》不仅明确了"高校党委承担管党治党、办学治校主体责任"[11]7，还规定了"高校党组织应当把立德树人作为根本任务"[11]7。这是党的全面领导在新时代高校立德树人中的具体体现，必须建立党委统一领导，党政齐抓共管，纵到底、横到边、全覆盖的立德树人组织领导机制。二是完善协同育人工作机制。立德树人具有系统性，立德树人成效受系统内外多种因素共同作用的影响。离开协同配合，任何单向线性的育人举措都难以取得预期的成效。必须不断完善协同育人机制，在校内推动校院协同，教学与科研协同，教师与辅导员、管理人员、服务人员协同等，凝聚起强大的育人合力，逐步形成全员全程全方位育人大格局；在校外积极推进学校与家庭、行业企业、社区等的合作，深入推进家庭、学校、社会协同育人。三是改革不科学的教育评价机制。有什么样的评价指挥棒，就有什么样的办学导向。要科学把握"破五唯"精神实质，落实相关要求，坚决扭转不科学的教育评价导向，遵循教育规律，全面落实《深化新时代教育评价改革总体方案》，引导教师安心从教、潜心育人。

3. 深入推进思政课改革创新

这是新时代高校提升立德树人成效的关键。思政课承担着对大学生进行系统的马克思主义理论教育的重要任务，具有政治引导、塑造价值观、传导主流意识形态等重要功能，是推动马克思主义中国化最新成果、坚持和发展中国特色社会主义最新经验、马克思主义理论学科最新研究"三进"的重要渠道，在高校立德树人中发挥着不可替代的作用。思政课建设只能加强、不能削弱，必须切实增强信心，理直气壮办好思政课，全面提高思政课的质量和水平。一是要坚持用习近平新时代中国特色社会主义思想铸魂育人。习近平新时代中国特色社会主义思想是马克思主义基本原理与中国具体实际相结合的又一次历史性飞跃，深刻回答了在新时代坚持和发展中国特色社会主义的重大理论与实践问题。要着力从学理上把这一马克思主义理论创新的最新成果讲彻底、讲透彻，增强对新思想的理论认同、实践认同和情感认同，培养堪当民族复兴大任的时代新人。二是要坚持推动思政课改革创新。要立足世界百年变局和党和国家事业发展全局，着眼坚持和发展中国特色社会主义、推动实现中华民族伟大复兴，深刻把握思政课的职责使命，按照"八个相统一"的要求，打好组合拳，推动思政课改革创新，不断增强思想性、理论性和亲和力、针对性。三是要坚持善用"大思政课"。"大思政课"是新时代思政课课程体系创新的重要体现。要紧紧围绕习近平新时代中国特色社会主义思想这一核心内容，紧密联系社会现实，努力讲好抗疫精神、脱贫攻坚精神、伟大建党精神、党史学习教育、"十四五"规划等"大思政课"，引导学生在关注社会中感悟真理思想，坚定理想信念，奋进新时代。

4. 全面深化课程思政建设

这是新时代高校提升立德树人成效的战略举措。教育部印发的《高等学校课程思政建设指导纲要》指出，全面推进课程思政建设，"影响甚至决定着接班人问题，影响甚至决定着国家长治久安，影响甚至决定着民族复兴和国家崛起"[12]。这是新时代中国特色社会主义教育理论体系在立德树人实践中的一项重大创举，必须提高站位，深化认识，推动实践。一是要深入开展理论研究。课程思政是近年来高等教育领域发展的新鲜事物，作为立德树人的根本举措已经在高校和国家教育行政管理部门达成了重要共识，并被纳入高等教育顶层设计的重要内容。但围绕课程思政的理论研究还有待深入，课程思政中的科学范畴、学理基础、评价机制等问题亟须在理论上作出回答。二是要深入推动实践探索。从整体层面上看，课程思政建设的实践有力推动了思想政治工作体系在人才培养体系中的融会贯通，但从细节点上看，课程思政建设的不平衡、不充分问题仍普遍存在。要深入推进课程思政建设实践探索，努力把"让所有高校、所有教师、所有课程都承担好育人责任"[12]的要求落实到位，夯实"课程门门有思政，教师人人讲育人"的总体格局，切实发挥好教师"主力军"、课程"主战场"、课堂"主渠道"作用。三是要深入探索成效评价。"人才培养效果是课程思政建设评价的首要标准。"[12]课程思政建设不是轰轰烈烈的活动，而是高校立德树人的一项需要长期坚持的基础性工作。要把课程思政建设评价纳入高校教育评价改革，整体谋划、整体部署，探索建立健全成效评价体系和机制。

5. 加强体育、美育和劳动教育

这是新时代高校提升立德树人成效的重要方面。在新时代，促进学生德智体美劳全面发展是落实我国教育方针的目标要求，要在坚持"五育并举"的前提下，补齐体育、美育和劳动教育短板，形成促进学生全面发展的育人合力。一是要加强学校体育。"体育锻炼和体育运动是加强爱国主义和集体主义教育、磨炼坚强意志、培养良好品德的重要途径，是促进青少年全面发展的重要方式，对青少年思想品德的提升、智力发育、审美素养的形成都有不可替代的重要作用。"[13] 要大力加强和改进体育工作，坚持以体育智、以体育心，深化体教融合，努力让学生在体育锻炼中享受运动乐趣。二是要加强学校美育。美育的本质是人性教育。习近平总书记强调，"加强美育工作，很有必要"[14]。要坚持以美育人、以美化人、以美培元，立足大学生身心成长规律和美育特点，推进美育工作，弘扬中华美育精神，促进学生身心健康。三是加强学校劳动教育。劳动教育具有鲜明的思想性、突出的社会性和显著的实践性，具有树德、增智、强体、育美的综合育人功能。劳动教育是新时代党对教育的新要求，要引导学生树立正确的劳动观，崇尚劳动、尊重劳动，以亲身实践为主要方式，围绕创新创业，结合学科专业，积极开展社会实践，积累职业经验，培育创造性劳动能力和诚实守信的合法劳动意识。

6. 建设高素质的教师队伍

这是新时代高校提升立德树人成效的基础性工作。习近平总书记强调，"人才培养，关键在教师"，"在学生眼里，老师是'吐辞为经、举足为法'，一言一行都给学生以极大影响"[3]。立德树人是教师的神圣职责和使命担当。在学生成长的道路上，离不开教师的教育引导与引领示范，必须坚持教育者先受教育，努力提升教师素质，建设新时代政治素质过硬、业务能力精湛、育人水平高超的教师队伍。一是要强化教师思想政治素质。思想政治素质是新时代教师的首要素质，要大力加强教师的思想政治工作，教育引导教师深入学习贯彻习近平新时代中国特色社会主义思想，增强"四个意识"、坚定"四个自信"、做到"两个维护"，全面提升教师的价值判断选择能力和育德育人能力，争做"四有"好老师，当好"四个引路人"。二是要提升教师师德素养。师德素养是新时代教师的立身之本，要常态化推进师德涵养培育，引导广大教师以德立身、以德立学、以德施教、以德育德；要把师德师风作为评价教师队伍素质的第一标准，创新师德教育、管理、考评方式，健全师德建设长效机制。三是要提高教师专业素质能力。专业素质能力是新时代教师的育人核心能力，要建实、建强教师发展中心等平台，完善教师培训、研修、激励、督导、保障等制度，健全教师专业化发展体系，提升教师的教育教学能力。

参考文献

[1] 中共中央文献研究室编：《十八大以来重要文献选编》（上），中央文献出版社 2014 年版。

[2] 中共中央党史和文献研究院编：《十九大以来重要文献选编》（上），中央文献出版社 2019 年版。

[3] 习近平：《在北京大学师生座谈会上的讲话》，《人民日报》2018 年 5 月 3 日。

[4] 《习近平谈治国理政》（第 2 卷），外文出版社 2017 年版。

[5] 中共中央党史和文献研究院编：《十八大以来重要文献选编》（下），中央文献出版社 2018 年版。

[6] 中共中央文献研究室编：《习近平关于青少年和共青团工作论述摘编》，中央文献出版社 2017 年版。

[7] 习近平：《在纪念五四运动 100 周年大会上的讲话》，《人民日报》2019 年 5 月 1 日。

[8] 杜尚泽：《"大思政课"我们要善用之》，《人民日报》2021 年 3 月 7 日。

[9] 新华社：《习近平在全国教育大会上强调坚持中国特色社会主义教育发展道路 培养德智体美劳全面发展的社会主义建设者和接班人》，《人民日报》2018 年 9 月 11 日。

[10] 陈宝生：《在新时代全国高等学校本科教育工作会议上的讲话》，《中国高等教育》

2018 年第 15—16 期。

[11]《中国共产党普通高等学校基层组织工作条例》（2021 年印发），党建读物出版社 2021 年版。

[12]《教育部关于印发〈高等学校课程思政建设指导纲要〉的通知》，http://www.moe. gov.cn/srcsite/A08/s7056/202006/t20200603_462437.html。

[13]《中共中央国务院关于加强青少年体育增强青少年体质的意见》，http://www.moe. gov.cn/jyb_xxgk/moe_1777/moe_1778/201005/t20100531_88539.html。

[14]《习近平给中央美术学院老教授回信强调做好美育工作弘扬中华美育精神　让祖国青年一代身心都健康成长》，《人民日报》2018 年 8 月 31 日。

赓续百年初心　担当育人使命 ①

　　2021 年是建党 100 周年，也是"十四五"开局之年。学校在教学研究、人才培养、社会服务、文化传承、国际交流等方面都取得了新的成绩，展现出了新的作为。

一、坚决贯彻党的教育方针，全力构建德智体美劳全面发展的教育体系

　　习近平总书记在全国教育大会上强调，我们的教育就是要培养德智体美劳全面发展的社会主义建设者和接班人。今年 4 月，《中华人民共和国教育法》第五条修改为"教育事业必须为社会主义现代化建设服务、为人民服务，必须与生产劳动和社会实践相结合，培养德智体美劳全面发展的社会主义建设者和接班人"，将党的教育方针落实为国家法律规范。为贯彻落实好党中央和法律的要求，上学期，学校成立了体育美育劳动教育工作领导小组，组织召开了体育美育劳动教育工作推进会，就全面落实"五育并举"作出部署。印发了《关于全面深入推进新时代体育美育劳动教育工作的意见》（京联发〔2021〕21 号）等文件，以服务学生全面发展、增强学生综合素质为目标，紧密结合经济社会发展变化和学生实际，深化对体育美育劳动教育育人价值的认识，创新体制机制，依托学校综合性大学优势，充分利用学科平台，科学构建体育、美育和劳动教育教学体系，促

――――――――――

①　本文节选自北京联合大学党委书记楚国清在庆祝第 37 个教师节表彰大会暨立德树人论坛上的讲话（2021 年 9 月）。

进第一课堂与第二课堂相融合，系统推进育人模式改革，从而提升学生综合素质和应用型人才在市场中的竞争力。

二、深入开展党史学习教育，用好红色资源，传承红色基因

校党委紧抓党史学习教育契机，用好北京红色资源、传承红色基因，赓续红色血脉。汇聚资源，申报并成功获批北京市重点建设马克思主义学院，在全市高校较早制定了北京红色教育资源融入思想政治理论课实践教学方案，发挥思政课关键课程作用，从课堂的教学目的、教学方式、教学内容、考核方式等方面进行规范。主动同北大红楼、抗日战争纪念馆、香山革命纪念馆等红色资源基地建立联系，共同搭建教学平台，推动思政课小课堂与社会大课堂有机结合。课前，思政课教师根据教学进度和教学内容进行自主选题，现场由思政课教师与红色教育基地负责人"双师"授课，课后由校院各部门跟踪推进。运用北京地区丰富的红色旧址、遗迹以及纪念馆、博物馆等红色资源，使学生对中国共产党历史增强了"现场感"，明白了"中国共产党为什么能，中国特色社会主义为什么好，马克思主义为什么行"的深刻道理。学校拨出专项资金，确保让每一名学生都能到北京红色教育景点现场学习至少1次。目前，已有3600名学生到北大红楼、抗日战争纪念馆、香山革命纪念馆等地进行了学习。

暑期期间，学校将思政课与社会现实相结合，组织了13支"沿着总书记足迹争做新时代优秀青年"暑期社会实践团，前往13个不同的红色地标，开展体验式、沉浸式、研讨式的学党史主题社会实践。受洪水、台风和新冠肺炎疫情影响，最后完成了赴江西井冈山、河北阜平、湖南韶山、广西湘江战役纪念馆等地的社会实践。通过到现场去触摸历史，从历史和现实中感受中国共产党的伟大、光荣、正确，从这些生动的思政大课中启迪思想、获得力量，进一步夯实马克思主义和共产主义的信仰根基，志存高远，脚踏实地，在真学真信中坚定理想信念，在学思践悟中牢记初心使命。

扎实开展"我为群众办实事"活动。围绕师生"急难愁盼"问题，从洗澡、充电、就餐等师生关注的小事抓起，将党史学习教育同解决现实问

题、推动工作紧密结合，梳理确定系统性、大局性的实事清单10项，二级党组织梳理本级层面的实事145项，全校各党支部建立实事清单456项，目前校级项目完成率已达到90%。

三、教学科研能力进一步提升，服务北京实现新突破

上半年，在首届全国教材建设奖评比中，我校谭浩强教授主编的《C程序设计（第五版）》获评全国优秀教材一等奖。钟经华教授主持的《国家通用盲文标准修订》课题顺利结题。黄可佳教授率领的科研团队成果丰硕。学校教师在《人民日报》等"三报一刊"发表文章数量实现突破。北京高校学生社团发展指导中心花落联大，立项首批重点课题。在学科专业方面，金融学等5个专业入选国家级一流本科专业建设点，12个专业入选北京市一流本科专业建设点。建筑环境与能源应用工程专业通过住建部专业评估。通过三个月的野外工作，我校考古团队将现存北京地区摩崖造像的明确年代大大提前。学校发挥综合性大学优势，选取从汉至元，涉及六个朝代的15套服饰形象进行成功复原。此外，学校在北京中轴线申遗、台湾问题研究、旅游管理等方面也都发出联大强音。

总结学校发展的经验，联大的发展充分表明：党建和思想政治工作引领是学校发展的传统优势；多学科协同发展是学校事业发展的显著优势；有一支艰苦奋斗、勇于争先的教师队伍是学校事业发展的最大优势和决定性力量。我们的优秀教师代表，就是在学校教育事业发展中始终牢记立德树人初心、矢志不忘"为党育人、为国育才"使命的优秀榜样群体。他们中既有一直默默关心学校事业发展、鞠躬尽瘁的老同志，也有奋战在立德树人一线的在职教师；既有德才兼备的学科、学术带头人，也有在党建和思想政治工作、群团工作、学生工作等各方面勇担重任的优秀代表；既有入职刚刚一年就带领学生参加国家重大活动的优秀辅导员，也有远赴千里、舍小家为大家、把他乡当故乡的优秀联大人，还有默默无闻辛苦耕耘三十载，以奋斗书写教育篇章的优秀代表。

2016年9月10日，习近平总书记在北京市八一学校考察时指出，一个人遇到好老师是人生的幸运，一个学校拥有好老师是学校的光荣，一个

民族源源不断涌现出一批又一批好老师则是民族的希望。北京联合大学办学43年，历经风雨而砥砺前行，百折不挠而矢志不渝，依靠的正是像今天这样的一位位老师，他们用自己的青春、奋斗点起育人火炬，他们和全体老师一起，共同汇聚形成了联大的温度，提升了联大的高度。我们要传承他们的优秀品质，建设一所有温度、有高度的大学。建设高水平应用型大学，取决于我们站位的高度，在一定意义上也取决于温度。

四、办有温度的教育，教育学生立大志、明大德、成大才、担大任

北京联合大学伴随着改革开放而生，43年来一直秉持办学为民教育理念，发扬"不负使命、勇于担当，自强不息、艰苦奋斗，改革创新，与时俱进"的联大品质，为全国和北京培养了20余万名合格毕业生，为国家和北京市发展做出了历史性贡献。43年来，学校始终秉持"党和国家需要我们办什么，我们就办什么，党和国家需要什么人才，我们就培养什么人才"的办学理念。43年来，20余万名毕业生听从党和人民召唤，在党和国家需要的地方、在人民中间发光发热。党的十八大以来，联大毕业生担任村官数量、携笔从戎参军入伍学生数量、毕业后赴藏赴疆学生数量在北京高校位居前列。这些事实都充分说明，联大43年的办学史，就是一部让社会感到有温度的育人史。

办有温度的教育，就是要办让人民满意的教育，就是让我们培养的学生，能够站稳人民立场，全心全意为人民服务。我们要深刻理解新时代全面贯彻党的教育方针的重大意义，深刻把握教育工作的政治属性、宗旨方向、目标任务，坚持以习近平新时代中国特色社会主义思想为指导，坚持马克思主义指导地位，坚持党对教育工作的全面领导，坚持社会主义办学方向，坚持教育为人民服务、为中国共产党治国理政服务、为巩固和发展中国特色社会主义制度服务、为改革开放和社会主义现代化建设服务，扎根中国大地办教育，同生产劳动和社会实践相结合，加快推进教育现代化、建设教育强国、办好人民满意的教育，为实现中华民族伟大复兴的中国梦奠定更扎实的教育基石，提供更加强大的人才支撑！

五、建设有温度的机制,让师生进一步提升安全感、幸福感和获得感

43年来,北京联合大学筚路蓝缕,栉风沐雨,把学校事业发展融入党和国家改革开放的伟大洪流,无论是在改革开初期建校伊始,还是中国特色社会主义进入新时代学校实现快速发展时,无论是在北京亚运会、奥运会场馆,还是在党和国家庆祝新中国成立70周年、庆祝中国共产党成立100周年的天安门广场上,无论是20世纪80年代学校在全国高校中率先制定第一份《学生德育大纲》,还是21世纪初期学校率先举起"应用型大学"办学旗帜,抑或是新时代学校立德树人成效在全国产生一定影响力,等等,北京联合大学始终是与党和国家同呼吸、共命运,党和国家所需就是学校师生所向,全体联大人以"初心、使命"承载着自己的幸福,享受着奋斗所带来的荣光。

建设有温度的机制,就是通过制度建设,在师生之间、教师和教师之间、学生和学生之间营建和谐的育人和发展氛围,在温暖的校园里,教师安心教书,学生潜心学习,每一位师生都成长为最好的自己,让每一位师生享受奋斗所带来的安全感、幸福感和获得感。党的十九届四中全会提出了坚持和完善中国特色社会主义制度、推进国家治理体系和治理能力现代化,并作出顶层设计和全面部署,党的十九届五中全会着眼于高质量发展,提出了到二〇三五年基本实现社会主义现代化的远景目标。我们一定要抓住历史机遇,聚焦高水平人才培养体系建设,持续完善学校内部治理结构,健全"三全育人"体制机制,为教职工发展和学生成长营造积极良好的发展环境。我们要围绕学校人才培养、学科建设、队伍建设、科学研究、国际化办学和条件保障等工作,从师生关心的事情做起,从师生满意的事情抓起,深入开展调查研究,摸清情况,找到症结,做到心中有数。我们要关注学生群体的全面发展,既要关注优秀拔尖的学生,也要关注普通平凡的学生,更要关怀身处困境甚至逆境的学生。要在干事创业中,不断汇聚广大教职工的智慧和力量,展现联大人的情怀与担当,让每一位在联大工作和学习的师生,都有满满的幸福感和获得感。

六、做有温度的老师，做学生为学、为事、为人示范的"大先生"

谭浩强教授讲道，社会的需求就是教师的责任。教师不仅要教给学生知识，还要教会学生怎么做人。教师做的是传播知识、传播思想、传播真理的工作，是塑造灵魂、塑造生命、塑造人的工作。中华民族有着5000多年的悠久文明史，自古就形成了尊师重道的优秀传统和伦理认知，逐步养成了崇德尚礼、为人师表的师德道统观念。43年来，奋斗在联大教师岗位上的一批批教师，无论是年长的还是年轻的，无论是把身心扑在讲台上的老一辈教师还是初上讲台的"青椒"（青年教师），都把中国传统文化中所独有教育理念、为师之道和奉献精神内化为作为教师的行为准则和道德标尺。正是得益于一辈辈教师的精心培育，联大为党和国家培养了一代代的新生力量和优秀学子。

做有温度的教师，就是围绕学生、关心学生、关爱学生、服务学生，以过硬的政治素质，精湛的业务能力，高超的育人水平，做学生为学、为事、为人的示范，促进学生成长为全面发展的人。教师要坚持教育者先受教育，政治要强，情怀要深，思维要新，视野要广，自律要严，人格要正，把"有理想信念、有道德情操、有扎实学识、有仁爱之心"作为好老师的标准，深入研究思想政治工作规律、学生成长规律、教育教学规律，努力争做培养时代新人的"大先生"，更好担当起学生成长的指导者和引路人的责任。

做有温度的教师，就要一起营造和谐向上的氛围，形成强大的凝聚力。个人的发展很大程度上取决于单位和集体的发展，单位和集体的发展也取决于共同愿景之下的凝聚，这就需要我们从自身做起、从自我做起。一个单位为什么会不和谐，人与人之间为什么会产生矛盾，原因是多方面的，其中一个重要原因是我们有些时候习惯于从自己的意愿、判断和自身感受出发，认为自己总能正确地且一针见血地指出别人的不足，这样会使人产生一些不好的感受，长久下去就会产生隔阂和对立。我们讲的斗争和斗争精神是为伟大事业和原则而言，不是搞无原则的纷争和内斗，更不能大事不斗争，小事总计较。曾子曰：君子每日三省吾身。凡事要多从自身找原因，多一些自我反思，多改进自己，和谐就会增进，人生就会美好。世间本无输赢，一个人的成功在于他的内心境界，要多一点阳光，少一些阴霾。做人要以良心为根，以人品为本。最好的福报就是人品，最高的精明就是厚道。知人者智，自知者明，不怨天尤人，凡事多从自身找原因，是一个人最顶级的修行。古人云：行有不得，反求诸己。事有不顺，要反躬自省。反过来，我们也要有接受批评和善于提醒的胸襟，要闻过则喜。要不断改进自己的缺点，补齐短板，吸取他人的优点，才能更优秀。要与人为善，和谐相处，开诚布公，共谋发展。有着强大凝聚力的集体才是有战斗力的集体，有温度的集体才能达到更高的高度。毛主席说过，我们都是来自五湖四海，为了一个共同的革命目标走到一起来了。我们的干部要关心每一个战士，一切革命队伍里的人都要互相关心，互相爱护，互相帮助。我们要不断提升温度，为达到更高的高度打好基础。

习近平总书记在"七一"重要讲话中指出，一百年来，中国共产党团结带领中国人民进行的一切奋斗、一切牺牲，一切创造，归结起来就是一个主题：实现中华民族伟大复兴。上半年，学校制定了"十四五"规划，确定了"十四五"时期学校的办学定位、指导思想、基本要求、主要目标，进一步明确了"坚持以人民为中心，对标北京'四个中心'城市战略定位，建设高水平应用型大学"的办学定位，确立了学校"将在二〇三五年要在首都教育实现高水平现代化的总体格局中，努力在高水平应用型大学建设道路上走在前列"的总体目标。我们相信，建设有温度的大学，一定有利于推动学校高质量发展，实现高质量的发展，就会更加彰显师生的内在价值，更会彰显教育、教学和教师的温度。

贯彻落实学校"十四五"发展规划，首先要深入学习习近平总书记"七一"重要讲话精神。我们要持续深入学习贯彻习近平新时代中国特色社会主义思想，全面贯彻党的教育方针，自觉用党的创新理论武装头脑、指导实践、推动工作，牢记"国之大者"，坚持社会主义办学方向。要把立德树人作为根本任务，加强思想政治工作和师德师风、校风学风建设，着力培养德智体美劳全面发展的社会主义建设者和接班人。要落实教育改革部署，加强高校治理体系和治理能力建设，实现内涵式高质量发展。要主动适应新时代要求，立足新发展阶段，完整、准确、全面贯彻新发展理念，服务和融入新发展格局。要深入推进学校全面从严治党，层层传导压力，加强权力运行监督制约，切实防范廉洁风险。

学校领导班子要在大家的监督下用权和工作，希望大家监督。如果领导班子有问题和不足，希望大家按照相关规定，客观地、实事求是地向我们反映情况，领导班子一定认真研究，并采纳合理的建议。毛主席说过：因为我们是为人民服务的，所以，我们如果有缺点，就不怕别人批评指出。只要你说得对，我们就改正。你说的办法对人民有好处，我们就照你的办。我们领导班子也要有这样的胸襟和境界。

贯彻落实学校"十四五"发展规划，要用好学科交叉融合的"催化剂"。北京联合大学是唯一一所市属综合性大学，我们把综合优势转化为发展优势和胜势。黄可佳老师讲道，比如，考古学的发展，学校多学科的支撑起到了很大的作用，这种好的做法要坚持下去。再比如，我校北京学研究基地在学科研究中，与艺术学院、生物化学工程学院、旅游学院、数理部等都有密切合作。就在前不久，艺术学院服装专业师生和应用文理学院考古学专业对接，根据考古学专业研究成果，选取从汉至元六个朝代15套形象服饰进行成功复原，这就是用好学校综合性大学优势的生动案例。我们还要充分发挥综合性大学多学科优势，打破学科专业壁垒，对现有学科专业体系进行调整升级，在德智体美劳五方面发力，形成"五育并举"的育人氛围，真正培养出一专多能、全面发展的人才。

贯彻落实学校"十四五"发展规划，要突出创新驱动。构建新发展格局最本质的特征是实现高水平的自立自强，我们在建设高水平应用型大学办学道路上别无选择，不进则退。我们要勇于面向世界科技前沿，面向经济主战场，面向国家重大需求，面向人民生命健康，增强基础学科培养能力，提升应用型成果原始创新能力，形成以健康学术生态为基础、以有效学术治理为保障、以培养一流应用型人才为目标的创新体系。我们必须以学科建设为龙头，着力加强专业和课程建设，加强产学研深度融合，促进科技成果转化。我们要继续坚持开放合作，加强国际交流，以更为广阔的视野和更大作为培养兼具家国情怀和人文关怀的青年人才。

43 年来，全体联大人共同构筑起学校的精神家园。在这个温暖的家园里，印刻着我们每一位师生成长的记忆，也承载着我们面向未来、实现更美好目标的人生理想。在这个家园里，培养每一位学生成长为德智体美劳全面发展的社会主义建设者和接班人，成为具有高尚的人生理想、高度的社会责任感和奉献精神，具有追求真理、勇于创新、敢闯敢试的科学精神的优秀学子，是每一位师者的美好愿望。今天，我们已站在一个新的历史起点上，踏上了实现第二个百年奋斗目标新的赶考之路，我相信，全体联大师生、每一名联大人都一定会考出优异的成绩！联大的明天一定会更加美好！

学术立教　学德树人 ①

　　"学术立教"是指要深入研究教育教学方法，发现和掌握课程特点，把握其学术背景和应用领域，树立方法论教学思维，激发学生学习的兴趣、热情，提高学习效率。"学德树人"是指在教学全过程中注重学以致用的学术思想教学，贯彻习近平总书记的教育思想，传递育人正能量。这是一线教师在日常教学过程中的义务和责任，也是把握"立德树人"、做"四有"好老师的现实要求。以下，我结合北京联合大学公共基础课教学的几个典型课程教学以及我二三十年的教学体会做个交流。

一、把握背景，完善机制

1.加强基础课教学的必要性

　　一是深化教育教学改革的需要。课程建设和教学方法是深化教育教学改革的重点，是连接教师和学生的核心环节，是提高教育质量的直接抓手，是专业和师资队伍建设的永恒主题。由于我校办学层次多样、学科门类综合等特殊情况，这就要求我们不断结合形势变化和实际需求以及环境的变化，创新基础课教学方法，深化教育教学改革，不断提升基础课教学水平和效果，从而提升我校应用型大学的办学水平。

　　二是适应教育环境变化的需要。目前，高等教育面临着供求关系的变化、教育对象的变化、国家需求的变化、国际竞争环境的变化以及教育资

①　本文发表于《北京教育（德育）》2017 年 11 月期，作者李学伟，系作者在学校公共基础课程教学论坛上的讲话，发表时有删节。

源条件的变化等"五个变化";新工科建设、创新创业教育推进、学科专业交叉融合等人才培养工作正在持续升温;经济社会发展与需求复杂变化使得大多数高校毕业生所学专业与市场需求、就业意愿与行业、单位相错位;教育资源环境与知识获取技术发生变化,智能化革命正悄然到来。无论国内外高等教育的环境如何变化,基础课教学在任何时候都是高校教育教学工作的基础和重要组成部分。这就要求我们必须准确把握新形势、新任务、新挑战,因势利导,增强课程建设的主动性、针对性和有效性,努力培养复合型、综合性人才。

近年来,学校的发展形势喜人,综合实力越来越强,社会影响力越来越大。最近,知晓网的大学排名显示,我校排第200名,很振奋人心。学校的市属"双一流"专业、新工科专业建设、硕士学位点等,均有大进步。这要求我们更加充分重视基础课教学,因为专业、学科可以变,但基础课教学是永恒的,"双一流"、新工科更需打好基础。

三是适应基础课教学形势的需要。全国许多高校基础课教师存在教学任务重、职业发展受限、学科背景较弱、科研学术研究困难等问题,这也是我校面临的问题。除了这些常见的问题,我校基础课在教学方法、教学艺术等方面还需进一步深化、创新和落实,需要与应用型大学的定位密切结合,与相关的专业学科密切结合,这些都需要下大功夫。

我校学生的特点与基础课学习现状很不乐观。生源质量、学习兴趣、现实环境等问题均严重影响了教学效果,这给学校造成了很大的影响,增加了学校的办学成本。学校一直非常重视教学工作,出台了《北京联合大学关于进一步加强若干通识教育必修课程教学的意见》(京联教〔2013〕14号)。文件最关键的是第六条:加强教学方法与手段的改革。学校相关部门做了大量工作,已有了一系列进展,但基础课的教育教学研究创新还需进一步深化。

2. 完善基础课教学的链条机制

要克服教学管理中的薄弱环节,强化基础课教学过程的链条管理,完善"研、创、教""考、评、馈"的教学监督管理链条。

一是完善机制。要求、鼓励和激励广大基础课教师在"研、创、教"

上下功夫。"研"是研究这门课和专业结合的特点，"创"是创新课堂的教育教学方法，"教"是带着激情的课堂教学模式。要研究教育学术，研究教学特点，结合专业、结合学科、结合教师团队，创新教学模式；特别是要坚持学术立校、科教融合，在"学术立教"上下功夫。

二是充分发挥学术委员会，特别是教学指导委员会的作用。要在"考、评、馈"，特别是"馈"上下功夫，评估教学效果、学习效果及学生的学习兴趣，并及时进行教师、学生的双向反馈；考核的重点之一是学生的基础课通过率、毕业率和学位授予率。

三是完善激励与约束机制。主要从教师的评、聘、育、用方面开展。要对教学质量优秀的任课教师加大奖励力度，并将教学质量奖、教学创新奖与科研学术的奖励放在同等重要的位置，在晋升高级职务时优先考虑；要进一步完善相关奖励制度，着重奖励基础课教师采用新教学模式、教学方法等方面的成果；要加强基础课教师的培训、培养提升工作（出国进修）；要推动基础课教师与专业课教师、学科与科学研究团队的融合等。

二、学术立教，学德树人

1. 践行学术立教

习近平总书记在 2014 年教师节于北京师范大学考察时强调：全国广大教师要做"有理想信念、有道德情操、有扎实学识、有仁爱之心"的"四有"好老师。对于高校教师来说，"有扎实知识"是基础能力，需要我们不断学习，持续深入地开展科研学术与教学研究。没有科学研究，就不能掌握学科前沿，也就不能适应培养创新型人才的教学需求。我校的办学定位是"建设高水平、有特色、首都人民满意的城市型、应用型大学"，校训是"学以致用"。"学以致用"的前提是学以致知，如果不了解学科专业的学术前沿、理论背景，就无法调动学生学习的兴趣，更无法培养首都人民满意的人才。因此，将格物致知的学术精神与学以致知、学以致用教育教学指导思想密切结合，才能真正地落实"学术立校"，践行"学术立教"。

一要让学生树立一个观念，即任何一门基础课程都与学术前沿密切相关、与学术创新密切相关、与高水平的应用和技术创新密切相关。要充分使学生体会到基础课学习的重要性和兴趣在于：语言（英语等）是学生的第三只眼、"千里眼"；数学是各门课程深入学习和研究笔下生花的工具；计算机是实现想法并快速表达和出成果的现代工具。更重要的是，在交叉学科研究和专业领域技术创新中注入基础课将如虎添翼。

二要激发学生对基础课的学习兴趣，就必须结合每门课程的具体特点设计教学。相关部门要支持、组织教师研究符合基础课特点的热情教学、激情教学、引导教学、启发教学的具体模式与课件。基础课程教学改革重点要放在"以学生为中心、以学生学习效果为中心"的教学方法创新上，在培养学生独立思考能力上下功夫，在基本理论与应用密切联系上下功夫，点燃学生的学习兴趣，引导学生努力学习。

三要具有大学精神。什么是我校的大学精神？就是学校涌现出来的一种传播正能量、崇尚学术、崇尚科学研究，毕生以教育教学为事业的一种教师的精神。我们的担当就是习近平总书记说的有爱才有责任，这是广大教师的精神担当，教师的责任有多大，教师的人生舞台就有多大。

四要不断研讨课堂教学艺术，培养教师授课的激情。乔布斯说，"光有技术，没有艺术，燃不起激情来"。一门再好的授课程，教师如果没有激情和热情，教学效果都会大打折扣。要深入研究课堂教学的行为艺术和语言艺术，开辟应用型大学的课堂行为艺术模式，组织研究与专业和学科相结合，与学术前沿和专业应用背景相结合，特别是以学生的"学以致用"为抓手的教学方法论。

2.创新教学方法

创新教学方法，重点就是创新课堂教学方法，关键就是用"学术立教"的理念去点燃学生学习的兴趣与激情。这里就以英语、数学、计算机三类典型基础课为例，来和各位教师研讨交流。

一是英语教学方面。要结合应用，教会学生汉英双向的艺术和技巧，要研究结合语言典型句、典型语法结构的应用型交流教学模式，采用问题引导式教学模式。此外，延伸的专业外语、兴趣学习方法等均容易成功。例如，在李德毅院士支持下，"小旋风"的英语应用情景对话和学习模式直接将英文教学和智能驾驶与机器人专业学习、学科前沿和技术应用相结合。这些都是很好的尝试，我非常支持这种延伸的专业英语教学模式。英语教学还可以更多地与专业学科广泛结合，研究创新我们标准的教学大纲，体现我校应用型教育教学特色。

　　二是数学教学方面。核心本质是要引导学生对数学有学习的兴趣，掌握数学模型的方法。我们一般涉及的是应用数学类专业，是典型的理学学科门类，和管理学、经济学、工学门类相比，理学强调的是严密的逻辑和理论体系。但无论是高等数学、线性代数，还是概率论与数理统计，均有明确的应用领域和应用背景，有的学科还有悬而未决的学术前沿问题。在近代发展起来的学科和课程更具有吸引人的应用前景，例如，1962 年扎德创建的模糊数学，1982 年 Z.Pawlak 创建的粗糙集理论，1985 年邓聚龙创建的灰色模型方法。要教会学生理解应用背景，对妙趣的学术前沿感兴趣，让学生掌握数学的模型方法论，比如，一维实属空间与复变函数的概念关系、空间函数和线性函数的关系、范数和空间距离的概念变化及应用等。在有些学科，还要给学生讲现代科学的三大变化，特别是科学思想从简单线性到复杂系统的概念，催生了许多新的方法论，解决了一系列的工程技术难题。

　　三是计算机教学方面。要引导学生掌握历史、深入内核、应用学习，引起学生学习的积极性，激发学生的想象空间。学习计算机，必须让学生了解美国的数学计算机学家冯·诺依曼教授发明的第一代电子管计算机，每秒运算 1000 次的计算机，其机柜至少装下一个小礼堂。而现在运算上万亿次的计算机也没那么大，让学生想象一下，假如还用电子管或第二代的晶体管计算机，做成一个手机的话，可能是多大？现在人人手机不离手，学生们难道不想学习里面的内容吗？不论哪个专业离开了计算机，在今天这个时代恐怕寸步难行。学习计算机包括：软件、硬件和中间件，计算机基本结构、语言与编译体系、软件工程等，实际上就是 0 和 1 两个数学符号的元素，在物理上就是高低电位。这种学科背景和应用前景必须让学生明白，这样课程就会讲得非常生动。

3. 立德树人，发挥基础课的育人作用

一是发挥基础课的育人作用。扎实落实立德树人，强化对学生理想信念、社会主义核心价值观、中国梦追求的全时空、系统教育。我这里说的全时空、系统教育，就是指对于任何一门基础课来说，每门课都有思想政治，每门课都能进行理想信念和价值观教育，使其存在于教学链条、环节和管理体系的全过程，使立德树人成为朴实的意识，成为一种自然和自觉的行动。基础课教学对学生的终身发展很重要，学生的基础厚，后劲才会足，才能更好适应专业需要和社会发展变化需要。

二是在充分发挥思想政治理论课立德树人作用的基础上，还要发挥各个专业基础课的学术精神育人作用。可以给学生讲讲居里夫人、创办车库咖啡的苏菂、受到李克强总理接见的韩磊等故事。另外，典型的科普知识也能点燃学生的学习兴趣，比如，牛顿莱布尼茨的微积分理论体系、牛顿伽利略的线性力学公理体系，三大科学革命（线性科学世界、宏观相对论科学世界、微观量子力学世界）和三大科学发展中的转变（科学方法、科学思想、模型方法），四次工业革命以及未来智能化的世界与智慧地球等，所有这些技术及其理论都离不开坚实的基础知识，甚至是由基础知识创新、演变发展而来。这些和基础课教学结合起来，均可对学习兴趣进行引导。

总之，我们要进一步研究探索基础课教学创新的途径、方法，挖掘基础课与专业和学科的关系、基础课与学科前沿的关系、基础课在经济和社会各领域应用的关系以及基础课的思想政治和立德树人的关系，进一步强化、提高我校基础课教学的质量和水平，切实帮助学生提升学习兴趣、学习效果，提高专业学习能力，真正把我校建设成为中国应用型高校的标杆。

正确把握　组织保障　立德树人 ①

习近平总书记在全国高校思想政治工作会议上发表的重要讲话，就高校培养什么人、如何培养人以及为谁培养人这个根本问题，深刻回答了事关我国高等教育事业发展和高校思想政治工作的一系列重大问题。习近平总书记的重要讲话是指导我们做好新形势下高校思想政治工作的纲领性文件，高校党委应坚持立德树人，正确把握讲话精神，充分发挥组织保障作用，把思想政治教育贯穿教育教学全过程。

一、深刻把握习近平总书记的思想政治教育方法论，办好社会主义大学

首先，高校必须始终坚持社会主义办学方向不动摇。习近平总书记强调，我们的高校是党领导下的高校，是中国特色社会主义高校。扎根中国大地办大学，必须坚持社会主义办学方向，全面贯彻党的教育方针，坚持以马克思主义为指导，坚持党对高校的领导，不断增强"四个自信"。其次，要把立德树人作为立校之本，做到"四个坚持"，即坚持不懈传播马克思主义，坚持不懈培育和弘扬社会主义核心价值观，坚持不懈促进高校和谐稳定，坚持不懈培育优良校风和学风，把中国特色社会主义伟大旗帜"插到"每一个课堂，"高扬"在每一名师生心中。最后，高校必须强化责任担当，狠抓制度落实，全面落实党委责任。要深刻认识做好思想政治工作是高校领导干部的政治任务，每一位领导班子成员都是党的思想政治工

① 本文发表于《北京教育（德育）》2017 年 9 月期，作者李学伟。

作者。要明确把握党委在思想政治工作上负有主体责任，党委书记是第一责任人，班子成员都要自觉履行"一岗双责"，以高度负责、敢于担当的精神抓好思想政治工作。

高校要教育引导学生深刻认识和把握人类社会发展规律，坚定中国特色社会主义理想信念。要帮助广大学生树立正确的世界观、人生观和价值观，不断增强为共产主义远大理想和中国特色社会主义共同理想而奋斗的信念和信心，更加自觉从我们党探索中国特色社会主义的伟大实践中认识和把握人类社会发展的历史必然性，认识和把握中国特色社会主义的历史必然性。我们必须教育引导学生在国际比较中深刻认识中国特色社会主义的优势，梳理道路自信、理论自信、制度自信和文化自信。教育国际化是今后一段时期的常态，大学生必须具有广阔的国际化视野，同时要充分理解中国特色的优势，既要深刻理解中华文明独特的价值体系和深厚的历史底蕴，又要正确认识当代中国面临的机遇和挑战；既要具有国际视野，虚心学习借鉴人类社会创造的一切文明成果，又不能盲目迷信别国的发展理念和模式。

要深入研究教育教学的方法创新，特别是推进社会实践与思想教育相结合、与党建和集体建设相结合、与教学内容相结合、与社会服务相结合、与事业规划和职业选择相结合，系统提高我国大学生的国际甄别能力、思辨能力、发展定力等。教育引导学生深刻认识自身在中华民族伟大复兴进程中肩负的历史使命和责任，勇于担当的精神。要培养学生在伟大的中国梦奋进历程中不断实践自我梦想的激情和能力，就要进一步引导学生深刻认识只有在服务国家民族发展大业中才能实现自己的人生价值、个人梦想，要教育引导学生增强责任感、使命感、紧迫感，勇敢承担历史使命，担负起时代责任。教育引导学生树立远大抱负，在勤学苦练中不断增长才干，在知行统一的奋斗中铸就无悔人生，等等。

二、充分发挥高校三级组织体系作用，为事业发展凝聚智慧和力量

坚持学校党委、院（系）党组织、一线师生党支部三级联动机制。高

校党委承担管党治党、办学治校主体责任，要坚持完善党委领导下的校长负责制。同时，要充分发挥院系党组织的政治核心作用，把握好上级组织决定的贯彻落实，把握好教学科研管理等重大事项中的政治原则、政治立场、政治方向，在干部队伍、教师队伍建设中，发挥主导作用。联动机制的另一个重点就是，要注重把握本科生党支部、研究生党支部和教师党支部建设的不同规律，有的放矢、胸中有数地开展工作。在基层建设中，学院（系）必须结合学科、专业建设，抓住教师和教材两个关键，把好政治关。要建立健全高校哲学社会科学教材编审机制，为高校思想政治工作提供重要的载体。要结合专业学科建设，灵活多样、深入研究"思政课程"和"课程思政"在教育教学方法论上的创新，把理论研究、教材建设、案例结合、逻辑设计等方面有机、系统地结合起来。

在日常工作中，高校要紧紧围绕教师和学生两大群体，充分发挥学院和基层的作用，做到齐头并进。要围绕学生、关照学生、服务学生，加强教育和引导，不断提高学生的思想水平、政治水平和道德品质。发挥老教授、老专家等学校精神和校园文化传承者、示范者的作用，并坚持几个统一：坚持教书和育人相统一，坚持言传和身教相统一，坚持学术自由和学术规范相统一。还要发挥一线党员教师的模范带头作用。注重统筹好思想政治工作队伍和教学科研骨干队伍建设，推动两支队伍融合发展。实践证明，基层党组织战斗力强、战斗堡垒作用发挥得好，内部矛盾就少、政治生态更加健康，业务工作往往开展得也比较好。其中重要的原因是，党政主要领导既懂政治也懂业务。所以，要研究如何使学科专业带头人与党支部书记、党总支书记有机融合，从而使业务沿着正确的方向大踏步前进。

广大教师要主动承担起主导作用，研究深化课程体系、思想政治理论课程的教育教学方法，设计教学内容和结构等，要广泛结合，主动推动中国特色社会主义理论体系，特别是习近平总书记系列重要讲话精神进课堂进教材，更重要的是要设计讲课的方式、讲课的激情、讲课的感情、讲课的生动性与主动性；不但要讲，而且要使讲的内容和方式容易使学生内化于心、外化于行。要加强对学生的思想政治引领，特别是面向学生党员骨干这一重点群体，要通过系统的培训、学习，培养他们成为真学、真信、真懂、真用理论的青年马克思主义者，发挥他们在广大学生中的辐射和带头影响作用。大学的书记、校长应不断强化"四个意识"自觉，坚定并带领党员干部增强使命感、责任感和紧迫感，在党委组织保证、专业学科建设、党员支部带头、教育教学创新等方面下功夫，使广大的教师，特别是思想政治理论课教师在教育教学中讲出激情、讲出感情、讲出理论、讲出自信、讲出自豪、讲出故事、讲出效果，科学有效、深入生动地将思想政治教育贯穿大学育人全过程。

三、围绕专业建设和学科发展创新教育教学方法，不断提高人才培养质量

习近平总书记指出，做好高校思想政治工作，要因事而化、因时而进、因势而新。要遵循思想政治工作规律，遵循教书育人规律，遵循学生成长规律，不断提高工作能力和水平。高校必须按照习近平总书记的指示精神，坚持在立德树人全过程中与时俱进，沿用好办法，改进老办法，探索新方法，不断开创高校思想政治教育教学工作新局面。不断创新课堂教育教学方法方式，要不断深化思想政治理论课课堂教育教学改革，增强课堂现场教学的吸引力，构建以学生为中心的教学模式，让学生真心真爱并且受益，把思想政治理论课课堂教学模式建设成优秀课程的创新代表。研究构建"立交桥式"的教学模式，让相关课程特别是专业课教师参与思想化唤醒的工作中来。近年来，我校创作排演了一大批彰显学校精神文化品质的艺术佳作：全方位立体化展现我校青年矢志不渝、以身报国精神内核的原创大型校史剧《燃烧》《绽放》《奔流》入围中国校园戏剧节，其中《绽放》一举摘得全国大学生最高剧目奖，已经成为新生入学第一课；由我校师生及校友原创的歌曲《北科华章》和《摇篮颂歌》成为学校校歌曲目，分别于学校每届开学典礼和毕业典礼中被传颂；男子群舞《火焰的力量》《摇篮》《使命》和女子群舞《银杏叶片》等以不同视角诠释出我校"刚柔并济"的精神品质，舞蹈专场《满井映象》则以"满井水"和"满井梦"的艺术视角将我校理工科背景下的人文情怀展现得淋漓尽致。

1. 融入青年文化，以青春励志的时尚元素激活学生创作热情

近年来，我校积极搭建平台鼓励学生创作校园文化精品，涌现出学生原创 MV《年少的时光》《铸梦青春》《让微笑在北科绽放》等校园歌曲，它们频频涌动在青春的校园，以文化艺术的独特魅力引领着学校的励志风向和青年文化。

2. 融入网络文化，以互联网技术平台开辟学生原创空间

互联网新媒体新技术的发展极大地提升了大学生思想政治教育的亲和力和实效性，高校应利用新媒体平台常态化征集包括音乐、戏剧、艺术设计、短片、动漫、微电影等各类原创文艺作品。近年来我校引导学生创作以《小博士原创动漫》为代表的一批网络文化产品，网上点击分享量超过5万余次，成为互联网时代文化艺术传播的一种新形式、受到青年大学生的广泛追捧和喜爱的政治理论课程的设计和课堂教学。

又如，2010 年，在教育交流中我们发现，UCBL 的种族主义课程（相当于西方的思想政治理论课），竟有 6 个不同领域的教授参与授课。因此，我们要研究思想政治理论课与其他课程融合的桥梁，真正实现"课程思政"的方式和效果。通过多人合力编写教材并分别上课或一起交流方式的上课，使学生不但感受到课程的兴趣，而且能分享教师人生的正能量和感悟，增强课堂教学的效果。

必须通过思想政治理论课课程体系的研究设计，不断提升我国哲学社会学科与相关专业建设的水平。哲学社会科学对学生的世界观、人生观和价值观形成影响巨大，必须积极发挥马克思主义理论研究与建设的工程作用，坚持哲学社会科学的引领地位，以教材体系的研究和建设来带动学科的发展，挖掘教材育人资源，推进合力育人。研究教育教学模式创新，特别是设计大学生看得懂、乐意看、有感悟、有体会的教材。要用好中国话语权诠释好中国故事，讲清楚中国社会发展的道理，避免在一些学科中"失语"，在教材中"失踪"，在论坛会议中"失声"。要从实际出发，构建本土化的话语权，并不断使话语权在世界范围的科学体系中说得出、说得清、说得好，进而长期引领世界哲学社会科学的发展。

要结合学校的发展历史，打造以文化人、以文育人的良好校园文化。

一是开展文明校园创建，充分发挥共青团、学生社团等的作用，以健康、高雅、丰富活跃的校园文化提升校园文明程度。二是注重第二课堂建设，广泛开展各类社会实践活动，支持学生下乡支教、参加志愿者活动，支持学生在亲身参与中了解国情、了解首都、了解社会、接受教育、增长才干。在新时代，还必须通过新媒体新技术，激活思想政治理论课课堂，增强教学效果。一是系统梳理传统的有效做法，推动传统思想政治工作的创新发展。二是以问题为导向，以信息技术为支撑，开发思想政治多媒体课件以及微课程建设，有针对性地解疑释惑，做到把网上的舆论引导和网下的思想政治工作结合起来，把思想政治理论课传统优势同信息技术结合起来，增强思想政治理论课的时代步伐和时代吸引力。三是推动学生成为思想政治理论课程再造的参与者、实践者、受益者，鼓励师生互动、课上课下互动，建立真正的中国特色的校风、学风和校园文化。

修养师德　构筑学生追求理想信念的学术基石①

一、要坚持立德树人，修养师德，做优秀的高校教师

我们要认真学习习近平新时代中国特色社会主义思想。习近平总书记在高校思想政治工作会上指出："我们对高等教育的需求比以往任何时候更加迫切，对科学知识和卓越人才的渴求比以往任何时候更加强烈。"习近平总书记2014年教师节在北京师范大学考察时强调：全国广大教师要做有理想信念、有道德情操、有扎实知识、有仁爱之心的"四有"好老师。

二、广大教师要坚持学术立教，重视"科学研究"和"教学学术研究"

一是要将"教学学术"作为"学术立教"的必备内容予以高度重视。大学一定要树立学术基本观念，每个教师要有教学是学术的自觉意识。教师在讲台上、教材中、课程设计、实践教学以及教学方式方法方面的研究，都是落实和深化"学术立教"的过程，这就是目前国内外积极研究的教学学术问题。

二是要从多元学术观角度，实现"科学研究"和"教学学术研究"的有效融合。审视和丰富现代大学的"学术"观，从多元学术观视角，促进

---

① 本文节选自北京联合大学时任校长李学伟在学校2017年"三新"人才系列研修班结业式上的讲话（2018年11月）。

和实现"科学研究"和"教学学术研究"的有效融合,对一流大学建设和高水平人才培养具有重大意义。

要坚持学术立教,引领适应型学科专业体系建设。强化以学科专业为中心、以人才培养和科学研究为基点的思路,着眼学校发展内外部环境变化,立足办学定位,依托学科支撑,兼顾专业发展现状,以提高办学效益、彰显办学特色为目标,围绕国家、地方重大需求调整学科专业布局,形成紧密对接产(行)业链、创新链,与社会发展需求相适应、与学校空间环境条件相吻合、规模适度、结构合理、特色鲜明的适应性学科专业发展体系,建立适应型课程教学方法论。

三、广大教师要坚持学德树人,优化一流应用型人才培养体系,构筑学生追求理想信念的学术基石

一流本科人才培养需要教师将学德树人贯穿教学全过程,为学生构筑起追求理想信念的学术基石。高校教师要有扎实的知识,一流的大学精神,持续地开展深入的科学与教学研究。掌握学科前沿具有大学的学术精神,坚定的理想信念和道德情操,用渊博知识和仁爱之心点燃学生的学习兴趣和激情,引导学生向技术与市场需求的前沿学习探索、创新创业。

要重视"思政课程"对一流本科教育的方向引领性。研究落实"学术立校"的思想政治理论课程的教育教学方法,设计教学内容和结构等,主动推动中国特色社会主义理论体系进课堂,传递理想信念正能量,培养学生在伟大中国梦奋进历程中不断实践自我梦想的激情和能力,在服务国家民族发展大业中实现自己的人生价值、个人梦想,增强责任感、使命感、紧迫感,勇敢承担历史使命,担负起时代责任。

四、完善"研创教""评馈育""考奖聘"三环叠加的教育教学监督管理体系

学校将通过内外部治理结构(放管服,内机制),形成教师"学术立教、学德树人"的教育教学理念,强化本科教学过程链条式管理,完善"研创教""评馈育""考奖聘"三环叠加的教育教学监督管理体系,健全完

善"学术立教、学德树人"教育理念的组织运行保障机制。

（1）鼓励"研、创、教"，完善教师学术发展支持机制。重视激发教师"研"的意识和能力，支持教师研究讲授课程与学科专业内涵结合、与前沿科学研究成果结合、与行业企业实践结合的特点，推动基础课教师与专业课教师、学科与科学研究队伍、专业教师与行业企业团队的跨界融合，提升教师应用型人才培养的能力；支持教师增强"创"的功力与投入，创新课堂的教育教学方法，研究教育学术和一流本科教育教学特点，结合学科、专业和教师团队创新课程教学模式，根据应用型人才培养特点，优化课程体系，创新教学大纲，将科学问题、学术前沿、技术创新、科技革命、学术兴趣等融入所有课程教学中；鼓励教师重视"教"的艺术，支持教师研究课堂教学艺术，创新带激情的教学课堂教学模式，特别是在如何点燃学生学习兴趣、激发学习动力、有效提升学生学习效能等方面，开展深入系统的教学研究与实践。

（2）重视"评、馈、育"，完善教师育人质量的评价反馈机制。在"评、馈、育"上下功夫，将教师的教学学术发展和学生的学业发展作为学校学术立教的重中之重。强化"评"的诊断性和形成性内涵，对教师的教学能力和水平、学生的学习能力与成效两方面，开展过程性和诊断性评价；特别重视"馈"的持续改进与完善作用，对于教与学评估的总评结果和分项评价结果，应及时向教师和学生进行双向反馈，切实促进教师教学行为和学生学习行为改善；沉心静气做好"育"，加强教师发展、培训与培育工作，加强教师出国进修和行业企业实践，系统推进教师教学学术发展和学生学业发展工作，切实提升教师的学生学业指导能力以及学生的主动学习和高阶深度学习能力。

（3）优化"考、奖、聘"，完善教师教学投入激励与约束机制。重视教师的"考、奖、聘"。切实发挥"考"的指挥棒作用，严肃认真做好教师年度和聘期考核，加大对教师教学质量和教学学术成果的考核力度，对教学效果不好、教学质量欠佳的教师，实行岗位分流乃至从教学岗位清退制度；充分发挥"奖"的激励先进作用，进一步完善相关奖励制度，着重奖励教师采用新教学模式、教学方法等方面的成果，对教学质量优秀的任课教师加大奖励力度。

加强"聘"的系统平衡与优化作用，在教师聘任制度中，在所有教学相关岗位职责中明确突出人才培养中心地位，重视教师教学学术研究成果，将教学质量奖、教学创新奖与科研学术的奖励放在同等重要位置，并在晋升高级职务时优先考虑；重视教师在学生学业指导方面的努力和付出等。

希望大家在今后发展的道路上，继续保持自主学习、自主发展的自觉性和主动性，在进入新时代的关键时期，坚持"学术立教、学德树人"的教育教学理念，潜心治学、教书育人，致力于建设和发展一流的应用型本科教育，培养出有水平、有担当的一流应用型本科人才，把我校建设成为高水平、有特色的城市型、应用型大学，锻炼发展自己成为追求卓越的优秀大学教师！

将"立德树人"落到实处 ①

习近平总书记在全国教育大会上指出，教育的根本任务是立德树人，培养德智体美劳全面发展的中国特色社会主义合格建设者和可靠接班人。立德树人，师德师风是第一标准。大学，尤其是一所地方高校，必须坚定不移地将立德树人这一根本任务落到实处，并不断在实践中完善立德树人的理念、理论和教育教学方法。我认为，其关键抓手有三点，一是践行"立德树人"理论，二是完善师资队伍建设，三是优化学科专业体系。

践行"立德树人"关键在于研究创新教育教学理念，形成适应人才成长规律的课堂与实践教育教学方法。在全国教育大会上，习近平总书记系统论述了"立德树人"这一根本任务和标准问题，形成了完整的教育思想论述，这也是习近平新时代中国特色社会主义思想的重要组成部分。习近平总书记指出，教育必须尊重人才成长规律。新时代，"立德树人"要改进历史的口号和"板硬"的思政课程教育方式，必须准确把握当代大学生的思想特点、发展需要和成长规律，紧密跟踪社会和形势变化，创新教育教学理念和教学方法，不断增强学生学习的积极性、主动性和获得感，使其获得有益知识的同时，增加服务社会、报效祖国的理想信念。这就要求教师首先具有坚定的政治立场、传播正能量的师德师风和得当的教学方法，使育才、育人、立志、理想、信念不断提高和坚定。在北京联合大学，立德树人、学以致用，德学立教、立地顶天，这种一流应用型大学的教育教学理念正在推动教育教学方法的创新与深入实践。

---

① 本文发表于《北京观察》2019年1月期，作者李学伟。

建设师资队伍的根本在于造就"四有"好老师辈出、优秀引路人涌现的大学管理机制，以及不断形成新时代的中国大学文化、大学精神。习近平总书记指出，教育的基础工作之一是建设好师资队伍。教育部部长陈宝生也曾提出，要把教师队伍建设作为振兴本科教育的重要基础，引导广大教师潜心教书育人；教师队伍要做到政治素质过硬、业务能力精湛、育人水平高超、方法技术娴熟，好的教师要有"五术"，即道术、学术、技术、艺术和仁术。师资队伍建设是一所大学永恒的主题，无论是学科建设还是专业设置，无论是平台建设还是科学研究。要建立激励约束机制，鼓励教师潜心研究、潜心育人，争做"四有"好老师。这种机制必须首先落实习近平总书记关于优先发展教育事业的要求。目前，中国必须不断建设并逐步形成新时代中国特色的大学文化和大学精神，那就是不断从机制上形成传播正能量、"四有"好老师不断涌现的现代大学机制和热爱科研、毕生以教育为事业追求的大学精神。这也是回答"钱学森之问"的根本途径。北京联合大学目前的实践是，不断完善有压力、有动力、有约束、有激励的管理制度。

构建人才培养体系的抓手在于优化适应型学科专业结构以及"随行就市"的学科交叉、专业融合能力。习近平总书记指出，办好大学必须完善人才培养体系。一所大学，特别是像北京联合大学这样的综合应用型大学，必须积极落实习近平总书记两次视察北京后就北京发展作出的重要讲话精神，把围绕北京"四个中心"核心功能定位、根据市场前沿与经济社会的创新应用和人才成长规律、结合学校长期发展形成的优势特色、不断优化适应型学科专业结构作为高等教育人才培养体系的重要抓手。

践行"立德树人"根本任务之关键抓手 ①

　　党的十八大以来，习近平总书记发表了一系列关于教育思想的重要讲话和论述，尤其是在 2018 年全国教育工作会上系统论述了"立德树人"这一根本任务和标准问题，形成了完整的教育思想论述，这是习近平新时代中国特色社会主义思想的重要组成部分。教育的根本任务是立德树人，培养德智体美劳全面发展的中国特色社会主义建设者和接班人。"国无德不兴，人无德不立"，国家要培养人才，既要育才，更重要的是育人。以习近平同志为核心的党中央高瞻远瞩、审时度势，在培养社会主义建设者和接班人问题上，把立德树人作为中心环节，把立德树人内化到教育教学全过程，贯穿大学建设和管理各领域、各方面、各环节，实现"全员育人、全程育人、全方位育人"，努力开创我国教育事业发展新局面。

　　大学必须坚定不移地将立德树人这一根本任务落到实处，作为一所北京市属高校要与地方区域实践相结合，与地方高校特点相结合，不断在实践中完善创新立德树人的理念、理论和教育教学方法。必须紧紧握住"践行立德树人理论、完善师资队伍机制、优化学科专业体系"三个关键抓手。

一、践行"立德树人"理论，关键在于研究创新教育教学理念，形成适应人才成长规律的课堂与实践教育教学方法

　　立德树人，自古有之。《左传》曰："太上有立德，其次有立功，其

---

① 本文发表于《北京教育（德育）》2019 年 1 月期，作者李学伟。

次有立言，虽久不废，此之谓不朽。"《管子》云："一年之计，莫如树谷；十年之计，莫如树木；终身之计，莫如树人。"司马光在《资治通鉴》中指出，才为德之资，德为才之帅，就是说德为才发挥作用之魂。立德树人自古以来就是一种强有力的教育力量。"以德服人""以德治国""德才兼备""又红又专"等在现代社会经常被提及。立德树人具有强烈的时代感，因此，践行立德树人根本任务的关键是研究并创新教育教学理念，形成符合教育和人才成长规律的课堂与实践教育教学方法。

习近平总书记指出，教育必须尊重人才成长规律。新时代，我们必须准确把握当代大学生的思想特点、发展需要和成长规律，紧跟社会和形势变化，以"立德树人"为根本任务，创新教育教学理念和方法，将"课程思政"落实于无形之中，不断增强学生学习的积极性、主动性和获得感，使学生始终获得有益知识的同时，增强服务社会、报效祖国的理想、信念，同时也要让学生实现个人的人生价值。这就要求教师具有坚定的政治立场、传播正能量的师德师风、强烈的使命和责任，不断研究地方高校学生的特点，创新并运用课堂上得当的教学方法、娴熟的教学艺术以及宽厚的专业学科知识，使育才、育人、立志、理想、信念循序渐进、不断提高和坚定。

北京联合大学作为一所应用型地方高校，在立德树人这个根本任务上，提出"立德树人、学以致用，德学立教、立地顶天"的教育教学理念，学校把"课程思政"建设作为落实立德树人根本任务的有效载体，将实践探索、教师思想教育、教育教学、专业课建设、教师党支部建设和党员教育融为一体，形成有效实践的"三全"育人格局，取得了较好的效果。学校在教育教学中建立了"研、创、教""考、评、馈"管理链条体系，争创国内一流应用型大学的理念正在推动教育教学方法的创新与深入实践，不断在落实立德树人根本任务上，探索创新符合新时代人才成长规律的教育教学理念和方法。

二、完善师资队伍发展机制，关键在于造就"四有"好老师辈出、优秀引路人涌现的大学管理机制以及不断形成新时代的中国大学文化和精神

习近平总书记指出，教育的基础工作之一是建设高素质师资队伍，教师队伍素质决定着大学的办学能力和水平。教育部部长陈宝生指出，要把教师队伍建设作为振兴本科教育的重要基础，引导广大教师潜心教书育人，高校教师不管荣誉多高，教师是第一身份，教书是第一工作，上课是第一责任，在落实立德树人任务上，师德师风是第一标准。师资队伍建设是一所大学永恒的主题，高校教师成为优秀引路人，要做到政治素质过硬、业务能力精湛、育人水平高超、方法技术娴熟；高校教师要有"五术"，也就是道术、学术、技术、艺术和仁术，争做"有理想信念、有道德情操、有扎实学识、有仁爱之心"的"四有"好老师。地方应用型大学教师无论在教授专业知识，还是在科学研究、"双一流"建设、"以本为本"等方面，都要以"师者，人之模范也"为训，更好地担当起学生健康成长指导者和引路人的育人重任。

要做到一流的"立德树人"，高校不仅需要进行"全员、全过程、全方位"教育，还必须完善教师队伍建设以及管理的激励约束机制，释放办学活力，也就是鼓励教师潜心研究、潜心育人，争做"四有"好老师的现代大学机制。首先，要落实习近平总书记关于优先发展教育事业的要求，就是待遇留人，目前在此方面仍有差距。现在社会上有很多杂音，关于教师的各种议论层出不穷，其根本问题是待遇不高、约束不严、优胜劣汰的机制不畅。其次，要使奖惩机制分明，发挥考核和职称评审等指挥棒作用。当前高校缺少内部发展动力，包括条件性的结构问题（硬性），教师能力与水平、教学艺术与质量内涵问题、安心施教与文化自觉问题（软性），要通过"引进、培训、聘用"相结合，从教师教育教学的目的、要求、内容、文化和建设上完善师资队伍机制，形成新时代的大学管理机制，促进师资队伍水平持续提升。

落实立德树人的根本任务就必须不断建设并逐步形成新时代中国特色

的大学文化和大学精神，不断从机制上形成传播正能量、"四有"好老师不断涌现的现代大学机制。一流大学的根基在于一流本科教育，大学存在和发展的根基在于学术，"双一流"建设龙头在学科，这就需要热爱科研、学术研究，毕生以教育为事业追求的大学精神，这也是回答"钱学森之问"的根本途径。同时还要营造高水平育人的大学文化，通过发挥机制的作用，练就过硬的本领，教师勇于担当责任、养成行为自觉、践行立德树人教育思想、结合课程坚定理想信念与方向、传播知识和承担育人责任，不断形成新时代大学育人文化。

我校作为市属综合性应用型大学，明确以立德树人为根本，以人才培养为核心，开展"师德论坛""我与联大共奋进宣讲"等主题活动，大力营造以身示范、树德育人、学德争优的氛围，极大促进师德建设和教育教学水平提升；在"引、培、用"等方面下功夫，完善师资队伍机制，不断完善形成有压力、有动力、有约束、有激励的管理机制，打造一支重师德、有引领、高素质、精业务、懂育人的师资队伍，初步形成了好老师、优秀引路人不断涌现的崭新局面。近年来学校党的建设和学校各项事业迅猛发展，一些领域实现了历史性的跨越。

三、构建高水平应用型人才培养体系，根本在于优化适应型学科专业结构以及"随行就市"学科交叉、专业融合能力

习近平总书记指出，社会主义建设者和接班人，既要有高尚道德，又要有真才实学。既要育人，又要育才。学生能学到什么，知识能力如何，与大学人才培养体系息息相关，办好一所大学，必须具备高水平人才培养体系。作为一所坐落在北京的应用型大学，必须积极落实习近平总书记两次视察北京后就北京发展做出的重要讲话精神。正如北京市委书记蔡奇要求的：要在京华大地形成新的生动实践，那就是围绕北京"四个中心"核心功能定位，根据市场前沿、经济社会的创新应用和人才成长规律，结合学校长期发展形成的优势特色，优化适应型学科专业结构，"随行就市"进行专业调整和融合、综合学科交叉融合能力，是应用型高等教育人才培养体系的根本。

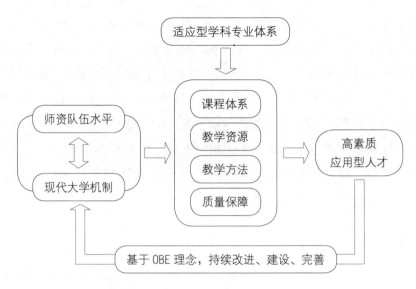

图 3 适应型专业体系建设流程图

构建适应型学科专业体系是以发展学科、提升教师水平、支撑符合专业知识体系要求、符合人才成长规律、适应市场需要变化为指导思想，形成特色稳定型、适应型、基础学科专业的专业体系和人才培养模式。加强跨学科的基层学术组织和学术团队的创新，在学科交叉和融合中获取新的增长点，从而进一步调整优化学科专业结构布局，推进专业资源合理配置，提高学术创新、人才培养的活力与效益，从而构建紧密对接产（行）业链、创新链，与社会发展需求相适应、与学校空间环境条件相吻合、规模适度、结构合理、特色鲜明的适应性学科专业发展体系（见图 3）。

高水平人才体系离不开高质量的课程体系。高质量的课程应完全适应专业定位的发展需要，因此，课程应推进落实"学习成果导向"的课程体系逻辑，突破传统学科知识体系的影响，将课程结构从"层状"转向"网状"。逐步建立起重视人文素养、加强实践应用、满足个性发展、符合区域经济社会发展要求的应用型课程体系。还要制定质量保障体系，制定实施分层分类、实施专业建设质量提升计划，注重顶层设计、凝练特色、专业认证、专业评估，确保专业的可持续发展。

要把立德树人贯穿人才培养体系的全过程，涉及学科体系、教学体系、教材体系、管理体系，坚持社会主义办学方向，把我们的特色和优势有效转化为社会主义建设者和接班人的能力。

我校作为综合性应用型大学，有所为、有所不为，停办落后专业，鼓励发展优势特色学科专业，增强优势学科教师力量，鼓励教师多学科、跨专业交叉融合能力的培养和提高，构建适应型的三级学科专业体系，即10年左右稳定发展的优势学科专业群；招生灵活变化的适应型专业，可以年度调整；基础专业学科群，稳定发展建设。近年来我校的专业建设取得了长足的进展，截至2018年5月，已有16个专业进入全国高校专业评比前20%，初步形成了适应型学科专业体系，在应用型高校里形成了明显优势。

教育是国家大计，也是民生之根本。教育强国是一项系统工程，其关键是落实立德树人根本任务。我校作为应用型大学只有紧紧握住"践行立德树人理论、完善师资队伍机制、优化学科专业体系"的三个关键抓手，把立德树人贯穿教育事业发展全过程，以立德树人为根本任务，以人才培养为核心，培养出能够"立地顶天"的一流应用型人才以及社会主义的建设者和接班人。

立德树人　三全育人　导师是关键 ①

　　我校硕士学位授权一级学科点从无到有，从有到多，直至现在 9 个学位授权一级学科点，10 个专业学位授权点，研究生招生人数也在不断发展，今年（2019 年）我校录取的硕士研究生人数就达到了 280 人，等到 9 月，我校研究生的在校生人数将达到 590 人；联大的研究生导师数量也在不断增加，迄今为止遴选导师人数达 611 人，目前在岗的达 350 多人，备案博士生导师近 20 人，联大发展正在不断加速，研究生教育发展的势头很好，这些成绩，是在座各位导师的心血，是大家多年来付出辛勤努力的结晶。

　　研究生导师是研究生学术研究的领路人，更是研究生培养的关键责任人。我们的学生将来要走进教室、走进法庭、走进医院、走进社区、进入政府机关、走向国际舞台，他们会参与到最前沿的技术领域，电子、艺术等高水平设计领域，他们的影响所及，就是我们联大的影响所及，他们的形象就是我们联大的形象，我们会因此而骄傲。但是，所有这些，都要求我们的导师们严肃认真地对待自己的研究生培养工作，立德树人就体现在我们日常培养研究生的过程中，这绝不是虚话。研究生处每年组织导师培训会，新遴选的导师要了解学校的各项要求，学习优秀导师的经验，已经当了多年的导师也要不断学习，了解新的形势和要求。

---

① 本文节选自北京联合大学时任校长李学伟在研究生导师培训会上的讲话（2019 年 7 月）。

一、坚持正确的办学方向，导师要身先垂范

"学校培养什么样的人、怎样培养人"，这是习近平总书记在与北京大学师生座谈时的开场白，他明确地给出了一个答案，那就是："我们的教育要培养德智体美劳全面发展的社会主义建设者和接班人。"

怎么明确，不仅仅是思想上，更重要的是行动上。习近平总书记在他的讲话里也给我们指明了方向，那就是坚持马克思主义，学会运用马克思主义立场观点方法观察世界、分析世界，我们导师直接面对研究生，你的一言一行在深深地影响着学生，你用辩证唯物主义史观看问题、讲课程，那么你的学生也学会了用这种方法去看问题、思考问题，特别是辅导学生写论文，怎么用辩证唯物观点分析解决问题，这是不是也是课程思政呢？研究生的思维水平，比起本科生毕竟进了一步，本科生也不爱听大道理，但是你用真正的马克思主义哲学原理引导、帮助研究生的学习，他们在潜移默化中更容易接受。

二、导师和研究生亦师亦友，是研究生培养的第一责任人

北京联合大学的研究生教育是联大的名片，在一定程度上也代表了联大的水平，那么怎么培养这些研究生，怎么把他们培养成习近平总书记所说的建设者和接班人，培养成"高水平、有特色、北京人民满意的城市型、应用型大学"的硕士研究生，首先要依靠我们的各位研究生导师。习近平总书记说："人才培养，关键在教师。教师队伍素质直接决定着大学办学能力和水平。""一言一行都给学生以极大影响。教师思想政治状况具有很强的示范性。要坚持教育者先受教育，让教师更好担当起学生健康成长指导者和引路人的责任。"

研究生处通过督促各学科制定学位授予标准，把国家基本要求、学校定位及各学科特色进行结合，各学科的培养方案对标学位授予标准，才能知道自己培养的人才是不是符合学校要求，符合北京要求，符合国家要求。培养方案就是回答"怎样培养人"，我们的各位研究生导师就是依据培养方案对学生进行培养的第一责任人。当然，这里我们要特别注意，不

是导师有了这个第一责任，我们的管理部门就没有了管理责任，导师的责任更多的是从学术、品德上去影响学生，我们的研究生管理部门对研究生的日常管理责任不能放松，管理部门的管理职责不能削弱。

导师要和研究生建立亦师亦友的关系，要在研究生一入校后就与研究生一起根据学科培养方案制定研究生的个人培养计划，导师在日常与研究生的沟通上要时时督促研究生按照个人培养计划进行学习研究，不仅仅要关心学生的学业，还要多关心学生成长的各个方面，三全育人的全过程、全方位，导师首先义不容辞。学生手上有一本《硕士研究生导师指导记录手册》，通过学生记录导师辅导情况，也可以让我们看到导师对研究生的指导与关怀情况，研究生管理部门要进行统计、总结，找出优秀的进行表彰。

三、导师队伍建设，是形成高水平人才培养体系的重要支撑

习近平说："学生在大学里学什么、能学到什么、学得怎么样，同大学人才培养体系密切相关。"高水平的人才培养体系同样离不开导师队伍的大力建设。无论学科体系、教学体系、教材体系、管理体系以及贯通其中的思想政治工作体系，只有导师在其中起到了关键作用，才能真正让这些体系建设起来，完善起来。归根结底，导师的学术水平真正提升，学科体系的建设才能有成效，导师的教学水平也能够水涨船高，教学体系、教材体系才能够更适应研究生教育的需要。我们的高水平、有特色、北京人民满意的城市型、应用型大学的研究生教育才能真正有水平，获得更高的社会声誉。

北京联合大学的研究生教育事业是真正初升的朝阳，它的未来还有着广阔的上升空间，我们每个联大人都一定会在这条逐渐升起的彩虹之路上留下自己的光辉印记，而我们的各位研究生导师必将是那最为灿烂辉煌的群体。

系统践行"立德树人"理论与实践 ①

全国高校思想政治工作会议（以下简称"全国高校思政会"）召开以来，学校连续四年召开课程思政推进会，已经形成了惯例。

四年来，在学校党委的坚强领导下，各级党组织和全校师生员工共同探索实践，才取得了今天的丰硕成果。面对成绩，我们不能骄傲，而要冷静思考，继续发力，进一步提升学校立德树人核心能力和高水平应用型人才培养能力，使人才培养更加符合中国特色社会主义大学的任务和使命，使立德树人的成效经得起时间的检验，这是学校党建和教育教学的共同目标。下面，我和大家交流四点意见：

一、系统总结课程思政的实践路径

四年来，我校开展了一系列课程思政建设的实践探索。2017年，在开展课程思政初期，有的教师不理解，现在教师都普遍接受了。麦可思调查数据显示，学校教师参与课程思政比例达到了99%。这是"教育者先受教育"、开展三全育人"大学习、大讨论、大落实"活动的效果。2018年，学校党委强化落实主体责任，把立德树人根本任务作为全面从严治党的日常工作来抓。本科教学工作审核评估专家梁樑评价我校教师党支部推动课程思政建设的做法很有特色，是全国首创。其实我校还有很多首创，比如率先开设课程思政专题网站，大大扩大了学校的影响力。2019年，

① 本文节选自北京联合大学时任校长李学伟在学校2020年深化课程思政推进会上的讲话（2020年12月）。

学校深入推进教师党支部推动课程思政，印发了一系列文件，通过具体措施强化课程思政的地位，有效激发了教师参与课程思政的积极性。2020年，我们深入系统地推进"三全育人"体制机制建设，要求全校各单位、各部门及全校教职工都参与到学校立德树人中来，压实二级党组织主体责任，并结合学科专业特点深化"一院一特色"的课程思政建设，推进专业思政建设，不断完善教学大纲和人才培养体系。

四年来，在学校党委领导下，各级党组织勇于担当，教师党支部作为课程思政建设的重要推动者和组织者，站到了学校立德树人第一线。从学校党委到基层党支部，从部分教师到全体教职工，从试点单位到全校各单位，从课程思政试点到专业思政，从教师开始的不理解到现在的全员参与，从校内到校外，从课堂到全域，各单位、各部门的积极性都有了很大提高。教师参与度、育人意识以及课程思政的教学水平，也有了显著提高。

在学校课程思政育人实践过程中，学校党委深入贯彻落实全国高校思政会精神，把课程思政建设作为落实立德树人根本任务的重要抓手，并纳入党委的主体责任，统筹做好思政课程、课程思政、专业思政和"三全育人"的顶层设计；各二级党组织结合学科专业特点，全面推进，创新实践，突出特色，发挥课程思政建设重要推动者作用；在二级党组织推动下，教师党支部具体落实立德树人根本任务，带动广大教师积极参与课程思政改革实践；教师是课程思政的直接实践者，是推进课程思政建设的关键环节，在课程实践中进一步丰富和完善课程体系和人才培养体系；通过对课程思政、专业思政一体化设计、一体化实施，不断完善"三全育人"体制机制，提升人才培养质量，最终形成联大育人土壤。

二、积极探索立德树人的理论体系

随着课程思政建设的深入，需要进一步探索立德树人的育人理论，构建指导学校立德树人实践的理论体系。

在全国教育大会上，习近平总书记提出"培养什么人、怎样培养人、为谁培养人"这一根本问题。为党育人、为国育才，培养德智体美劳全面发展的社会主义建设者和接班人,这是一种普适的、放之四海而皆准的教育理念和大学使命。立德树人自古有之,古代就有"以德服人""以德治国""德才兼备"的说法。当前,"立德树人"是习近平新时代中国特色社会主义思想中关于教育重要论述的重要内容,是扎根京华大地办大学的任务和使命。我们要深入学习贯彻落实习近平总书记关于教育的重要论述,深入思考大学的使命,探索形成新时代中国特色社会主义大学的育人文化。

教师要养成潜移默化的育人自觉,增强主动育人意识。树人先立德,要对标"六要"标准,争做"四有"好老师。"才为德之资,德为才之帅",教师要努力练好育人的基本功,要有宽广的学术视野、扎实的专业知识和思想引领能力,既要传道授业,又要做学生思想成长的引路人,这是育人的前提。育人的成效体现在哪?用 OBE 的理念来讲,育人的成效体现在学生的获得感上。学生学到了知识,树立了正确的价值观,才能坚定为党和国家作贡献的理想信念。这是立德树人的逻辑关系和育人的链条关系,教师要深入把握蕴含其中的辩证关系。

学校高度重视课程思政建设,把课程思政作为落实立德树人根本任务的基础性和全面性工作,制定了相应的政策措施,并最终落实在教师的课堂教学实践中。这些环节有机衔接,各个单位形成合力,最终形成育人链条实践。

普适的育人理念、主动的育人意识、教学链条实践组成"立德树人"理论体系。我们要总结学校近年来立德树人的探索实践,结合各学院提出的育人模型、OBE 课堂教学理念以及"研、创、教、考、评、改"的链条实践,构建一套指导教学课堂育人实践的理论,提炼出普适的"立德树人"育人体系,这是学习贯彻落实习近平新时代中国特色社会主义思想和十九届五中全会精神的重要成果,也是提高学校立德树人核心能力和实现治理能力现代化的重要体现。

三、着力提升立德树人的核心能力

我校课程思政建设起步早,初步取得了成效,但要清醒认识到,我们还处在起步阶段，才初步建立了"三全育人"的实践体系，需要驰而不息地坚持探索、研究和完善各项相关工作，要全面把握"两个大局"、未来的人才需求和经济社会发展的结构特点，深入践行大学人才培养的使命。

我们着眼于培养格局大、视野宽、具备较高学科专业竞争力的应用型人才，就要不断提升学校事业发展的核心能力。核心能力在一定程度上决定着学校的特色和优势，决定着党建引领的成效和水平。加强党建引领和提升核心能力要齐头并进，只有这样才能快速提高学校立德树人的水平。

习近平总书记强调的高校三项基础性工作是立德树人核心能力建设的重要依据。一是坚持办学正确政治方向，学校党委的主体责任是把握学校育人的正确政治方向，教育引导学生增强"四个意识"，坚定"四个自信"，做到"两个维护"，通过健全"三全育人"体制机制，我们有信心做到这一点。二是建设高素质教师队伍，即教师要有高超的育人能力，包括具备立德树人的育人能力和掌握高水平的专业知识。落实立德树人根本任务的关键在教师，培养高水平应用型人才和服务北京"四个中心"功能建设的关键仍然在教师。因此，教师的学科专业水平和课程思政的育人艺术尤为重要。三是形成高水平人才培养体系，学校持续不断地完善人才培养方案和教学大纲，针对北京市的人才需求，"随行就市"地进行专业调整和融合，不断优化适应型学科专业结构，促进人才培养体系符合服务北京"四个中心"功能定位。

学校核心能力建设的关键是拓展教师学科团队的专业视野和提高科研水平。通过学科平台团队的一体化建设拓展教师的学科专业视野和提升水平，提升教师传道授业的教学能力和育人能力。

学校核心能力建设的龙头是加强学科建设，推动科研工作。学校实施"三大立校"战略，其中"学术立校"就是要把学科做强，通过研究学科前沿、掌握社会经济发展所需要的学科知识和专业技术，取得一批高水平学术成果，培养学术大师，推动科研反哺教学，不断提高人才培养质量。结合我校高精尖学科建设和北京应用型技术与经济社会发展需求开展相应研究，提升教师的科研能力、教学能力和育人水平。立德树人的核心能力建设是提升学校育人水平和服务北京"四个中心"建设的根本保障，也是大学的第一生产力。"十四五"期间要努力破解这个难题，在更高水平上提升学校立德树人核心能力。

四、全面养成广大教师的育人自觉

学校的课程思政建设已经到了第四年，到第五年甚至第十年，我们能取得什么成果？立德树人的关键在教师，千条万绪最终都要落实到广大教师的教育教学工作，特别是课堂教学这个实践链条上来。教师育人能力有三个要素：第一是学术，第二是艺术，第三是激情（责任和担当），这三个要素缺一不可。

广大教师要科学理解思政课和课程思政的逻辑关系：思政课是落实立德树人根本任务的关键课程，是思政教育的核心和关键。思政课能保障育人方向，是思政工作的根基，必须要讲好。课程思政使学生获得有益知识的同时，也能够增强服务社会、报效祖国的理想信念。

树人先立德，广大教师要以传播正能量的师德师风、娴熟的教学育人艺术，自觉把落实立德树人根本任务纳入日常工作，在教学实践中充分挖掘课程的思政元素，有机融入课堂教学。比如，英语课如何挖掘课程思政元素？中国古代有很多伟大的哲学家，还有文圣、智圣、医圣，数学领域有《九章算术》中的勾股定理，我国量子计算机实现算力全球领先等，这些可以增强文化自信的元素都可以融入课堂。所以我们要了解中国历史和中国传统文化，了解学科的成就和前沿，才能挖掘出好的思政元素，对学生进行好的思政教育。总之，思政课是育人方向的保障，课程思政是文化自信的力量。

我们要通过对立德树人理论的探索和完善，探索符合新时代人才成长规律的教育教学理念和方法，不断健全立德树人落实机制，提升学校立德树人核心能力和治理能力，形成中国特色社会主义大学立德树人的育人自觉和新时代的中国大学文化。

践行立德树人根本任务：理论与实践 ①

百年大计，教育为本。党的十八大以来，以习近平同志为核心的党中央高度重视高等教育工作，先后召开了全国高校思想政治工作会议、北京大学师生代表座谈会、第五次全国教育大会、学校思想政治理论课教师座谈会等一系列重要会议，"提出了一系列富有创见的新理念新思想新观点，系统回答了一系列方向性、全局性、战略性重大问题，形成了习近平总书记关于教育的重要论述"[1]，这标志着我们党对教育规律的认识达到了新高度，为加快推进教育现代化、建设教育强国、办好人民满意的教育提供了根本遵循。

近年来，北京联合大学和全国其他高校，共同围绕立德树人根本任务，在系统化落实的体制机制上不断进行理论探索和实践创新。本文拟从教育学的视角对当前的一些重要概念及其相互关系进行理论探讨，对北京联合大学的具体实践进行分析，结合课堂教育和教学规律，提出落实立德树人根本任务的关键因素，即提升教师的育人能力，完善体制机制，形成立德树人的育人自觉，丰富新时代中国大学文化。

一、立德树人：教育学视角的理论探讨

教育是"在一定的社会背景下发生的促进个体的社会化和社会的个性化的实践活动"[2]，是促进人由"自然人"向"社会人"转变的活动，是"人类的一种有意识地依照自觉设定的目的所进行的对象性活动，是一种

① 本文发表于《北京联合大学学报（人文社会科学）》2021 年 1 月期，作者李学伟。

有意识、有目的、有计划地培养人的社会实践活动"[3]。教育有显著的实践性和目的性特征,任何一个教育的参与者,从国家、社会、学校到个体,对教育都会有各自的期望,而这种期望又都有赖于自觉地确定教育活动的目的。教育目的是教育意欲达到的归宿所在或所预期实现的结果,反映着办学主体对教育活动在努力方向、社会倾向性和人的培养规格、标准等方面的要求和指向。教育目的内在地包含着价值性目的和功用性目的,前者解决培养具有怎样社会情感和个性情操的人,是受教育者在价值倾向上的目的,体现"心有所属"的内涵;后者是解决受教育者在各种社会实践活动中的实际能力和作用效能的开发与提升问题,是指通过教育来发展和增强受教育者在社会活动中行为的有用性和功效性,体现了"身有所为"的内涵。"价值"与"功用"即是我们常说的"德"与"才",两者缺一不可,"才者,德之资也;德者,才之帅也"[4]。我国的教育目的是培养德智体美劳全面发展的社会主义建设者和接班人,这是由我国的社会主义性质决定的,是马克思关于人的全面发展学说在我国教育中的具体实践。

　　党的十八大以来,党和国家围绕教育目的的实现,将立德树人作为教育的根本任务,并积极探索系统化的落实机制,提出"三全育人"要求,使思想政治工作体系贯通学科体系、教学体系、教材体系、管理体系,形成全员、全过程、全方位育人格局。而立德树人的主渠道在课程,思想政治理论课是关键课程,其他课程要在传授、创造知识的基础上,积极主动地挖掘育人元素并融入育人过程。由此我们构建了普遍适用的育人模型(见下页图4),通过"普适育人理念""主动育人意识""育人链条实践"三模块的融合互动,使各部门、各环节,全体教职员工自觉参与到育人工作中,其核心体现在广大教师的课堂育人效果上。

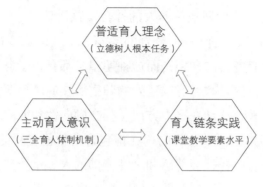

图 4　普适育人模型

　　通过三模块（见图 4）的系统互动，将立德树人根本任务的内涵作为指导大学一切工作的中心理念，在推动全员在大学人才培养全程中树立普适理念指导思想的同时，形成主动育人意识。主动育人意识的形成是一个渐进的过程，就是通过研究、制定，实践、完善"三全育人"政策、措施和系列办法，构建党委领导、学院研究、基层实践，部门协调、全员参与和创新、服务的系统化体制机制，逐步养成全体教职工在管理、教学、学生工作、后勤服务等各种工作细节中的育人意识。育人链条实践是立德树人的核心环节，主要指课堂教育教学全过程，也是育人成效与教学质量的核心能力体现。普适育人理念在指导主动育人意识不断自觉形成和深化的过程中，也时刻强化育人链条的课堂效果，并检查各项工作在政治方向上的协同相向，保障立德树人根本任务落实到教育教学的全过程。

　　教育学理论认为，课程是对育人目标、教学内容、教学活动方式的规划和设计，是教学计划、教学大纲等诸多方面实施的总和。课程本身包括要实现的具体目标和意图，所有的教育目的都要通过课程作为中介才能实现。在学生"价值"养成上，所有课程在传授、发现、创造科学文化知识的同时，都可以结合课程的专业与学科特点，积极、主动、深入、广泛地挖掘其内蕴的德育内涵，并将其有机融入课程目标，成为育人的重要内容，进而影响受教育者的个性结构、知识结构和价值信仰等教育目的。高校在系统化推进落实立德树人根本任务的体制机制时，需要把握好"思政课程"和"课程思政"的辩证关系。"课程"是立德树人的主渠道，其中

"思政课程"是落实立德树人根本任务的关键课程，是培养方向的保证；"课程思政"将价值塑造、知识传授和能力培养三者融为一体，是受教育者获得能力、提升自信的保证。教育部等八部门于 2020 年 4 月发布的《关于加快构建高校思想政治工作体系的意见》要求在办好思想政治理论课的同时，"全面推进所有学科课程思政建设。统筹课程思政与思政课程建设，构建全面覆盖、类型丰富、层次递进、相互支撑的课程体系"[5]。2020 年 5 月，教育部印发的《高等学校课程思政建设指导纲要》明确提出：要紧紧抓住教师队伍"主力军"、课程建设"主战场"、课堂教学"主渠道"，让所有高校、所有教师、所有课程都承担好育人责任，守好一段渠、种好责任田，使各类课程与思政课程同向同行，将显性教育和隐性教育相统一，形成协同效应，构建全员全程全方位育人大格局。[6] 同时将立德树人融入课堂之外的校园生活各个环节，形成全员、全方位、全过程育人的机制（见图 5）。

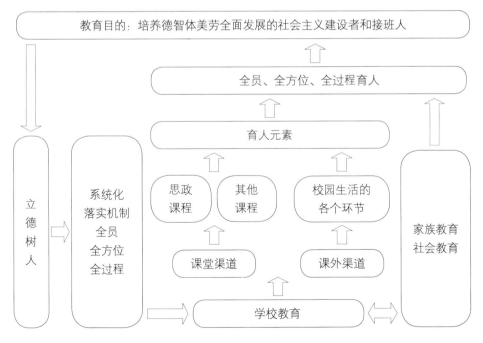

图 5　立德树人系统化落实机制

教师是立教之本、兴教之源，承担着传播人类文明、培养一代新人的崇高使命，对教师从业者既有"知识"要求，也有"道德"要求，真正的教师"必须有明确的教育意图或教育目的，理解他在实践活动中所肩负的促进个体发展及社会发展的任务或使命"[2]。教师意味着一种"资格"，即能够"引导""促进""规范"个体的发展，新时代的高校教师要做"有理想信念、有道德情操、有扎实学识、有仁爱之心"的"四有"好老师，这也是包括"价值性"和"功用性"的教育目的之内在要求。落实立德树人根本任务的关键在教师，作为北京地方高校，北京联合大学培养高水平应用型人才和服务首都"四个中心"的关键也在教师，教育质量在很大程度上取决于教师的能力素质。

一段时期以来，我国教育活动中的取向失衡，强调"功用"无可厚非，但实践中"价值"被轻视也是客观现实，立德树人作为根本任务的教育理念没有被突出强调，缺乏足够的主动育人意识，对课程教学上的育人成效抓得不够，因而导致的问题也显现出来：课程目标重"功用"目的，轻"价值"目标；教育者重"教书"，轻"育人"；受教育者重科技素质，轻人文素养，等等。这些问题的出现，与我国前一段时期以来存在的教育评价体系失衡直接相关，即评价基本是以"功用"或"功利"为导向的。

通过对立德树人理论的探索与不断完善，构建一套指导学校课堂育人实践的方法体系，是落实和践行习近平新时代中国特色社会主义思想的重要内容。

二、立德树人：北京联合大学的创新实践

北京联合大学在全国高校思想政治工作会后，寻找如何破解重"智"轻"德"、重"教"轻"育"的难题，从学校党委到基层党支部，从教师个体到全员，从试点课程、试点专业、试点学院到学校各专业、各部门，牢记"为党育人、为国育才"的初心和使命，围绕国家"培养德智体美劳全面发展的社会主义建设者和接班人"这一教育目的，明确育人理念，以践行立德树人根本任务为宗旨，不断深化课程思政建设，推进专业思政建设，健全"三全育人"体制机制，不断探讨、实践和总结，系统推进，形

成了全员、全方位、全过程的部门、个人的主动育人意识，持续提升了课程质量建设和课堂教学的育人效果。我们将这一推进模式进行总结，提炼为联大"U形推进模型"（见图6）。

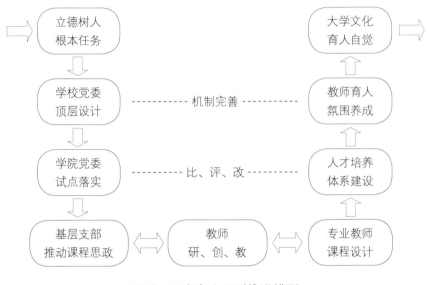

图6　三全育人U形推进模型

落实立德树人根本任务。习近平总书记强调，高校"要坚持把立德树人作为中心环节，把思想政治工作贯穿教育教学全过程，实现全程育人、全方位育人，努力开创我国高等教育事业发展新局面"[7]。立德树人是党对"人的全面发展"的新要求，北京联合大学把立德树人作为对党的初心使命的最高践行，把课程思政建设作为落实立德树人根本任务的重要抓手，坚持从中国特色高等教育制度层面认识课程思政，把课程思政纳入学校党委的主体责任，先行先试开展建设。

学校党委顶层设计。做好顶层设计是提高决策科学化水平、增强实施效果的客观要求。学校党委把学习贯彻全国和北京高校思想政治工作会议、习近平总书记在北京大学师生座谈会上的讲话精神与学习党的十九大及学校第五次党代会精神相结合，制定出台了《关于推进"课程思政"建设的实施意见》，做好课程思政的顶层设计，建立了校党委宣传部牵头抓总、各职能部门协同联动、各院系（部）主导推进、专任教师具体落实的工作格局，为系统推进课程思政建设制定了"任务书"和"路线图"，确保顶层设计的系统性和可操作性，从制度层面为学校落实立德树人根本任务提供了保障。各职能部门立足部门业务职责，主动推进课程思政建设，着力打造所牵头负责的"品牌性活动"，抓好示范典型，选树示范课程，设立研究项目，培育优秀教师，推广先进经验，合力推进课程思政建设，形成了协同育人的工作格局。

学院党委试点落实。在推进课程思政建设过程中，校党委因循不同学院、不同专业的特点，分类推进、突出特色。学院党委发挥课程思政建设重要推动者的作用，建立学院层面的课程思政建设动员培训、持续推进、示范引领的落实机制，并通过宣讲、培训和会议的方式把学院课程思政特色落实下去，形成了旅游学院"红旗渠"、艺术学院"溯源红色"、应用文理学院"＋文化"、管理学院"企业家精神"等一批彰显学院特色的课程思政建设品牌。

基层支部推动课程思政。学校"课程门门有思政，教师人人讲育人"格局的形成，经过了从零到一，再到教师普遍参与的历程。针对推进课程思政建设中的"痛点""堵点""难点"，校党委推动教师党支部站在育人第一线。教师党支部作为基层党组织充分发挥着立德树人战斗堡垒作用，通过组织党员教师集体备课、集体学习、工作研讨、培养骨干教师示范引领等方式激发教师课程思政建设热情，带动广大教师积极参与课程思政改革实践。

广大教师积极实践。教师是课程思政的直接实践者，是推进课程思政建设的关键环节，针对教师对课程思政想做却不知如何着手的问题，校党委深入一线"望闻问切"，提出"挖掘课程思政元素、有机融入课堂教学、教育者先受教育"的课程思政三项基本功，引导教师深入挖掘课程和教学方式中蕴含的思想政治教育资源，把"做人做事的基本道理、社会主义核心价值观的要求、实现民族复兴的理想与责任"这三个要素有机融入课堂教学。2018年以来，学校连续三年开展课程思政教学设计大赛，广大教师围绕课程思政教学设计进行课堂教学展示交流，用最为生动的案例和最为深入的讲授突出课堂教学的思想价值引领。《旅游学概论》《住宅空间设计》《国画技法》等一批课程思政精品课程、示范课堂相继出现。通过课程思政教学设计大赛，学校挖掘并选树了一批课程思政先行者和优秀教师，通过抓典型、树榜样、推经验，大力推广课程思政的教学经验和做法，以此带动更多的教师参与到课程思政建设中来。

在校党委方向引领、各级党组织有效保障、教师党支部具体推动下，广大教师课程思政建设的积极性、参与度极高。2020年在学校课程思政教学设计大赛中，全校1460名教师全员聚焦课程思政基本功的训练，人人参与、层层选拔，广大教师通过参与课程思政大赛，对课程思政的认识和理解更加深入，对课程思政教学设计的思路逐渐清晰。据2020年麦可思调查显示，学校几乎所有教师都认同课程思政建设成果对自己产生了影响，几乎所有教师都认为自己对党的创新理论的认识提升明显。"守好一段渠，种好责任田"成为广大教师的共识。

专业教师课程设计。教师立足专业开展课程思政建设，边学习边思考、边研究边实践，在实践中总结育人规律。学校教务处明确提出，人才培养方案和课程大纲的修订要体现课堂育人的理念，既要专注专业知识教学，又要深入挖掘课程内在的育人因素，奠定学生成长的专业基础和思想基础。广大教师依据学校教务处要求，及时将课程思政教育理念及改革实践成果体现在课程教学大纲、教案和讲义中，丰富和完善了课程体系和人才培养体系。

人才培养体系建设。校党委非常重视课程思政的持续建设，提出课程思政、专业思政一体化设计、一体化实施的建设要求，强调"三全育人"是立德树人落实机制的实践要求。为了深入推进专业思政建设，不断完善"三全育人"体制机制，提升人才培养质量，学校先后开展了"专业思政""三全育人"建设试点工作，试点专业、试点学院根据学校总体部署，结合专业、学院自身实际，在育人内容、方法、途径、载体上进行探索和创新，突出育人导向、问题导向和目标导向，形成了设计清晰、可操作，经验、做法可借鉴的工作机制。试点专业、学院率先实践，引导学校各级党组织、各部门及全体教职工自觉把立德树人纳入职责范围，强化育人意识、找准育人角度、提升育人能力，全面建立学校多方参与的协同育人机制，"三全育人"体系日趋完善。

在课程思政建设过程中，学校坚持推动习近平新时代中国特色社会主义思想进教材、进课堂、进师生头脑，大力加强思政课课程群建设，把中国特色社会主义的北京实践、北京革命历史资源、联大校史融入思想政治理论课。充分发挥专业课教师主力军、专业课教学主战场、专业课课堂主渠道作用，不断完善课程思政工作体系、课程体系和人才培养体系，形成了以习近平新时代中国特色社会主义思想武装头脑、指导实践、推动工作，用立德树人贯穿工作的方方面面，以"三全育人"体制机制作保障的联大实践。

教师育人氛围养成。随着课程思政建设成果的固化与传播，北京联合大学课程思政工作经验在北京市得到推广，在全国产生了良好影响，学校的社会影响力不断提升。四年来，学校坚持把课程思政建设作为健全"三全育人"体制机制的重要抓手，不断巩固、深化和拓展建设成果，力争形成全员全程全方位育人大格局，提升立德树人成效，通过普适的育人理念，形成主动的育人意识，建立完善的育人链条体系，营造自觉育人氛围，进一步增强全校各单位和全体教职工育人的思想自觉和行动自觉，不断丰富新时代中国特色大学文化的内涵。

坚持把学生日常思想政治教育融入校园生活的各个环节以及社会实践、志愿服务、实习实训等活动中，创办形式多样的"行走课堂"。以本地化、本校化、实践化为原则，以学风建设为重点，创新推动各项工作。校党委加强统筹规划，先后印发《关于加强和改进新形势下学生日常思想政治工作的实施意见（2020—2022）》《关于加强学生思想政治教育的实施方案》《关于进一步加强学风建设的实施方案》《关于进一步提升学生公寓育人成效的实施方案》《北京联合大学学生心理素质教育实施意见（修订）》等系列文件，对加强和改进学生日常思想政治工作进行了顶层设计，在实践中逐步形成了以"精细化、精准化、精品化，抓基层、抓基础、抓基本，树正气、树典型、树榜样"为工作导向的"三全育人"落实机制；加强和改进辅导员队伍建设，切实推动学生思想政治教育队伍的专业化、职业化和专家化发展；实施学生思想政治教育质量提升计划，以爱国主义教育为底色，开展"梦想中国""品味经典""沟通达人"三大板块建设；开展"开学第一课""校长有约""新生见面会"和"毕业生送行会"等一系列活动，教育引导学生做坚定理想信念、秉承家国情怀的新时代青年，做脚踏实地、善于学习的新时代青年，做力行创新、学以致用的新时代青年；加强学生党员和党支部理论学习和社会实践活动，连续三年开展寒暑期学生党员培训，红色"1+1"学生党支部活动实现全覆盖；开展健康幸福工程，加强对重点群体学生的关心帮扶；改造学生事务服务中心，构建"一站式"学生服务平台和温馨舒适的读书、交流场所；加强学生榜样群体建设。这一系列实践活动在三全育人体系中发挥了重要作用。

2016年12月全国高校思想政治工作会议以来，校党委一直在探索和研究立德树人的育人理论与实践，经过四年来的探索，建立了从党委到基层党支部、从教师到全校的一系列"三全育人"推动机制，取得了可喜的成绩。目前，基本呈现了课程思政蔚然成风的局面。

三、立德树人：持续提升教师的核心能力

习近平总书记指出大学是一个研究学问、探索真理的地方[8]，作为学术共同体，学术性是大学区别于其他组织最根本的特征。梅贻琦曾说过："所谓大学者，非谓有大楼之谓也，有大师之谓也。"提升立德树人的成效，关键在教师，而教师的核心能力在于政治素质过硬、业务能力精湛、育人水平高超。

四年来的不断探索告诉我们，虽然北京联合大学课程思政起步早、成效显著，但我们清醒认识到，在立德树人根本任务中，我们的工作才刚刚起步，还需要驰而不息地坚持探索、研究和完善各项工作。国内外的教育视野和国际大格局也启示我们，要深入践行大学人才培养的使命，必须培养具有格局、视野和学科专业竞争力的人才，必须不断提升推动学校事业发展的核心能力，即广大教师的科研学术水平、引领应用的学科前沿视野、支持专业课程开设的学科交叉融合能力以及传道授业的育人艺术。通过强化学科建设，精炼专业结构与经济社会适应度，提升广大教师学科水平和教育学术水平，这是不断提升立德树人核心能力的重要途径。

习近平总书记在北京大学师生座谈会上的讲话中明确提出要抓好三项基础性工作：坚持办学的正确政治方向、建设高素质教师队伍、形成高水平人才培养体系[8]，这是我们落实立德树人根本任务、抓好立德树人核心能力的重要依据。高校党委的主体责任是确保立德树人工作政治方向，增强"四个意识"、坚定"四个自信"、坚决做到"两个维护"，坚持育人和育才相统一，培养有理想信念、有格局视野和有较强竞争力的人才，这是高校育人水平提升和服务北京"四个中心"功能定位的保障，是营造育人文化和养成育人自觉的政治基础。

"四有"好老师，是习近平总书记对广大教师的要求，育人成效首先体现在学生的获得感。树人先立德的关键在于广大教师对学生要从润物无声的育人艺术方面，把握传道授业的育人逻辑（知识—立志—理想、信念），使学生首先学到真正的课程知识和引领应用的专业视野，通过传递正能量的育人艺术（北京联合大学初期的实践：专业课程思政元素挖掘），使学生在专业知识上有强烈的获得感，加之正能量的育人引导，助力学生对四个自信的深入理解，形成真学、真懂、真信的力量，从而坚定为党和国家奉献的理想和信念。

育人成效的关键在于教师教学链条上的功夫。立德树人是一个泛在育人体系，核心在课堂教学环节，那就是必须汇集到广大教师教育教学上，特别是课堂教学这个链条实践上来。因此，教学链条上的"功夫"是关键抓手，特别是教师育人的三个能力要素：学术、艺术、激情（责任担当）。为激励广大教师的积极性，自觉践行"四有"好老师标准，练就教学链条上的真功夫，提升科研与教育教学水平，在"研、创、教""考、评、改"教育教学链条上自觉育人，我们设计了育人链条模型（见图7）。

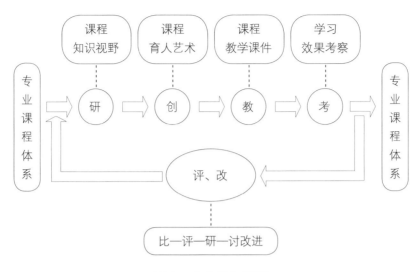

图 7 育人链条模型

教师在业务上的重点在"研",研究课程内容、拓展课堂的知识视野、探究学科的前沿,既有科学研究,也有教学研究,体现教师课堂知识水平;教师在课程教学上注重"创",创新教学方法,提升课程育人艺术,把社会主义核心价值观的要求、做人做事的基本道理有机融入课堂教学中,提供正向能量,使学生收获成长;教师在教育教学方面要创造"教"的条件,营造良好的教育教学环境,利用多媒体网络技术和教学课件资源,丰富教学内容在教学链条上的吸引力,增强课程教学的感染力,提升课程质量,有效促进学生的学习效能;教师在学习效果上重视"考",创新课程考核方式,健全和完善知识、能力、素质考核并重的多元化学业考核,以教育教学成果为导向,考察学习效果,促进人才培养效果;反过来通过"评""改"来促进专业课程体系建设,"评"就是分析、评价、诊断,基于 OBE 的人才培养理念,通过过程性、阶段性的分析诊断,对教师教学内容、方法、成效和学生学习质量、效果等进行总结并提出诊断意见;"改"就是改进,根据评价、分析、诊断的意见,提出整改措施,完善路径,改进方法,重点提升育人育才成效。

育人艺术是传道授业学术水平的重要体现。教师牢记为党育人、为国育才使命,培养德智体美劳全面发展的社会主义建设者和接班人,创新树立"立地顶天"的一流应用型人才培养理念，通过课堂、科研、育人等具体实践，形成指导个人行为的育人思路和方法，在一定环境和背景下，这种教育教学理念经过长时间的积累形成教师综合实力的组成部分。教师应坚守学术精神，把科研成果及时有效地转换成教学内容，创新学术引领下的适应型课程教学方法，教师在教学、科研过程中注重学以致用，以学术思想治学治教，持续开展科研学术、教学学术、育人艺术研究，依据学生的特点和心理，探索有效的育人方式，传递育人的正能量，促进学生的学习效果，进一步提升学生的自信。教学能传授知识、提高能力，而教育则能感化心灵、塑造人格，以学术造诣开启学生的智慧之门。教师承担着为国家和社会培养有用人才的宏大使命，这些要求和方法贯穿在教师的教学科研育人实践中，通过培训和强化以及教育者先受教育等，教师的育人育才理念、方法不断提升，最终成就其高超的综合育人艺术。

课堂育人的关键点在课程自身的专业特色，涉及历史、人物、文化、成就、作用以及对引领应用与前沿问题的掌握等。这就要求教师首先要具备专业的知识视野和学科水平，才能结合课程关键点体现出中国特色社会主义道路、制度、理论和文化的自信。中国古有四大发明，近有经济社会建设与发展的巨大成就；历史上有众多的学圣、医圣、商圣、智圣，当代有很多的科学家和技术巨匠等，这些均可以自然引入相应的课程育人实践当中。例如英文、数学、物理、计算机，特别是公共卫生及其专业课等，都非常容易切入上述的关键点，自然带出课程思政的育人效果。在数学的课堂教学中，除了严密的数理体系知识外，我国古代数学家祖冲之圆周率、九章算术、勾股定理，当代数学家华罗庚、陈景润、杨乐、张广厚、侯振挺等的理论贡献及其家国情怀等，都是引导学生坚定"四个自信"、立志成才的育人元素。物理学课程、信息技术的核心课程及计算机领域的专业课程，更能影响青年学生创新思维，育人的空间和效果非常明显。物理学包括传统的牛顿公理体系、宏观的爱因斯坦相对论和微观世界的量子力学等，过去很少有华人科学家的席位；计算机等信息技术领域也是欧美等西方国家卡中国脖子的关键技术领域，但新中国成立以来，经过40多年的改革开放，我们的专家学者不断攻克量子力学新理论，超级计算机和量子计算技术等后来居上，引领世界。除此之外，我们目前领先世界的八大技术领域：5G通信技术、量子通信网络、无人机技术、超级水稻技术、超级钢和桥梁技术、人造太阳技术、高铁成套技术和特高压输电技术等，均可结合相应专业课程起到积极的育人作用。公共卫生领域专业课程，更容易使广大学生体会中国特色社会主义的制度自信，在史无前例的世界抗击新冠肺炎疫情的斗争中，以习近平同志为核心的党中央坚强领导，交出震惊世界的完美答卷，这份完美的"中国抗疫答卷"通过人民生命至上的理念、决策、指挥、部署和成效的过程，更加坚定了全国人民特别是青年学生的政治方向和"四个自信"。

宽广的学科视野是教师育才的前提。当前是互联网快速发展、信息爆炸的时代，信息量巨大，教师在知识的权威性、前沿性方面需要不断提升，视野要广，这是解答时代之问、引领时代潮流的必然要求，也是学科科学性的内在要求。宽广的学科视野有利于我们更深刻地认识世界、改造世界，促进世界不断创新和发展。教师的学术自觉意识在各学科专业结构上具备快速的适应性，应结合新时代学科、技术、经济市场前沿需求，掌握学科前沿动态，拓展学科视野，不断地适应社会需求的变化。教师需要根据实际需求，动态调整，适应多学科，具备在相关专业领域的全域开课能力，适应跨专业学科需求。学科视野、专业知识水平是教师开展教育教学、人才培养的前提，是育才的基础，也是自身"硬功夫"所在。

教学学术能力是教师育才育人的关键。注重培养学生解决复杂问题的综合能力和创新思维是教师教学中的核心能力，把学术新动态、研究新成果和实践新经验融入课堂教学，使学生学习具有探究性和个性化。注重更新教学方式方法，因课制宜，积极探索启发式、讨论式、参与式、案例式、翻转课堂等教学方式，引导学生积极投入学习的兴趣，激发求知欲望；教师离不开教学学术研究能力，针对不同课程、不同专业群体，研究教学规律、学习习惯、学术特点，形成有效的教学方法和研究成果，使得学生有丰富的学习"获得感"很重要。教育学术是人才培养和教育教学质量提升的核心方法。

专业适应能力是应用型人才培养的必然。应用型大学与行业、产业及企业之间具有天然的密切关系，学校的教育链、人才链与所在城市和区域的产业链、创新链有机衔接，建设高水平应用型大学，立足北京、扎根北京，以教育教学规律和人才成长规律为遵循，以提高办学效益、彰显办学特色为目标，围绕国家、北京重大需求调整优化与北京新发展格局相适应的学科专业布局是应用型大学的必然选择。教师通过研究专业应用与科技前沿技术，拓展学科视野，在专业方向和课程群的建设上，具备多学科领域开课能力，就能使人才培养体系具备灵活的经济社会与市场发展的适应能力。

落实立德树人根本任务关键在教师，培养高水平应用型人才和服务首都"四个中心"关键也在教师。教师的学科水平与引领科技应用的能力是关键，也是教师育人能力的根基。近几年来，北京联合大学研究制定了学科团队平台一体化学科群建设举措，包括智慧北京学科集群、北京学学科集群等建设项目。智慧北京建设项目涉及计算机、人工智能、软件工程，以及管理和应用数学等高精尖技术领域，包括五个学院的多个教师团队；"北京学"是个典型区域应用的综合学科集群，涉及多个学院，以及文化历史、环境地理、政治法律、考古、区域经济、艺术传承和社区与市民服务等领域学科群。我们进行交叉学科、团队、平台一体化建设，就是希望通过智慧北京关键技术、北京学综合应用的研究，产生高水平学术成果，助力人才培养，不但努力推动北京高精尖产业的应用与发展，重要的是提升广大教师育人的专业能力与学科水平。

立德树人核心能力建设，是学校提升育人水平和服务首都"四个中心"任务的重要途径，也是大学第一生产力保障。

四、立德树人：育人自觉及实践成效

"思政课程是方向的保障，课程思政是自信的力量。"高校普遍开设的思政课程有：《马克思主义原理》《毛泽东思想和中国特色社会主义理论》《中国近代史》《思想道德修养与法律基础》《习近平新时代中国特色社会主义思想概论》和《形势与政策》，将来还要系统增加中国共产党党史、改革开放史、新中国史、社会主义发展史等"四史"系列课程，这些是落实立德树人根本任务的核心课程，也是树立"四个自信"，形成正确"三观"以及强化学生理想信念的理论基础，上好这些课是一切思政的根基。基础课程、专业课程等要强调门门有思政、人人讲育人的理念和育人自觉，课程思政不是取代或过于强调思政的效果，而是结合课程知识内容及其专业应用、学科特色形成的一门育人艺术，越是自然越有效果。

育人艺术和教学的激情是广大教师的责任，需要在"研、创、教，考、评、改"链条实践中养成自觉。提升课程质量（前沿与应用引领）和育人水平，关键是落实在课堂的教学效果中，包括课件设计、知识传播与充满正能量的教学激情，特别是育人的激情和担当自觉。"考、评、改"是育人成效考察和质量不断提升的反复环节，没有最好，只有更好。

激情育人需要完善体制机制形成责任担当自觉。教师课堂教书育人的责任担当十分重要，必然影响教学过程中激情和育人效果的发挥，需要通过约束激励机制的完善，促进高水平育人的自觉。大学教育教学过程是以教学为主，管理为辅，管理行为为教学行为的有序有效开展提供动力。[9]学校通过完善活动规范、目标导向和秩序构建等体制机制建设，规范学生的意识、行为，完成育人文化建设和价值塑造，提升教育教学的效率和质量，最终回归育人的本质。践行"学术立教、学德育人"教育理念，根本在于一流师资队伍。育人文化的构建在于大学激励教师的积极性，自觉践行"四有"好老师标准，以提升科研与教育教学水平为出发点和落脚点，建设大学各项规章、制度、办法，不断完善"研、创、教""评、馈、育""考、奖、聘"三环叠加的教育教学链条管理机制。[10]即健全教学质量监控机制、全域运行保障机制、学术发展与创新支持机制、教师投入约束激励机制、教师考核和评聘的引导机制、育人质量评价反馈机制等，建立"学科有归属、学院有区域、专业无界限"的教师综合管理考核激励机制，逐步形成"有压力、有动力、有约束、有激励"的现代大学管理制度。大学应充分发掘教师潜力、建设师德师风、树立榜样群等，形成竞争环境，增强教师核心能力，提升学校事业发展水平，营造能有效激励教师崇尚学术、关爱学生、热爱教学、乐在育人的氛围，形成优秀人才争相从教、教师人人尽展其才、好老师不断涌现的施教和育人文化，进而形成独特的大学育人文化。通过组织行为，让教育教学、人才培养、育人文化等诸多因素共同作用，教师逐步把对文化的认知转换为日常践行大学育人育才初心的个人道德规范和行为准则，在人才培养的实践中，实现育人的价值塑造。

教师的责任有多大，人生的舞台就有多大，教学热情和担当作为是教师育才、养成育人自觉的保障，习近平总书记说教师要有仁爱之心，有爱就有责任，就是教师毕生以教育教学为事业的一种精神和热情，形成大学自底向上涌现出来的一种传播正能量、崇尚学术、崇尚育人的氛围。

北京联合大学经过四年的建设，在落实立德树人根本任务，扎根京华大地办大学的道路上进行了一系列理念创新、实践创新、制度创新和文化创新，落实立德树人根本任务的意识更加自觉，氛围更加浓厚，机制更加健全，成效日益显著。

立德树人氛围更加浓厚。据麦可思调查数据显示，99.77%的教师认同"学校党委能够切实履行立德树人主体责任""自觉坚持以学生为中心"；99.94%的教师对"课程思政是学校落实立德树人根本任务的基础性和全面性工作"表示认同；几乎所有教师都能积极参与学校推进课程思政建设的活动，课程思政建设的积极性高、认可度高、参与度高。[①]

立德树人意识更加自觉。教师党支部站在育人第一线，自觉把落实立德树人根本任务纳入日常工作，多种形式推动课程思政建设。广大教师在教学实践中自觉挖掘思政元素，有机融入课堂教学。据麦可思调查数据显示，超过95%的教师在教学实践中会主动挖掘思政元素；84.99%的教师会通过以身作则，用自己的行为潜移默化来影响学生；82.11%的教师会将思政元素融入学生直接参与的讨论、展示等互动性教学活动中，广大教师的自觉育人意识普遍提高。[②]

立德树人落实机制更加健全。把课程思政作为落实立德树人根本任务的重要抓手，把课程思政建设作为党支部建设的重要内容和有效载体，推进"三全育人"试点学院的先行和创新，把立德树人根本任务切实落到体制机制上。据麦可思调查数据显示，99.88%的教师认同教师党支部是课程思政建设重要推动者；98.87%的教师认为党支部能够有效帮助自己开展课程思政，对党支部开展的课程思政活动满意度高；99% 的教师认同学校"三全育人"工作成效，试点学院教师对"三全育人"工作满意度高。[③]

立德树人成效日益显著。广大教师在教学实践中主动挖掘育人元素，在授课过程中以身作则，用行为潜移默化影响学生，帮助学生树立正确的世界观、人生观和价值观，培养学生的社会责任感和使命感等。据麦可思调查数据显示，超过九成教师认为，课程思政建设使育人效果更加显著，与学生的交流更加真诚、和谐，教学过程不再是单一的知识传授，课堂的吸引力和感染力有所增强。98% 的教师认为，通过多渠道的课程思政建设成果宣传，学校的社会影响力不断提升。[④]

通过树立普适的育人理念、形成主动的育人意识、建立完善的育人链条体系，可以推动广大教师养成立德树人的育人自觉，从而不断涌现出"四有"好老师、优秀领路人，进而丰富新时代中国特色的大学文化。

初心不忘，使命在肩。面向未来，北京联合大学在"十四五"建设期间，将继续通过对育人理论持续深入的探索，推动更高水平的"课程门门有思政、教师人人讲育人"课程思政实践，将不断完善立德树人的体制、机制及其现代化治理能力与水平，稳步扎根京华大地办好大学，养成中国特色的大学育人自觉，推动习近平新时代中国特色社会主义思想在京华大地落地生根、开花结果，形成更加生动的实践。这是立德树人根本任务成效的文化自信和过程保障。

①②③④资料来源：2020 年 6 月北京联合大学党委宣传部委托麦可思公司针对学校立德树人的工作成效，在千余名教师中进行的调研数据。

参考文献

[1] 陈宝生：《深入学习贯彻习近平总书记关于教育的重要论述》，《旗帜》2020 年第 2 期。

[2] 本书编委会：《教育学基础（第 3 版）》，教育科学出版社 2014 年版。

[3] 黄济、王策三：《现代教育论》，人民教育出版社 2012 年版，第 173 页。

[4] 司马光：《资治通鉴·周纪一》，中华书局 2014 年版，第 4 页。

[5] 杨彬：《教育部等八部门联合印发意见　加快构建高校思想政治工作体系》，中华人民共和国教育部网，http://www.moe.gov.cn/jyb_xwfb/s5147/202005/t20200514_454042.html。

[6]《教育部关于印发〈高等学校课程思政建设指导纲要〉的通知》，中华人民共和国中央人民政府网，http://www.gov.cn/zhengce/zhengceku/2020-06-06/content_5517606.htm。

[7] 吴晶、胡浩：《习近平：把思想政治工作贯穿教育教学全过程》，新华网，http://www.xinhuanet.com/politics/2016-12/08/c_1120082577.htm。

[8] 习近平：《在北京大学师生座谈会上的讲话》，《人民日报》2018 年 5 月 3 日。

[9] 李峰、牛军明：《大学育人文化的冲突与平衡》，《教育评论》2017 年第 5 期。

[10] 李学伟：《践行"立德树人"根本任务之关键抓手》，《北京教育（德育）》2019 年第 1 期。

后 记

　　北京联合大学，作为北京市属高校中唯一的一所综合性大学，诞生于改革开放时期，最早提出建设应用型大学办学理念，最早提出建设城市型、应用型大学办学目标，率先定位高水平应用型大学建设。40余年来，北京联合大学始终与改革开放同行，联百家所长，合一己之风，攻坚克难，敢为人先，实现了教育史上的多个第一次，培养了一大批活跃在北京乃至全国各地各行各业的优秀毕业生；始终坚守"立足北京、融入北京、服务北京、发展北京"的使命担当，秉承"学以致用"的校训，紧紧围绕新时代北京"四个中心"城市功能定位，改革创新，与时俱进，深入实施"学术立校、人才强校、开放兴校"的发展战略，高举建设"应用型大学"的旗帜，走出了一条特色鲜明的地方应用型高水平大学建设之路。学校声誉不断扩大，在全国高校中的排名逐年上升。

　　学校取得的成绩是历任领导者和全体师生员工共同努力的结果。为了集中展现学校老领导和知名老教授的教育思想、学者风范和育人成果，北京联合大学于2012年启动了"足迹——北京联合大学文库"编撰工作，至今已出版了4任校长、3任书记和4位知名教授的文集文选，记载了建校以来学校在应用型大学建设历程中的思想和理论成果。"十三五"时期以来，北京联合大学各项事业发展取得新的卓越成就，获得党建先进校历史性新佳绩，形成浓厚的立德树人氛围，在高水平应用型大学建设之路上书写出一笔又一笔浓墨重彩。为及时总结经验、更好地开创未来，并使文库编撰工作赓续不断，学校决定编撰《学以致用：高水平应用型大学建设探索与实践》一书，收录"十三五"以来原校长李学伟和校党委书记楚国清关于高水平应用型大学建设的思想论述和在人才培养、思想政治工作、学科与科技创新、服务北京、立德树人方面的理论及实践探索。

本书的编撰工作得到了校长郭福和副校长周彤的大力支持。自1月初启动以来，校党委书记楚国清、原校长李学伟带领党委办公室、校长办公室主任王文杰和副主任张赫及有关办公室人员研讨方案、设计思路，查阅全部相关档案、已编印文件和资料文献、已发表文章，筛选出文稿57篇；档案（校史）馆馆长姜素兰带领馆内有关工作人员在寒假期间，通读文稿，按照研讨思路进行文稿和内容的筛选、分类、整理并编辑成册，形成初稿22余万字；3月初，编撰小组召开会议研讨，微调结构，补充、编撰文稿4篇，并查找、收集照片61张，形成二审稿24余万字。在书稿资料收集过程中，得到了教务、科技、宣传等相关业务部门的全力支持和帮助。在此，向为本书编撰倾情付出的所有人致以最诚挚的谢意！

一切过往，皆为序章。愿联大人继往开来，在高水平应用型大学建设道路上一直走在前列，继续发扬联大精神，奋力谱写出更加辉煌的篇章。愿本书的出版，能为引领应用型大学的建设与发展提供有益的参考。

由于水平有限，书中难免有疏漏和不妥之处，恳请广大读者不吝批评指正。

编　者

2022 年 4 月